汽车技术创新与研发系列丛书

自动变速器电控系统及其应用软件开发技术

徐向阳 著

机械工业出版社
CHINA MACHINE PRESS

电控系统是汽车自动变速器的三大系统之一，电控系统及其应用软件开发技术是实现自动变速器机、电、液精准控制的关键。本书系统介绍了电控系统及其软件正向开发技术和方法；提出了自动变速器换档控制参数和换档规律、最佳动力性及最佳经济性MAP图生成方法；提出了修正转动惯量的概念，推导出了修正转动惯量的计算公式；提出了动力传动系统仿真分析模型的架构和发动机、变速器、离合器、液力变矩器和路面阻力模型的搭建方法；研究了离合器对离合器式换档过程控制方法，提出了换档聚类识别和感知驾驶意图的换档控制基本原理、方法和策略，以及自适应控制理论和自适应学习策略；提出了自动变速器下线测试方法、试验验证和换档品质评价方法。

本书提出的理论与方法，也可应用于混合动力机电耦合系统、多档位自动电驱动总成电控系统及其应用软件开发。

本书对从事汽车自动变速器、混合动力机电耦合系统和多档位自动电驱动系统开发的工程技术人员具有非常重要的指导意义。本书也可以作为高等院校车辆工程专业大学生和研究生的参考用书。

图书在版编目（CIP）数据

自动变速器电控系统及其应用软件开发技术 / 徐向阳著 . —北京：机械工业出版社，2018.7
（汽车技术创新与研发系列丛书）

2018年国家出版基金项目

ISBN 978-7-111-60520-1

Ⅰ.①自… Ⅱ.①徐… Ⅲ.①汽车–自动变速装置–电子控制装置–应用软件–软件开发–研究 Ⅳ.① U463.212-39

中国版本图书馆 CIP 数据核字（2018）第 161966 号

机械工业出版社（北京市百万庄大街22号 邮政编码100037）
策划编辑：母云红 责任编辑：母云红 赵海青
责任校对：樊钟英 责任印制：常天培
北京铭成印刷有限公司印刷
2018年9月第1版第1次印刷
169mm×239mm・16.5 印张・2 插页・361 千字
0 001—2 500 册
标准书号：ISBN 978-7-111-60520-1
定价：199.00 元

凡购本书，如有缺页、倒页、脱页，由本社发行部调换

电话服务 网络服务
服务咨询热线：010-88361066 机工官网：www.cmpbook.com
读者购书热线：010-68326294 机工官博：weibo.com/cmp1952
　　　　　　　010-88379203 金 书 网：www.golden-book.com
封面无防伪标均为盗版 教育服务网：www.cmpedu.com

01 序一
PREFACE

进入 21 世纪以来，我国汽车工业快速发展，中国汽车市场已经连续多年成为世界第一大汽车市场。虽然我国已经成为汽车大国，但还不是汽车强国，其根本原因在于我国汽车核心零部件不强。以汽车自动变速器为代表的汽车核心零部件技术和产品长期严重依赖国外，掌握自动变速器核心技术，并实现自动变速器产业化，是几代中国汽车人的梦想。

北京航空航天大学徐向阳教授长期从事汽车传动领域的教学和科研工作，与盛瑞传动股份有限公司合作，历时 10 年，自主创新，主持开发了世界首款前置前驱 8 档自动变速器（8AT），并获得了 2016 年国家科技进步一等奖（第一完成人）。这是迄今为止我国汽车零部件获得的唯一的国家科技进步一等奖。自动变速器项目的突破，对我国汽车工业具有里程碑式的意义，它标志着我国汽车工业核心技术受制于人的局面正逐步破解，打破了国外的垄断格局。

《自动变速器电控系统及其应用软件开发技术》《自动变速器行星变速机构方案优选理论与方法》两本专著基于徐向阳教授长期教学研究成果和主持世界首款前置前驱 8 档自动变速器研发过程中积累的工程技术经验，系统总结了国家科技进步一等奖项目中的理论创新和技术创新成果。两本专著中凝练的理论、方法和技术，不仅适用于汽车自动变速器，更是节能与新能源汽车中混合动力机电耦合系统、多档位自动电驱动总成的共性理论、方法和技术。专著的出版是继获得国家科技进步一等奖之后，徐向阳教授对我国自动变速器行业技术进步和自主创新的又一重要贡献，对推动汽车传动系统传动方案设计和电控系统开发两大共性核心技术发展具有非常重要的指导意义。

长期以来，我国自动变速器市场和技术被外资高度垄断。由于国内自动变速器相关的理论研究和工程技术开发从 21 世纪初才正式起步，迄今为止，国内还没有专著或教材对自动变速器理论和工程研发技术进行系统的论述。因此，这两本专著的出版将填补国内在该出版领域的空白，具有非常重要的价值。

自动变速器理论和技术、混合动力机电耦合系统总成技术、纯电驱动技术是国内外汽车行业研究的热点，也是国内众多企业亟需攻克的核心总成技术。2016 年发布的《节能与新能源汽车技术路线图》，也把自动变速器、混合动力机电耦合系统总成和多档位纯电驱动系统列为重点支持发展的方向。这两本专著的出版，对汽车自动变速器、混合动力机电耦合系统总成、多档位电驱动系统的科研人员的培养和变速器企业的自主创新，既具有现实的理论和技术指导意义，又具有提升自主自动变速器企业核心竞争力、促进汽车行业技术进步的社会意义。

相信这两本专著的出版，将会助力中国汽车行业高端人才培养和自主创新，服务节能与新能源汽车国家战略新兴产业，为推动我国汽车自动传动理论研究和技术进步做出重要贡献。

中国汽车工程学会名誉理事长

序二

PREFACE

为实现中华民族的伟大复兴，实现中国经济转型升级，我国提出了"中国制造2025"的宏伟计划。制造业是国民经济的主体，是立国之本、兴国之器、强国之基。汽车工业因其产业链长，涉及面广，资金、人才和技术高度密集，成为国民经济中举足轻重的支柱性产业。中国是汽车大国，但不是汽车强国，核心零部件技术落后是制约我国汽车工业由大变强的最大瓶颈。因此，汽车关键零部件技术自主创新是摆在我国汽车工业面前一个艰巨而长期的任务。习近平总书记曾经说过，技术和粮食一样，靠别人靠不住，要端自己的饭碗，自立才能自强。

汽车自动变速器是集机、电、液、控于一体的汽车核心总成。长期以来，我国自动变速器市场和技术被外资高度垄断。由于技术和产业的落后，国内系统介绍自动变速器设计理论和方法方面的专著或教材也处于空白。

北京航空航天大学徐向阳教授长期从事汽车自动变速器理论和技术方面的教学和科研工作，带领团队历时十年自主开发了世界首款前置前驱8档自动变速器（8AT），并作为第一完成人获得了2016年国家科技进步一等奖。《自动变速器行星变速机构方案优选理论与方法》《自动变速器电控系统及其应用软件开发技术》两本专著是徐向阳教授在长期教学和科研工作的基础上，对国家科技进步一等奖项目"结构方案寻优"和"机电液精准控制"两大创新点中的理论创新和技术创新成果的系统总结。

变速机构方案优选是自动变速器设计开发的第一步，变速机构传动方案直接决定了自动变速器的结构复杂度、传动效率、成本等关键技术指标，属于原始创新，也是国外专利保护最严密的领域。理论上，从所有可能设计元素（发动机、电机、行星排、定轴圆柱齿轮、离合器、同轴布置、平行轴布置等）中选择适合的构件类型和数量，并以可能的连接方式组合在一起形成的传动方案，随着离合器和齿轮组等设计元素的增加，其形成的所有可能构型数以亿计；而且从数以亿计的可能构型中进行全局优选，还受到来自结构、性能和工程等各方面的诸多参数约束，如传动效率、结构尺寸、工艺性、成本等，这需要实现设计参数的最优匹配。因此，变速机构传动方案优选属于复杂组合优选的多参数约束满足问题，也是困扰国内外自动变速器方案设计的一大理论和技术难题。《自动变速器行星变速机构方案优选理论与方法》在国际上首次提出了满足多需求和多约束的4自由度（含）行星齿轮传动系统所有可能构型的自动组合和全局选优方法，建立了全新的4自由行星变速机构方案优选理论与方法，对于自动变速器、混合动力和插电式混合动力机电耦合机构、多档位电动汽车用自动变速器等的方案设计具有重要的指导意义。

自动变速器控制对象多，协同控制参数过万，机电液耦合控制时变、非线性，应用软件算法要动态补偿性能衰退，保证30万千米行驶里程换档品质不变。国际上，普遍采用复杂模型或海量标定参数的方法，难以做到精准控制和快速匹配的平衡；忽略动态感知，强调通过零件制造的一致性来减少批量差异性和后期性能衰减，导致制造成本高。《自动变速器电控系统及其应用软件开发技术》结合中国道路交通状况特点及制造业基础，提出了自动变速器换档控制参数和换档规律，最佳动力性及最佳经济性MAP图生成方法，动力传动系统仿真分析模型的架构和发动机、变速器、离合器、液力变矩器和路面阻力模型的搭建方法；研究了离合器对离合器式换档过程控制方法，提出了换档聚类识别和感知驾驶意图的换档控制方法和策略，以及自适应控制理论和自适应学习策略；为解决变速器批量制造中存在的零件特性散差，创造性提出了SUBROM下线检测与自匹配技术，实现了机电液特性数据与发动机和整车实现自动匹配和初标定，保证了换档品质的"横向"—批量覆盖性；结合自适应和里程补偿，保证了换档品质的"纵向"—生命周期内的稳定性，实现了整车换档控制与下线检测数据的无缝融合。两本专著中论述的策略和方法，既有理论创新，又有技术创新，对自动变速器电控系统及其应用软件正向开发具有非常重要的指导意义。

节能与新能源汽车是《中国制造2025》规划突破的十大重点领域之一。2016年工信部发布的《节能与新能源汽车技术路线图》中，把自动变速器、混合动力机电耦合系统总成和多档位纯电驱动列为重点支持发展的方向。自动变速器技术是混合动力和插电式混合动力机电耦合机构的技术基础，也是混合动力、插电式混合动力和电动汽车等节能与新能源汽车的核心技术。两本专著中提出的理论、方法和关键技术，不仅适合于传统汽车自动变速器，也适合于节能与新能源汽车中混合动力与插电式混合动力机电耦合机构、多档位自动电驱动总成等共性理论、方法和技术的研究。

这两本专著填补了国内在该领域的空白。专著的出版是徐向阳教授继获得国家科技进步一等奖之后，对我国自动变速器行业技术进步和自主创新的又一重要贡献，对节能与新能源汽车传动系统传动方案设计和电控系统开发两大共性核心技术具有非常重要的指导意义。因此，这两本专著获得了2018年国家出版基金的支持。

相信这两本专著能够助力中国汽车工程技术开发的学术交流，助力中国汽车自动变速器高水平人才队伍培养和自主创新，为我国自主掌握节能与新能源汽车这一国家战略新兴产业的核心技术做出贡献。

李骏

中国工程院院士
中国汽车工程学会理事长

前言
PREFACE

  汽车自动变速器是集机、电、液、控于一体的汽车核心总成，是汽车行业公认的技术含量最高、工程化和产业化难度最大的汽车总成。我国是世界第一大汽车产销国，但不是汽车强国，核心总成技术空心化是制约我国汽车工业由大变强的最大障碍。我国自动变速器市场需求巨大，但市场、技术却被外资高度垄断，因此实现自动变速器的自主创新，成了几代中国汽车人共同的梦想。

  在国家自然科学基金、国家科技支撑计划、重大科技成果转化等项目的支持下，我带领前置前驱8档自动变速器（8AT）团队，历时10年，产学研用协同创新，开展了扎实的基础研究和工程技术开发，突破了自动变速器"结构方案寻优、机电液精准控制和制造一致性"三大核心技术，成功开发了世界首款8AT及其系列产品，并与一汽、北汽、江铃等8家整车企业的18款车型实现配套。2016年，"前置前驱8档自动变速器（8AT）研发及其产业化"项目获得国家科技进步一等奖，这是迄今为止汽车行业获得的第三个国家科技进步一等奖，是汽车零部件获得的唯一的国家科技进步一等奖。

  自动变速器电控系统及其应用软件作为自动变速器的核心，是自动变速器研发关键技术中的灵魂。自动变速器电控系统和软件的匹配标定技术与自动变速器的换档品质、可靠性、耐久性、动力性、经济型、驾驶性等主要性能密切相关。汽车电控系统，特别是电控系统软件一直是我国汽车工业最缺失的核心技术之一。迄今为止，国内还没有相关的科技文献系统研究自动变速器电控系统及其应用软件的正向设计开发技术。

  鉴于此，我系统地总结了长期以来从事汽车自动变速器教学和科研工作所取得的理论研究成果，以及带领团队从事8AT研发工程中积累的工程技术经验，撰写了《自动变速器电控系统及其应用软件开发技术》。本书着眼于"工程化样机到量产级批量产品"的推广过程，对自动变速器电控系统及其应用软件产业化技术进行了系统的论述，形成了电控系统标准化、规范化的软硬件开发方法，继承性、可移植性的模块设计方法，以及实用性的换档规律和离合器控制策略、自动变速器下线标定及自适应算法，将为打破国外垄断的技术壁垒，攻克电控系统及其应用软件产业化的关键技术难题，实现自动变速器自主创新提供参考和帮助。本书所阐述的内容也是8AT项目研发过程中突破的三大关键技术之一。

  特别需要说明的是，本书提出的开发流程、控制策略、控制算法等基本理论和方法、技术，不仅可以用于AT自动变速器的开发，对CVT、DCT、AMT等类型的自动变速器的开发也具有非常重要的参考价值,也是混合动力变速器、插电式混合动力变速器、电动汽车用自动变速器等新能源汽车用自动变速器或机电耦合系统总成电控系统及其应用软件开发的基础。

我的博士研究生戴振坤、鲁曦、郭伟、刘洋、程云江等为自动变速器电控系统及其应用软件开发技术的形成做出了重要贡献。盛瑞传动股份有限公司刘祥伍董事长、周立亭副董事长及盛瑞传动股份有限公司、江铃汽车集团公司等为本书的理论与方法的工程应用创造了非常好的条件。北京航空航天大学与盛瑞传动股份有限公司、江铃汽车集团公司等企业的产学研深度合作为本书的出版奠定了坚实的基础。在此,特别向刘祥伍董事长、周立亭副董事长及北航、盛瑞、江铃等8AT团队的所有成员表示特别感谢。

在8AT项目研发过程中,围绕相关理论与方法,原机械工业部何光远部长、中国汽车工程学会付于武名誉理事长、吉林大学郭孔辉院士、中国汽车工程学会李俊理事长、中国汽车工程研究院有限公司李开国董事长等国内著名的专家学者给予了非常专业的指导和帮助,也得到了科技部、国家自然科学基金委员会、山东省科技厅、中国汽车工程学会、中国汽车工业协会等单位的大力支持。在此,对曾经给予8AT项目关心和支持的所有国内外专家学者、配套企业、国家和地方政府、学会和协会等单位和组织表示特别感谢!

特别感谢国家出版基金对本书提供的支持!

希望本书的出版,能够为我国自动变速器、混合动力机电耦合系统和多档位电驱动总成传动方案设计的原始创新,为新能源汽车技术和产业的发展,尽微薄之力。

2018年3月30日于北京航空航天大学

序一
序二
前言

第1章 绪论 1
1.1 背景和意义 1
1.2 自动变速器电控系统及其应用软件研究现状 3
1.2.1 国外研究现状 3
1.2.2 国内研究现状 5
1.3 本书主要内容 8

第2章 前置前驱8档自动变速器基本结构原理 9
2.1 8AT机械系统基本结构 9
2.2 8AT液压系统功能原理 12
2.2.1 供油调压与流量控制系统 14
2.2.2 换档操控系统 14
2.2.3 变矩器供油闭锁控制及冷却润滑系统 14
2.3 8AT电控系统组成与工作原理 15
2.4 本章小结 16

第3章 电子控制系统及其应用软件开发 17
3.1 电子控制系统的硬件构成 17
3.1.1 通用性原型控制器平台 17
3.1.2 TCU硬件系统设计 18
3.2 电控系统软硬件开发流程和开发工具 21
3.2.1 电控系统软件正向开发流程 21
3.2.2 电控系统硬件开发流程 26
3.2.3 电控系统应用软件开发工具 28

3.3 电子控制系统应用软件标准化模块化设计方法 …………………… 29
   3.3.1 ASPICE 模型的应用 …………………………………………… 30
   3.3.2 CMMI 模型的应用 ……………………………………………… 31
   3.3.3 TCU 应用软件的集成性和继承性及标准化管理方法 ………… 34
   3.3.4 应用软件与底层软件交互层功能设计 ………………………… 35
3.4 电子控制系统应用软件模块功能设计 ……………………………… 37
3.5 本章小结 ………………………………………………………………… 43

第 4 章 自动变速器换档 MAP 图生成方法 …………………… 44

4.1 自动变速器换档图开发流程 ………………………………………… 44
4.2 自动变速器换档控制规律 …………………………………………… 45
   4.2.1 自动变速器动力性换档 MAP 图生成方法 …………………… 45
   4.2.2 自动变速器经济性换档 MAP 图生成方法 …………………… 47
   4.2.3 不同工况条件下的模拟仿真计算 ……………………………… 48
   4.2.4 基于不同驾驶模式的动力性和燃油经济性优化 ……………… 52
4.3 本章小结 ………………………………………………………………… 55

第 5 章 行星排修正转动惯量及动力传动系统建模 …………… 56

5.1 简单负号行星排修正转动惯量 ……………………………………… 56
   5.1.1 三坐标简单负号行星排动力学建模 …………………………… 56
   5.1.2 四坐标简单负号行星排动力学建模 …………………………… 61
   5.1.3 简单负号行星排修正转动惯量推导 …………………………… 63
5.2 简单正号行星排修正转动惯量 ……………………………………… 65
   5.2.1 三坐标简单正号行星排动力学建模 …………………………… 65
   5.2.2 五坐标简单正号行星排动力学建模 …………………………… 66
   5.2.3 简单正号行星排修正转动惯量推导 …………………………… 67
5.3 拉维娜式行星排修正转动惯量 ……………………………………… 69
   5.3.1 四坐标拉维娜式行星排动力学建模 …………………………… 69
   5.3.2 六坐标拉维娜式行星排动力学建模 …………………………… 71
   5.3.3 拉维娜式行星排修正转动惯量推导 …………………………… 71
5.4 动力传动系统建模 …………………………………………………… 74
   5.4.1 动力传动系统模型架构 ………………………………………… 74
   5.4.2 8AT 机械结构动力学建模 ……………………………………… 74
   5.4.3 其他部分动力学建模 …………………………………………… 78
5.5 本章小结 ………………………………………………………………… 79

第 6 章 离合器到离合器换档过程控制原理 …… 80

- 6.1 离合器对离合器式换档过程 …… 80
  - 6.1.1 离合器结合过程数学模型的建立 …… 80
  - 6.1.2 离合器结合过程关键参数分析 …… 81
  - 6.1.3 基于不同工况的离合器结合控制方法 …… 82
  - 6.1.4 离合器 PID 适应性滑差控制方法 …… 87
  - 6.1.5 离合器控制效果分析 …… 91
- 6.2 换档过程机械变速系统的动力学建模与仿真 …… 94
  - 6.2.1 离合器的动力学分析模型 …… 94
  - 6.2.2 充油阶段的离合器动力学分析 …… 95
  - 6.2.3 转矩交换阶段的离合器动力学分析 …… 99
  - 6.2.4 转速同步阶段的离合器动力学分析 …… 102
  - 6.2.5 完全分离状态的离合器带排转矩计算 …… 104
- 6.3 有动力升档控制原理分析 …… 107
  - 6.3.1 有动力升档控制基本原理 …… 107
  - 6.3.2 有动力升档不同控制方法原理 …… 111
  - 6.3.3 8AT 中有动力升档仿真分析 …… 112
- 6.4 有动力降档控制原理分析 …… 118
  - 6.4.1 有动力降档控制基本原理 …… 118
  - 6.4.2 有动力降档不同控制方法原理 …… 120
  - 6.4.3 8AT 有动力降档仿真分析 …… 121
- 6.5 无动力升档控制原理分析 …… 123
  - 6.5.1 无动力升档控制基本原理 …… 123
  - 6.5.2 无动力升档不同控制方法原理 …… 125
  - 6.5.3 8AT 无动力升档仿真分析 …… 126
- 6.6 无动力降档控制原理分析 …… 127
  - 6.6.1 无动力降档控制基本原理 …… 127
  - 6.6.2 无动力降档不同控制方法原理 …… 129
  - 6.6.3 8AT 无动力降档仿真分析 …… 130
- 6.7 本章小结 …… 132

第 7 章 离合器到离合器换档过程基本控制策略 …… 133

- 7.1 有动力升档控制策略 …… 133
  - 7.1.1 换档准备阶段控制策略 …… 133
  - 7.1.2 转矩相阶段控制策略 …… 136
  - 7.1.3 速度相阶段控制策略 …… 137
  - 7.1.4 换档结束阶段控制策略 …… 137

  7.1.5 有动力升档控制策略实车测试 …………………………… 138
 7.2 有动力降档控制策略 …………………………………………… 140
  7.2.1 换档准备阶段控制策略 ……………………………………… 141
  7.2.2 速度相阶段控制策略 ………………………………………… 141
  7.2.3 转矩相阶段控制策略 ………………………………………… 141
  7.2.4 有动力降档控制策略实车测试 ……………………………… 142
 7.3 无动力升档控制策略 …………………………………………… 145
  7.3.1 换档准备阶段控制策略 ……………………………………… 145
  7.3.2 速度相阶段控制策略 ………………………………………… 145
  7.3.3 转矩相阶段控制策略 ………………………………………… 146
  7.3.4 无动力升档控制策略实车测试 ……………………………… 146
 7.4 无动力降档控制策略 …………………………………………… 149
  7.4.1 换档准备阶段控制策略 ……………………………………… 150
  7.4.2 转矩相阶段控制策略 ………………………………………… 150
  7.4.3 速度相阶段控制策略 ………………………………………… 150
  7.4.4 换档结束阶段控制策略 ……………………………………… 151
  7.4.5 无动力降档控制策略实车测试 ……………………………… 151
 7.5 本章小结 ………………………………………………………… 153

第8章 换档过程中改变驾驶意图控制策略 …………… 154

 8.1 改变驾驶意图控制策略总述 …………………………………… 154
  8.1.1 改变驾驶意图控制架构 ……………………………………… 154
  8.1.2 Tip-in 及 Tip-out 识别方法 ………………………………… 155
 8.2 有动力升档改变驾驶意图控制策略 …………………………… 156
  8.2.1 变速之前 Tip-in 控制策略 ………………………………… 156
  8.2.2 变速之前 Tip-out 控制策略 ………………………………… 159
  8.2.3 变速过程中 Tip-in 控制策略 ……………………………… 161
  8.2.4 变速过程中 Tip-out 控制策略 ……………………………… 162
 8.3 有动力降档改变驾驶意图控制策略 …………………………… 163
  8.3.1 变速之前 Tip-out 控制策略 ………………………………… 163
  8.3.2 变速过程中 Tip-out 控制策略 ……………………………… 165
 8.4 无动力升档改变驾驶意图控制策略 …………………………… 167
  8.4.1 变速之前 Tip-in 控制策略 ………………………………… 167
  8.4.2 变速过程中 Tip-in 控制策略 ……………………………… 170
 8.5 无动力降档改变驾驶意图控制策略 …………………………… 171
  8.5.1 变速之前 Tip-in 控制策略 ………………………………… 171
  8.5.2 变速过程中 Tip-in 控制策略 ……………………………… 173

8.6 本章小结 ····· 175

第9章 自动变速器自适应控制 ····· 176

9.1 自适应控制理论 ····· 177
9.1.1 自适应系统控制目标 ····· 177
9.1.2 自适应系统控制参数 ····· 178
9.1.3 自适应系统控制方法 ····· 179

9.2 自适应控制策略 ····· 180
9.2.1 有动力升档自适应策略 ····· 180
9.2.2 有动力降档自适应策略 ····· 184

9.3 自适应控制软件设计与测试 ····· 187
9.3.1 自适应控制软件实现原理 ····· 187
9.3.2 离合器过充油自适应 ····· 189
9.3.3 转矩交换时间自适应 ····· 192
9.3.4 输入轴转速飞车自适应 ····· 195
9.3.5 静态换档自适应 ····· 197

9.4 本章小结 ····· 200

第10章 自动变速器应用软件终端下线标定 ····· 201

10.1 EOL台架的软硬件构架 ····· 202
10.1.1 机械设备构架 ····· 202
10.1.2 电器设备构架 ····· 203
10.1.3 测试软件构架 ····· 204

10.2 变速器测试规范定义 ····· 204
10.2.1 机械部分测试 ····· 205
10.2.2 液压部分测试 ····· 205
10.2.3 电控部分测试 ····· 205
10.2.4 变速器特性参数测试 ····· 206

10.3 变速器特性参数测试方法及优化 ····· 206
10.3.1 离合器电流压力特性测试试验优化 ····· 207
10.3.2 离合器转矩压力特性测试试验优化 ····· 210
10.3.3 离合器充油时间特性测试试验优化 ····· 213
10.3.4 液力变矩器闭锁离合器的接合点测试 ····· 215

10.4 整车充油时间自动标定测试方法 ····· 216
10.4.1 自动标定测试系统的硬件结构 ····· 216
10.4.2 车载数据采集系统的硬件结构 ····· 217
10.4.3 整车自动标定测试系统的软件结构 ····· 217

10.4.4　变速器充油时间自动测试方法 218
10.5　本章小结 220

第11章　自动变速器应用软件测试与量产发布 221

11.1　软件在环仿真SiL 221
　11.1.1　软件在环仿真系统原理 221
　11.1.2　软件在环仿真系统测试 221
11.2　硬件在环仿真HiL 225
　11.2.1　单闭环硬件在环仿真平台设计 225
　11.2.2　硬件在环仿真测试 228
11.3　软件评估 235
　11.3.1　软件功能及匹配性能主观评估 235
　11.3.2　软件功能及匹配性能客观评价 235
　11.3.3　软件运行效率评估 239
　11.3.4　软件可靠性评估 240
11.4　软件批量刷新 241
　11.4.1　刷新准备过程 241
　11.4.2　刷新过程 243
　11.4.3　刷新后处理 244
11.5　本章小结 244

参考文献 245

第1章 绪论

1.1 背景和意义

汽车自动变速器是集机、电、液、控于一体的汽车核心总成,是汽车行业公认的技术含量最高、工程化和产业化难度最大的汽车总成。自动变速器负责把发动机动力根据驾驶人的驾驶意图自动、高效、平顺地传递到车轮。自动变速器的性能与整车的动力性、燃油经济性、安全性、舒适性和操作便利性等密切相关,因此,自动变速器受到整车企业的高度重视,整车企业都把自动变速器技术作为其核心竞争力加以严格控制。

我国是世界第一大汽车产销国,但不是汽车强国,核心总成技术空心化是制约我国汽车工业由大变强的最大障碍。自动变速器就是我国汽车行业最大的软肋。我国自动变速器市场需求巨大,但技术以及市场被外资企业高度垄断。实现自动变速器的自主创新,是几代中国汽车人共同的梦想。

图1-1是近年来我国乘用车自动变速器市场占有率,可以看出,我国乘用车市场自动变速器市场占有率逐年增长。2015年,自动变速器市场占有率首次超过50%,达到51%。如图1-2所示,2015年我国自动变速器市场需求达到1078万台,超过1500亿元。然而据统计,我国自主生产的自动变速器市场占有率却不足3%,自动变速器市场和技术被外资高度垄断。

自动变速器由机械系统、液压系统和电控系统三大系统组成[1]。自动变速器电控系统及其应用软件开发是自动变速器研发的核心技术之一,是自动变速器控制及整车匹配的核心技术手段,贯穿于自动变速器开发的全过程。自动变速器应用软件开发的应用和推广,有利于实现发动机与自动变速器的通信和匹配、完善自动变速器换档逻辑和控制策略、优化换档离合器控制特性和换档品质、覆盖自动变速器由于装配和制造所产生的不一致性,以及补偿里程累积导致的硬件性能衰减等,从而满足不同客户对自动变速器匹配车辆在整个产品生命周期内的动力性、经济性、舒适性和安全性要求。

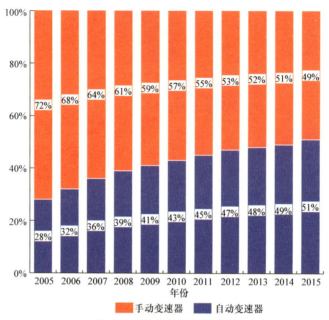

图 1-1 我国乘用车自动变速器市场占有率

图 1-2 我国自动变速器市场需求量

近年来，随着计算机技术及汽车电子技术的高速发展，自动变速器电控系统及其应用软件功能和算法日臻完善，自动变速器控制方式从液力控制逐渐向电液控制、智能化控制转变，电子控制在控制系统中的比重逐渐提高。自动变速器正朝着高效、节能、安全、舒适和智能化的方向发展。自动变速器装车率显著提高，装配自动变速器、搭载先进智能控制系统的汽车受到消费者的普遍欢迎。

自动变速器市场巨大的客户需求和经济效益，催生了自动变速器自主研发的快速发展。虽然国内主机厂和变速器供应商都在加大技术力量进行自主研发，但多限于机械及液压系统设计或逆向开发，电控系统开发大多依赖国际知名工程化公司或汽车电子技术供应商来完成软件编写及标定开发，仍然处于发展阶段。目前市场上基于自动变速器需要搭载的整车和匹配的发动机,进行相应的单一版本的自动变速器电控系统设计、试验及标定的费用,就在 2000 万元之多。高额的标定费用给整车厂以及自动变速器供应商带来了巨大的成本控制压力和经济负担。同时,由于缺乏自主研发和标定能力,企业在考虑新的自动变速器应用形式、发动机和液力变矩器更改选型以及新的搭载车型变更开发时,缺乏统一的控制软件平台、试验验证体系和标定优化流程,很难独立进行产品的系列研发及更新换代,难以适应日新月异的自动变速器技术潮流,在市场竞争中处于劣势。

近年来,国内高校和科研机构对自动变速器控制策略和理论算法也进行了相关研究,在多参数控制换档规律、液力变矩器闭锁滑摩策略、离合器接合油压优化以及换档策略的坡道识别、模糊控制、神经网络控制和智能方法控制等领域取得了一定的成果,但研究多限于针对基础理论进行控制策略的算法推导、模型开发、动力学仿真和在环测试及样车开发,缺少基于整车系统需求和边界条件考虑控制软件的通用性、可移植性、高效性、稳定性和实用性,以及考虑自动变速器批量下线标定方法和规模化的自适应方法,研究成果较难适应市场推广和产业化要求。

从 2006 年开始,在国家科技支撑计划、国际科技合作重大专项、国家自然科学基金等的支持下,北京航空航天大学徐向阳教授与盛瑞传动股份有限公司合作,带领双方研发团队,协同创新,历时 10 年,成功研发了世界首款前置前驱 8 档自动变速器(8AT),并实现了平台化、系列化产品开发和产业。2016 年,"前置前驱 8 档自动变速器(8AT)研发及产业化"项目获得国家科技进步一等奖,这是迄今为止中国汽车工业获得的第三个国家科技进步一等奖,也是汽车零部件行业获得的唯一的国家科技进步一等奖。

自动变速器电控系统及其应用软件作为自动变速器的核心,是自动变速器研发关键技术中的灵魂,迄今为止,国内还没有相关的科技文献系统研究自动变速器电控系统及其应用软件的正向设计开发技术。鉴于此,本书系统总结了徐向阳教授长期以来从事汽车自动变速器教学和科研工作所取得的理论研究成果,以及带领团队从事 8AT 研发工程中积累的工程技术经验,着眼于"工程化样机到量产级批量产品"的推广过程,对自动变速器电控系统及其应用软件产业化技术进行系统的论述,形成了电控系统标准化、规范化的软硬件开发方法和继承性、可移植性的模块设计方法,以及实用性的换档规律和离合器控制策略、自动变速器下线标定及自适应算法,为打破国外垄断的技术壁垒,攻克电控系统及其应用软件产业化的关键技术难题,实现自动变速器的自主创新提供参考和帮助。

1.2 自动变速器电控系统及其应用软件研究现状

1.2.1 国外研究现状

随着汽车电子技术及控制技术的发展进步,自动变速器的控制技术和控制方式逐渐改变,电子控制在控制系统中所占比重逐渐增加,自动变速器控制技术分为以下三个阶段[2]:液力控制阶段、电液控制阶段和智能控制阶段。

20 世纪 30 年代末到 60 年代初,自动变速技术处于液力控制阶段。1938 年,液力自动变速器首先装于通用 Oldsmobile 车上,其操纵机构和控制系统都是通过液压系统来实现的[3]。液力控制的原理是:由若干个复杂的液压阀和油路构成的逻辑控制系统,通过反映节气门开度大小的节气门阀和反映车速高低的速控阀，按照设定的换档规律控制换档执行机构的动作，从而实现自动换档[4]。因此，此时的自动变速器几乎不需要借助TCU（Transmission Control Unit，即自动变速器控制单元）控制软件，仅通过液压系统即可完成自动变速器升降档的控制。

20世纪60年代末到90年代，自动变速技术处于电液控制阶段。1969年，法诺R16TA轿车自动变速器首先采用了电控换档技术。电子控制系统将控制参数（节气门开度、车速等）从相应的传感器中采集出来，通过控制系统内部控制算法，将控制信号作用于换档电磁阀，从而控制液压换档执行元件的结合与分离，实现自动换档[5]。随着电子控制技术的应用以及TCU雏形开始应用于车辆控制，大量国外学者开始从换档规律设计、液力变矩器闭锁控制、发动机转矩控制、离合器接合油压控制等不同领域研究自动变速器控制策略，为自动变速器应用软件的开发积累了宝贵的理论经验。

B.A.彼得罗夫提出了以车速和节气门开度作为控制参数的二参数换档规律，二参数换档规律引入了节气门开度参数，实现了驾驶人的干预换档，与单参数相比，整车的动力性、经济性和换档品质有了较大的提高，在自动变速器应用软件的工程应用中被广泛采用[6]。Schwab[7]研究了基于状态机理论的液力变矩器闭锁策略控制方法，充分考虑自动变速器油温、制动力矩大小等车辆运行参数和驾驶人意图对闭锁点的影响，完善了复杂工况下的液力变矩器闭锁策略。Nakabe等[8]结合闭锁离合器结构和摩擦片材料特性，对闭锁离合器结合过程中转矩传递随结合时间的变化特性进行了详尽的分析。Kono、Itoh等[9]通过对液力变矩器闭锁、解锁过程进行动态仿真计算，研究分析了闭锁离合器操纵油压、充放油时间对闭、解锁特性的影响，提出了较理想的充放油特性。Zabala、Lee M、Alain B等[10-12]根据工程经验和PID控制（比例、积分、微分控制）理论，提出了换档过程中发动机转矩控制和转速控制的相关方法。克莱斯勒[13]公司在1999年发布新的自动变速器电控系统时，也通过考虑换档冲击度和离合器滑摩功产生的原因，对离合器接合油压和换档品质进行了优化控制。

20世纪90年代末开始，自动变速技术进入电子控制的智能控制阶段。自动变速器应用软件开始大量采用模式识别、模糊控制等智能控制。Banstiana等[14]对弯道情况的档位选择问题进行了研究，设计了弯道模糊估计器，分析了运动型和一般型驾驶人在弯道运行时换档的操作特征，制订了相应的控制规则。Weil等[15]提出了一个档位决策的模糊专家系统模型，详细介绍了获取换档控制规则的方法，并进行了仿真对比分析，证明了该方法的优点。

智能换档控制系统在换档控制时考虑了行驶工况、驾驶人的操作意图和车辆自身性能状况，使车辆能像经验丰富的驾驶人一样自动换档，满足车辆行驶的各种性能需求[16]。如宝马（BMW）、采埃孚（ZF）和博世（BOSCH）公司合作推出的5HP-24自动变速器可以识别驾驶人的操作意图，从而选用相应的模式；同时，能根据当前行驶工况对换档曲线做适当的修改。日本三菱公司[17]的"Fuzzy shift 4AT"率先采用了"模糊控制"的概念。法国标致雪铁龙（PSA）集团和雷诺公司合作开发的自动变速器采用先进计算机控制和模糊逻辑技术，可以根据驾驶人及路况等多种因素选择最合适的档位。德国大众第三代自动变速器 AG4 变速系统能够根据行驶环境和驾驶人的驾驶习惯自主进行档位选择[18-20]。

目前自动变速器应用软件产业化关键技术的国外研究现状有以下几个特点。

1) 随着汽车电子技术和控制技术的诞生和发展,自动变速器应用软件产业化开发在短短 50 年内取得了突破性的进展,经历了控制系统从液力控制、电液控制到智能控制的三个阶段,电子控制在控制系统中的比重显著增加,自动变速器应用软件对于实现自动变速器各种控制功能目标起到了越来越关键的作用。

2) 自动变速器理论研究与自动变速器应用软件应用开发结合紧密。先进的控制理论,如换档规律参数化控制、液力变矩器闭锁滑摩控制、离合器接合油压控制理论都在第一时间应用于工程化应用和产品设计;同时通过积累工程控制经验,反过来进一步完善自动变速器控制理论。

3) 动力传动系统匹配与协同控制日益受到重视。通过集成化、图形化建模和整车匹配仿真,确定液力变矩器变矩性能和能容系数;同时在自动变速器应用软件中增加发动机接口模块的控制设计,在换档过程中对发动机进行请求转矩减小或改变目标发动机转速的控制。

4) 测试标定技术的应用替代了应用软件对传感器信号的依赖。由于电控标定技术的应用和发展,控制算法中不再依赖传感器采集的离合器转速、控制油压反馈信号等变量,而是通过标定生成的二维表格和曲线,在量产的 TCU 控制软件中采用插值查表的方式获得所需的控制信号,完成对目标系统的优化控制。爱信 6AT 以及采埃孚 8AT 电控系统均已取消压力传感器,速度传感器减少到两个,温度传感器和位置传感器分别减少到一个。

5) 国外往往把自动变速器电控系统以及自动变速器应用软件开发的核心技术列为商业机密,进行知识产权的严格保护和技术封锁,防止源程序、源代码泄露;在相关的产品发布和学术交流中,也严格控制相关信息的释放。国外知名工程公司及汽车电子技术供应商在自动变速器应用软件开发中依然具有垄断性的优势地位。

6) 自动变速器应用软件的开发模式趋于统一。基于 V 字形开发流程(简称 V 流程)的经典开发模式日益得到 TCU 开发商的认可。从功能设计和离线仿真、快速控制原型、自动代码生成到 TCU 测试和整车标定,都采用通用的开发步骤和软件工具。Mathworks、dSPACE、Vector 公司软件开发、试验和标定工具功能强大、通用性好,极大地节省了工程时间,使用户集中精力关注应用软件的开发,因而得到广泛使用。

7) 自动变速器应用软件模块化、标准化设计和通用性、可移植性显著增强。针对不同整车目标功能和需求定义,控制软件开发越来越趋向模块化。模块划分更加明确,其独立功能也更加强大。模块化开发也为软件移植和继承提供了条件,经过合适的 I/O 接口修改和较少的控制逻辑调整,就能很好地运用于新产品的开发。

1.2.2 国内研究现状

由于国外的技术封锁和国内有限的电控系统设计开发能力,自动变速器应用软件工程化一直是国内汽车自主创新、自主制造的瓶颈,成为阻碍中国汽车工业成长的主要障碍之一。近年来,国内高校、科研机构、主机厂、自动变速器供应商通过吸收国外先进经验，进行人才交流、技术转移和自主创新，国内在自动变速控制技术理论方面的研究取得了很多成果。

吉林大学葛安林教授较早在国内开始自动变速器控制理论的深入研究。葛安林[21-23]等在发动机动态试验数据的基础上，提出了以车速、节气门开度和加速度为控制参数的动态三参数控制规律，试验结果表明，该规律优于静态的两参数换档规律。闫磊[24]基于工作油泵消耗功率变化对换档策略的影响，提出了以车速、节气门开度、加速度和油泵压力为控制参数的四参数换档控制规律，计算机仿真结果表明更加符合工程车辆的实际情况。清华大学张俊智教授提出了边界点换档规律、动力性换档规律确定的动态驱动力法和经济型换档规律的节气门开度法和车速法[25]。

国内在先进控制理论应用于自动变速器控制策略方面也取得了许多研究进展。基于传统的换档规律，参考优秀驾驶人的换档操纵经验，综合考虑驾驶人类型、驾驶人意图、行驶环境和汽车的行驶状态，利用模糊控制和神经网络技术等智能控制技术，生成一个可使动力性、燃油经济性、废气排放和其他性能达到综合最优且符合驾驶人意愿的换档规律。秦贵和等[26-28]将路面和驾驶人意图分为良好路段、颠簸路段、加速和停车等典型工况，首先求出各典型工况较佳的换档规律，然后利用易于测量的车辆的状态参数，依据模糊推理方法，形成一个描述路面特征、驾驶人意图和车辆状态的模糊集合，求出当前状态与各典型工况的贴近度，计算得到最终的档位数值。葛安林等[29]在综合国内外对驾驶人类型、驾驶人意图和行驶环境（路段、路况和路形）实时识别研究成果的基础上，提出由路段和路况识别信息建立标准行驶工况的换档规律，按照驾驶人的类型进行标准换档规律的个性化处理，并依据路形、驾驶人意图识别的结果，进行局部信息点优再修正，获取最佳的换档规律。

液力变矩器闭锁点的控制有单参数控制和双参数控制两类。比较常见的控制方案采用节气门开度、涡轮转速两参数或节气门开度、车速两参数进行液力变矩器闭锁策略控制。马超、项昌乐[30]等对两参数闭锁点进行了优化计算，综合考虑了闭锁前后发动机转速突降造成的惯性能量的释放以及闭锁前后变矩器输入输出转矩的变化，在二者最优解之间通过目标规划法建立目标函数并寻优得到较为合理的闭锁点。盛瑞传动股份有限公司[31]研究了基于状态机理论的液力变矩器闭锁策略控制方法，充分考虑自动变速器油温、制动力矩大小等车辆运行参数和驾驶人意图对闭锁点的影响，完善了复杂工况下的液力变矩器闭锁策略；针对传动系统工作工况的复杂性及其非线性引入了一些先进的技术，如模糊控制技术、人工智能技术等，并且现今已经开始研制闭锁离合器全域闭锁的控制方法[32-36]。

胡建军、秦大同[37]等结合闭锁离合器结构和摩擦片材料特性，对闭锁离合器结合过程中转矩传递随结合时间的变化特性进行了详尽的分析。过学迅、郑慕侨[38]等通过对液力变矩器闭锁、解锁过程进行动态仿真计算，研究分析了闭锁离合器操纵油压、充放油时间对闭、解锁特性的影响，提出了较理想的充放油特性。孙旭光、项昌乐[39]通过对传动系统力学模型和数学模型的研究，总结了闭锁过程中建压、预压及压力急升三个阶段的滑摩转矩和充油压力的变化控制规律。

国内在 TCU、ECU（电控单元）通信标定开发等领域，也取得了相应的研究成果。

许多文献基于不同的通信协议、硬件接口和传输方式，对在线监测与标定平台设计进行了研究。吴艳、王丽芳等[40-41]借助 LabVIEW 软件平台实现双向数据传输，开发出基于 USB 接口的 CAN（Controller Area Network，控制器局域网络）总线数据采集和 ECU 标定系统，同时具有 CAN 总线和 USB 通信优点，适用于多种场合的数据采集和标定。钟军、冯静等[42]依据 ISO9141 电气标准组成接口电路，选用 KWP2000 故障诊断串行通信协议，在仿真器上实现 ECU 与标定计算机的通信试验。国内也已经将基于 CCP（CAN Calibration Protocol，即基于 CAN 总线的匹配标定协议）的标定技术逐步运用于汽车电控系统开发，开发出相应的标定平台。清华大学最早基于 CCP 协议开发了混合动力汽车（Hybrid Electric Vehicle，HEV）用的标定系统[43]，吉林大学将 CCP 协议运用于汽车 AMT（电控机械自动变速器）的开发[44]，重庆邮电大学开发了基于 CCP 协议的燃气发动机标定系统[45]。

但是在自动变速器应用软件工程化方面，国内与国外还存在巨大的差距[46]。张泰、葛安林[47]、徐进军[48]、陈永东[49]等虽然都进行了 TCU 控制策略的研究，吉林大学也率先将智能控制理论应用到工程机械中，研制出推土机和轮式装载机的模糊换档系统，但仅限于模型仿真、在环测试或样机调试，研究成果的工程化和量产仍需要做很多工作。

目前国内自动变速器应用软件产业化关键技术的研究现状有以下几个特点。

1）在自动变速器应用软件正向设计和开发技术的研究方面起步较晚，绝大部分研究文献和报道表明，国内还没有掌握自动变速器应用软件工程化开发的核心技术，尚不具备控制软件工程化和产业化的能力。由于缺乏自行研发和标定能力，国内企业在考虑新的自动变速器应用形式、发动机和液力变矩器更改选型以及新的搭载车型变更开发时，缺乏统一的控制软件平台、试验验证体系和标定优化流程，很难独立进行产品的系列研发及更新换代，难以适应日新月异的自动变速器技术潮流，在市场竞争中处于劣势。

2）在自动变速器控制理论研究方面与国外处于同等甚至领先水平。以葛安林、徐向阳、宋健、陈慧岩、项昌乐、吴光强、秦大同、周云山、过学迅等专家为代表，在自动变速器换档规律、闭锁控制、换档品质优化等研究上做出了杰出的贡献。国内率先提出了换档规律三参数、四参数控制方法，在模式识别、模糊控制以及神经网络控制理论应用于自动变速器控制策略方面，也走在了世界前列。

3）大多基于传统控制理论和算法对自动变速器控制策略进行研究，强调理论深度和算法创新，往往忽略了应用软件的工程化要素。开发的控制软件代码冗长，通用性、可移植性、鲁棒性和实用性较差。

4）国内同样沿用国际经典的 V 模式流程对控制策略进行研究，但由于产学研相互脱节，没有工程化项目作为依托，代码生成工具、在环测试系统、标定设备的缺乏和参与者工程化经验不足，研究大多仅限于功能设计和离线仿真、快速控制原型开发阶段，缺乏对控制软件的测试、验证和标定优化。

5）自动变速器应用软件产业化的关键技术是自动变速器终端下线标定和自适应控制策略。由于行业发展的薄弱，国内在这两方面系统的总结和应用相对较少。成功研发出适用于量产产品的应用软件程序者更是寥寥。

1.3 本书主要内容

本书以作者团队研制开发的世界首款前置前驱 8 档自动变速器（8AT）及其搭载匹配的目标车型为研究对象，介绍团队自主开发的自动变速器电控系统及其应用软件开发的关键技术，介绍具备模块化、标准化、通用性、可移植性、稳定性、高效性和实用性的自动变速器应用软件开发方法。其主要内容如下。

第 1 章，简要介绍了国内自动变速器技术和市场发展状况，以及自动变速器电控系统及其应用软件技术国内外研究现状。

第 2 章，对世界首款前置前驱 8 档自动变速器的结构原理进行了简要介绍，包括机械系统组织、换档逻辑、液压系统原理、传感器设计等，这是电控系统及其应用软件开发的基本设计输入，为后续内容提供基础。

第 3 章，介绍电子控制系统软硬件构成、开发流程和开发工具。从控制软件的模块化、标准化、通用性、可移植性、鲁棒性、高效性和实用性设计的角度出发，完整、系统地阐述自动变速器控制策略的工程化开发理论并完成应用软件功能模块设计。

第 4 章，提出了自动变速器换档控制参数和换档规律，最佳动力性及最佳经济性 MAP 图生成方法，对换档图进行不同驾驶工况和模式的动力性、经济性优化分析方法。

第 5 章，提出了修正转动惯量的概念，基于带速度约束的第一类拉格朗日方程，采用不同坐标数的建模方法建立了简单负号行星排的动力学模型；通过相互对比建立等式，提出了转动惯量系数使其与行星轮转动惯量呈线性关系；最后成功推导出了修正转动惯量的计算公式。为了后续离合器到离合器换档控制策略的理论分析，提出了动力传动系统仿真分析模型的架构，并介绍了发动机模型、变速器模型、离合器模型、液力变矩器模型和路面阻力模型的搭建方法。

第 6 章，研究离合器对离合器式换档过程控制方法和换档时序设计，介绍换档过程机械变速系统的动力学建模与仿真方法，把换档类型归类为有动力升档、有动力降档、无动力升档和无动力降档四种基本换档类型，详细分析了这四种基本换档类型的换档控制基本原理、控制方法和模型仿真。

第 7 章，针对离合器到离合器换档过程控制的四种基本换档类型，根据不同换档类型的特点，提出了不同换档类型的分阶段控制策略，并研究了各个阶段的控制算法。

第 8 章，提出了基于四种基本换档类型控制策略在不同控制阶段的改变驾驶意图控制策略，分析了改变驾驶意图控制策略的理论原理及实车应用。

第 9 章，介绍了自动变速器自适应控制理论和自适应学习策略，详细分析了有动力升档、有动力降档、无动力升档、无动力降档四种典型换档类型的自适应控制策略。

第 10 章，提出了自动变速器下线测试方法，结合变速器的特性、软件的控制要求、测试台架的功能，定义变速器的电流压力特性参数、转矩压力特性参数、充油时间特性参数、闭锁结合点特性参数的测试方法，并对终端下线标定测试方法进行优化。

第 11 章，研究电控系统应用软件离线仿真和代码实现方法，对软件分级分系统测试方法进行研究，提出了软件在环和硬件在环仿真测试方法，论述了对软件进行功能及匹配性能验收、客观评价、效率和可靠性验证并实现软件发布的方法。

第 2 章 前置前驱 8 档自动变速器基本结构原理

自动变速器电控系统通过传感器获取自动变速器工况信息和驾驶意图,并按照一定的换档规律和控制策略控制电磁阀来控制液压系统,按照预先设计的换档逻辑,控制相应的离合器结合和分离,从而实现换档控制。因此,在进行电控系统及其应用软件开发之前,必须先对自动变速器的机械系统、传动方案、换档逻辑、液压系统等进行系统的了解,这是电控系统及其应用软件开发的最基本设计输入。

2.1 8AT 机械系统基本结构

8AT 机械系统由油泵、液力变矩器、离合器、制动器、行星齿轮机构、换档操纵机构、差速器、壳体等组成,如图 2-1 和图 2-2 所示。

图 2-1 8AT 机械系统主要组成部分

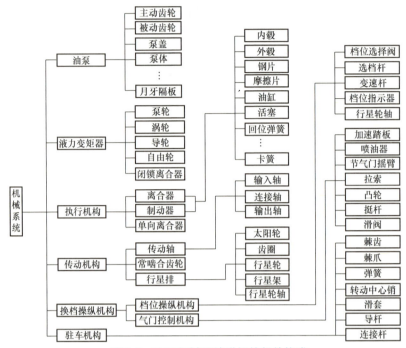

图 2-2 8AT 机械系统详细的部件构成

8AT 机械系统布置方案和结构如图 2-3 所示,其主要特点是 4 自由度"行星齿轮传动 + 定轴齿轮传动"复合传动、双轴布置,由三个行星排、三对圆柱齿轮和五个换档控制元件(一个制动器和四个离合器)组成,每根轴上都有行星排,行星排构件之间的连接是通过换档元件和定轴齿轮实现的。

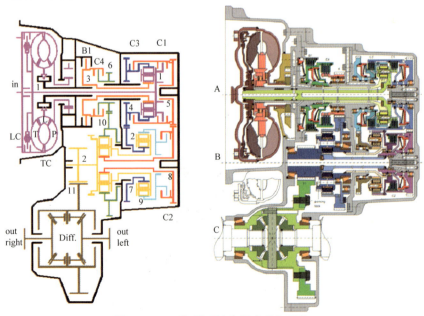

图 2-3 8AT 机械系统布置方案和结构

8AT 各档位传动比如表 2-1 所示，可以看出此款变速器的档间传动比设置合理，并且总传动比的变化范围较目前市场上的 4、5、6 档自动变速器更大一些，这将为变速器提供良好的匹配和适应特性。另外，由于采用了三对定轴齿轮，定轴齿轮的传动比非常容易调整，因此，该方案可以很容易地实现传动比的调整，使传动比范围可以在 6~10 之间，根据匹配车型需要进行调整。三对定轴齿轮的引入，使功率传递可以实现多路传递，从而每一路传递的功率都比较小，进而有利于把变速器设计得更加紧凑和轻量化。

表 2-1　8AT 各档位传动比

档位	$n1/n2$	i_{total}	档间传动比 φ
倒档	2.434	−9.351	—
1 档	−3.850	14.79	1.57
2 档	−2.453	9.424	1.50
3 档	−1.631	6.266	1.21
4 档	−1.343	4.676	1.26
5 档	−1.068	4.103	1.25
6 档	−0.854	3.281	1.22
7 档	−0.701	2.693	1.29
8 档	−0.544	2.090	—
传动比范围		7.076	

表 2-2 是 8AT 的换档逻辑图。五个换档控制元件中，B1 为制动器，C1~C4 为离合器。从表中可以看出，在每个档位运行时，五个换档控制元件中有三个闭锁，只有两个打开，这有利于降低带排损失，提高传动效率。为了提高换档品质和换档响应速度，自动变速器换档时，最好能够实现"简单换档"，即只需要打开一个换档控制元件、闭合一个换档控制元件，就可以实现换档。从图 2-4 和表 2-3 可以看出，8AT 的换档逻辑不仅能够保证两个相邻档位间的换档都可以实现"简单换档"，而且隔一个档位之间的跳降档也可以实现"简单换档"。这是这款自动变速器的特点之一，而双离合器变速器（DCT）因其自身结构特点决定了无法实现这一功能。另外，其换档逻辑还可以实现其他多种情况下的"简单换档"，这是目前市场上的其他自动变速器难以做到的。灵活的简单换档逻辑，也为自动变速器电控系统应用软件开发提出了新的挑战，电控系统应用软件必须能够充分发挥其灵活的简单换档逻辑。

表 2-2　8AT 换档控制逻辑

回家档	档位	换档控制元件				
		B1	C4	C1	C2	C3
R	倒档	●	●		●	
D	空档			●		
	1 档	●		●	●	
	2 档	●		●		●
	3 档			●	●	●
	4 档			●	●	●
	5 档		●	●		●
	6 档				●	●
	7 档	●	●			●
	8 档		●		●	●

注：●表示换档控制元件闭合。

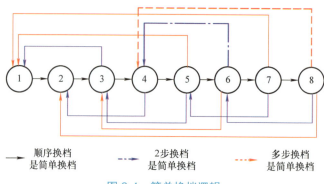

图 2-4 简单换档逻辑

表 2-3 8AT 简单换档逻辑

	R	N	1	2	3	4	5	6	7	8
R		●	△	■	■	■	■	■	■	■
N	●		●	△	■	■	■	■	■	■
1	△	●		●	△	■	■	■	■	■
2	■	△	●		●	△	■	■	■	■
3	■	■	△	●		●	△	■	■	■
4	■	■	■	△	●		●	△	■	■
5	■	■	■	■	△	●		●	△	■
6	■	■	■	■	■	△	●		●	△
7	■	■	■	■	■	■	△	●		●
8	■	■	■	■	■	■	■	△	●	

注：●表示相邻档位之间可以实现简单换档；△表示相隔一个档位之间可以实现简单换档；■表示相隔多个档位之间可以实现简单换档。

为了实现上述换档的可能性，并提高换档舒适性，需要合理地设计 8AT 液压控制系统，并通过仿真对其进行验证和优化，为样机试验和标定奠定良好的基础。液压控制系统是现今各类自动变速器中最为重要的组成部分之一，在自动变速器机械结构设计合理的情况下，行驶、换档舒适性往往通过液压和电控系统来保证。

2.2 8AT 液压系统功能原理

从图 2-3 可知 8AT 的执行元件主要由 4 个换档离合器、1 个换档制动器、带闭锁离合器的液力变矩器构成，故在设计 8AT 液压控制系统时不仅需要考虑换档操控油路的设计，还要兼顾液力变矩器供油闭锁油路的设计，图 2-5 是液压控制系统的基本组成。图 2-6 为根据液压控制系统的功能需求设计的 8AT 液压控制系统符号原理图。8AT 采用液压动力换档，通过液压操纵换档结合元件（离合器或制动器）的分离或接合来实现换档，液压操纵系统的基本组成和功能包括以下三部分：一是供油调压与流量控制系统，二是换档操控系统，三是变矩器供油闭锁控制及冷却润滑系统。在液压控制系统中，这三个子系统具有不同的功能要求，根据 8AT 的实际结构来提出其主要的功能要求，如图 2-7 所示。

第2章 前置前驱8档自动变速器基本结构原理

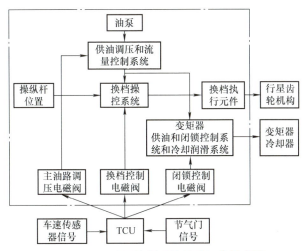

图 2-5　8AT 液压控制系统基本组成示意图

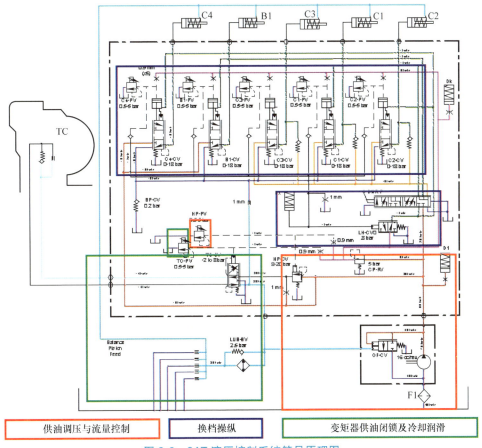

图 2-6　8AT 液压控制系统符号原理图

注：此图由作者团队自主开发的软件导出，如有不符合国家标准的，请读者自行核对。

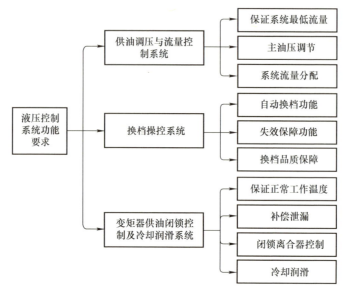

图 2-7 液压控制系统的功能要求

2.2.1 供油调压与流量控制系统

油泵的供油流量应能满足换档操控系统、液力变矩器、润滑系统以及泄漏要求的最低流量。

为了保证在各种工况下满足液压控制系统的正常工作,液压控制系统需要提供具有相应压力和流量的液压油,通过系统主油路压力和系统流量控制阀体来实现主油压的调整和系统流量的分配。

2.2.2 换档操控系统

1)自动换档功能:驾驶人通过变速杆操纵手动换档阀,使其处于某一杆位下(D或者R杆位),TCU根据实际工况所接收到的相关信息来控制操纵换档电磁阀的开关,间接操纵换档阀的阀位,通过油压操纵离合器/制动器的接合和分离来实现自动换档。

2)失效保障功能:当8AT电子控制系统出现故障、电磁阀失效时,汽车仍可通过手动阀操纵来实现安全回家档位,在电控系统失效情况下继续行驶。一般来说,电磁阀失效时,车辆应保持一两个前进档和一个倒档。

3)互锁功能:在8AT中有些接合元件相互间存在矛盾关系,不能同时接合。因此当自动变速器挂上某个档位时,必须对与之无关的接合元件进行锁止,否则会出现挂"双档"现象;同时,也要确保前进档和倒档之间的互锁。

2.2.3 变矩器供油闭锁控制及冷却润滑系统

1)使液力变矩器保持正常工作温度:液力变矩器工作时会产生大量的热量,产生的热量必须被及时带走,否则液力变矩器中的液压油温度会急剧上升,这样液力变矩器很容易被烧毁,所以需要给液力变矩器供油,使工作液体循环,达到强制冷却的作用。

2)补偿液力变矩器工作液体的泄漏:变矩器是由泵轮、涡轮、导轮等部件组成的,是一个组合的密闭腔体,为了防止液力变矩器产生泄漏和"气蚀现象",就必须保证液力变矩器中始终充满液体,并保持一定的压力。

3)闭锁离合器闭锁控制:8AT 液力变矩器是带闭锁离合器的变矩器,通过对液力变矩器进行闭锁和打滑控制可以大大提高液力变矩器的工作效率。闭锁离合器接合和打开需要通过操纵液力变矩器内的液压油缸来完成。

4)冷却润滑作用:冷却润滑系统所需的液压油是通过变矩器供油与闭锁控制的阀体来控制提供的,冷却器连接在液力变矩器的出口端,液压油通过冷却器的冷却后进入自动变速器箱体内为机械部分进行润滑冷却,最后流入油箱。

2.3 8AT 电控系统组成与工作原理

自动变速器电子控制系统是指在自动变速器运行过程中,通过 TCU 控制器对各种能够描述车辆当前行驶状态的传感器信号(发动机负荷、汽车行驶速度等)的处理,分析判断出驾驶人意愿,进而主动调整自动变速器运转状态的智能换档控制系统,其工作目标是要使自动变速器在各种工况下都能按照预定的最优控制规律工作。由于电子控制系统代替了部分驾驶人的换档操作,有效降低了驾驶人工作疲劳度,简化了驾驶操作,提高了安全性,在一定程度解决了非熟练驾驶人的驾驶安全问题。8AT 电控系统组成如图 2-8 所示,包括硬件系统、底层软件和应用软件三部分。

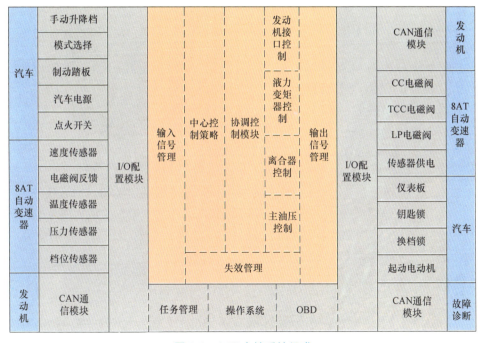

图 2-8　8AT 电控系统组成

如图 2-9 和图 2-10 所示,8AT 电控系统的硬件系统包括传感器、电磁阀、TCU 本体、线束和插接器。8AT 电控系统传感器包括压力、位置、速度、温度传感器四种类型。考虑到成本和可靠性,部分在开发阶段用于数据采集和监测的传感器,如发动机速度传感器、G5 速度传感器以及换档离合器、制动器内部压力传感器等，会在量产阶段取消。

对于驾驶人来说，面对自动变速器电子控制系统的人机界面输入只有加速踏板、制动踏板、变速杆、运行模式按钮、点火钥匙五个区域。驾驶人的每一个动作会通过这五个区域命令的组合向电子控制系统发出控制命令。电子控制系统的硬件输入接口接到驾驶人的控制命令的同时，还会监视汽车、自动变速器、发动机等当前的运行状态，具体反映为各种传感器信号、CAN 通信信号。

自动变速器电子控制系统的应用软件通过 TCU 底层驱动软件获取硬件输入接口的各种信息，以供应用软件内部各个信息控制模块调用。应用软件的各个控制模块协同工作并通过对输入信号的处理和判断，分析出驾驶人的驾驶意图以及当前车辆运行状况是否正常，进而依据分析出的驾驶意图给出下一时刻自动变速器各执行器的控制指令，向发动机的 EMS（Engine Management System，即发动机管理系统）模块发出发动机控制请求。

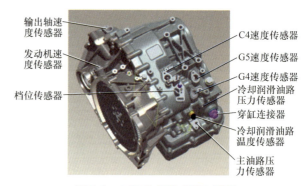

图 2-9　8AT 外部传感器布置图

自动变速器电子控制系统的硬件输出接口通过 TCU 底层软件接受上层应用软件的控制指令，为自动变速器的各个执行器提供相应的电压/电流，同时通过 CAN 通信向发动机的 EMS 模块发出控制

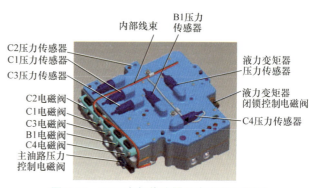

图 2-10　8AT 内部传感器及电磁阀布置图

请求指令。最终，发动机会根据来自自动变速器电子控制系统的 CAN 请求指令执行升、降矩动作，自动变速器将完成升、降档或保持档位动作，液力变矩器将完成解锁/闭锁动作，从而根据当前行驶环境信息和车辆运行状态，实现驾驶人的驾驶意图，辅助驾驶人完成对动力传动系统的转矩和速比的控制。

2.4　本章小结

自动变速器传动方案、换档逻辑以及机械系统和液压系统是电控系统及其应用软件开发的基本设计输入，本章介绍了前置前驱八档自动变速器传动系统的布置方案、机械系统的基本结构组成、换档逻辑、液压系统基本原理及各个子系统功能，在此基础上，提出了电控系统的基本组成和传感器、电磁阀等的设计布置方案，为后续应用软件开发奠定了基础。

第 3 章 电子控制系统及其应用软件开发

本书中如无特殊说明，均指使用 8AT 团队自主开发的软件实现。

3.1 电子控制系统的硬件构成

3.1.1 通用性原型控制器平台

通用性原型控制器平台由输入信号电路（包括脉冲输入信号电路、模拟输入信号电路、开关输入信号电路、PWM 输入信号电路等）、CAN 通信模块电路、电磁阀驱动信号电路、PWM（脉冲宽度调制）驱动信号电路、继电器驱动信号电路和下线检测（End of Line，EOL）终端标定通信模块电路等组成，如图 3-1 所示[50]。

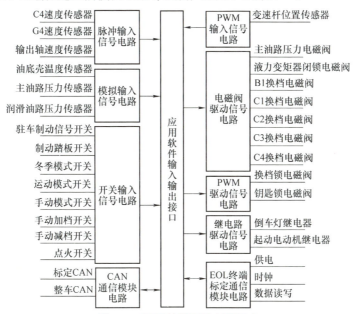

图 3-1　通用性原型控制器平台

脉冲量输入主要是速度信号,包括C4速度传感器、G4速度传感器、输出轴速度传感器。由于输入轴与行星齿轮排、离合器组及常啮合齿轮对的布置关系问题,无法直接安装速度传感器采集输入轴转速信号,故利用C4及G4速度传感器计算输入轴转速;此外,同时采集输出轴转速信号用于换档控制、速度真实性校验等。

模拟量输入信号包括油底壳温度传感器、主油路压力传感器、润滑油路压力传感器。利用油底壳温度传感器信号实时监测变速器内部温度最高值点的油温,以利于发送油温报警信号及实施限矩以减小变速器负荷等保护措施。基于主油路压力信号,利用主油路压力控制阀(Line Presure Control Valve,LPCV)实时调节主油路压力,使系统在 $8\sim20\mathrm{bar}$($1\mathrm{bar}=10^5\mathrm{Pa}$)压力工作范围内实现最佳经济性运行。润滑油路压力是下线检测时检验装配是否合格的重要指标。

数字开关量输入包括几类,其中驻车制动信号、制动踏板开关、点火开关等整车功能开关,用于驾驶人操纵意图、整车运行状态的监测,供应用软件控制策略使用。其他信号如冬季模式、运动模式开关信号,作为变速器采用高档起步、动力性等不同换档策略的判断标志。手动模式及加减档开关信号主要在驾驶人手动驾驶时使用。

PWM频率信号输入包括变速杆位置传感器,用于识别变速杆在P、R、N、D档位的位置。

电磁阀驱动输出包括调节主油路压力的主油路压力电磁阀、控制液力变矩器滑摩及闭锁的液力变矩器闭锁电磁阀、控制换档离合器及制动器执行换档动作的B1换档电磁阀、C1换档电磁阀、C2换档电磁阀、C3换档电磁阀和C4换档电磁阀。

PWM驱动信号输出包括用于客户安全驾驶功能的换档锁电磁阀和钥匙锁电磁阀。

继电器驱动信号输出包括变速杆位置在R档位时,驱动点亮倒车灯的倒车灯继电器和基于安全设计、由自动变速控制单元(Transmission Control Unit,TCU)控制的起动电动机继电器。

CAN通信模块包括用于开发阶段TCU应用软件数据采集和变量标定的标定CAN接口,以及用于车辆其他节点电控单元CAN通信的整车CAN接口。

EOL终端标定下线模块用于TCU读取终端下线标定时存储在外置芯片次级只读存储器(Sub-Read-Only Memory,SUBROM)中的变速器及阀体特性曲线参数(如离合器接靠点、液力变矩器转换点、电磁阀压力对电流特性曲线等),从而弥补变速器因制造及装配误差而带来的不一致性。

3.1.2 TCU硬件系统设计

自动变速控制单元(Transmission Control Unit,TCU)通过传感器和CAN通信接口获取车辆和变速器的运行状态信息,通过控制软件运算,控制电磁阀等执行器执行响应的控制指令,使自动变速器工作在理想的档位。TCU由主芯片(微处理器)、输入信号处理电路、输出信号处理电路、CAN通信模块电路等组成,其中主芯片是TCU的核心。

(1)主芯片 不同主芯片比选结果见表3-1。

综合考虑不同主芯片的特点和实际需要,最终采用Renesas SH725x微处理器作为主芯片,该芯片为32位高速处理器,片上资源丰富,是Renesas公司开发比较成熟的汽车级芯片。

（2）电源模块　将汽车蓄电池12V电压转换为9V、5V和2.5V，为系统各模块供电，具有过温保护、过载保护、低压复位输出和看门狗功能。

表 3-1　不同主芯片比选结果

	方案 1	方案 2	方案 3	方案 4
处理器	Renesas SH725x	Infineon TC 1766	Infineon XC 164CS	MPC565
架构	32bit RISC	32bit	16bit	32bit
主频	80MHz	60MHz(80MHz)	32MHz	40MHz
ROM	Flash 1MB 100p/e cycle	Flash 1.5MB	Flash 1MB	Flash 1 MB Internal Flash 2 MB External
RAM	64K Byte	56KB	64KB	36KB Internal 256KB External
EEPROM	16KB emulated 120K p/e cycle	64KB	512 or 2KB	32KB
运行电压	4.5~18V	4.5~16V	9~16V	9~16V
静态电流	< 500μA (12V@23℃ +/-5℃)	700μA	600μA	800μA
运行温度	-40~+105℃ ambient	-40~+105℃ passenger underhood	-40~+125℃	-40~+95℃
封装及防护等级	IP6K9K	IP6K9K	seal IPx5 Vibration 3G	Chassis in a protected area
Sub-ROM 接口	Optional	Optional	No	No

（3）电磁阀驱动模块　电磁阀驱动模块电路如图 3-2、图 3-3 所示。

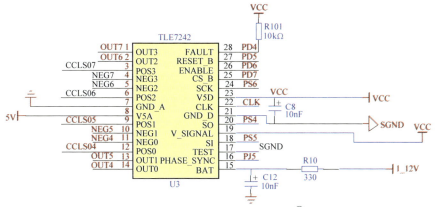

图 3-2　电磁阀驱动模块电路 1 ⊖

电磁阀驱动电路采用两片 Infineon 公司的 TLE7242 低端恒流驱动芯片，每片芯片有四路驱动能力。该芯片采用 SPI（高速同步串行口）通信方式，直接发送电磁阀控制电流值，即可实现电流的 PI（比例积分）闭环控制。它的控制原理是监控与电磁阀串联的精密电阻的电压差，如图 3-3 中的 R12，从而得到真实控制电流，与目标电流值进行 PI 控制，从而得到控制电磁阀 PWM 信号的占空比，该 PWM 信号可以控制 MOS 电路的开闭，如图 3-3 中的 OUT0，从而实现电磁阀电流的控制。该芯片可以设定不同的 PWM 频率、KP、KI 参数，通过故障诊断对过流、开路等故障实现自动诊断。

⊖ 本书后文中大量的图表如无特殊说明，均为作者团队自主开发的软件导出，如不符合国家标准，请读者自行核对。——编者注

（4）模拟量采集模块 模拟量输入有主油路压力信号、温度传感器信号。其中压力传感器为 5V 供电，如图 3-4a 所示，在不同的压力下，产生不同电压信号。压力传感器的电压信号与压力值呈线性关系，计算公式见式（3-1）。温度传感器为阻性元件，但是电阻与温度是非线性的。首先通过图 3-4b 中分压原理，在温度传感器上串联一个精密的 1kΩ 电阻，根据分压值可以获得温度传感器的电阻值，然后应用 *R-T* 曲线拟合计算出温度值。

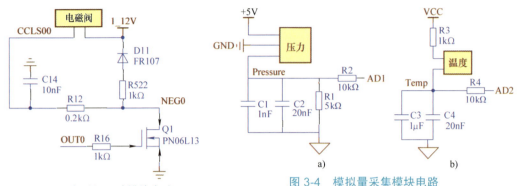

图 3-3 电磁阀驱动模块电路 2

图 3-4 模拟量采集模块电路

$$P = \left(\frac{V_p}{V_{cc}} - 0.1 \right) / 0.031 \tag{3-1}$$

式中，V_{cc} 为 5V 参考电压；V_p 为压力传感器电压。

（5）速度信号采集模块 速度传感器为霍尔电流型传感器，在齿轮的旋转过程中产生如图 3-5 所示的脉冲电流，其中高电流为 14mA，低电流为 7mA。为了获得标准的 TTL 电信号，采用了一个高速的比较器。首先通过一个电阻将电流型脉冲信号转换成电压型脉冲信号，然后与参考电压 V_{ref} 比较，从而在 LM339 的输出端可以获得非常标准的 TTL 信号。这种隔离和滤掉各种干扰信号的功能，很大程度提高了信号的信噪比。

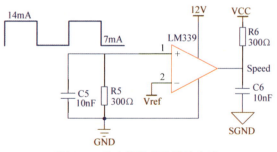

图 3-5 速度信号采集模块电路

（6）CAN 通信模块 TCU 与 EMS 等其他控制器通信采用 TJA1040 CAN 通信专用芯片，它满足 ISO11898 标准，最高速度可达 1MBaud。电磁辐射（EME）非常低，可以连接 110 多个节点满足整车 CAN 网络的要求。另外 TJA1040 有更加优秀的 EMC（电磁兼容性）性能，而且在不上电的状态下有理想的无源性能，能够提供低功耗管理，并支持远程唤醒（图 3-6）。

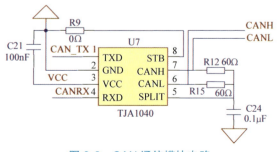

图 3-6 CAN 通信模块电路

3.2 电控系统软硬件开发流程和开发工具

3.2.1 电控系统软件正向开发流程

软件开发流程是保证软件开发质量的关键，V 模式流程是国际汽车行业通用的应用软件设计和开发流程，如图 3-7 所示。在软件设计任务书下达之后，对开发任务进行分解、并行开发和系统集成，开发团队共享数据模型、软件工具和配置文件，在开发过程中的每个 V 节点不断对 TCU 应用软件进行确认（Validation）和验证（Verification）。节点之间环环相扣，相互支持。应用软件开发的核心是对软件算法的开发和测试验证，基于这条主线，为了缩短开发周期，提高开发效率，可以基于环境搭建、软件实现和故障诊断三条主线并行开发。

基于图 3-7 所示的软件设计流程，研究建立通用性、系统性的 TCU 应用软件设计流程和设计方法。

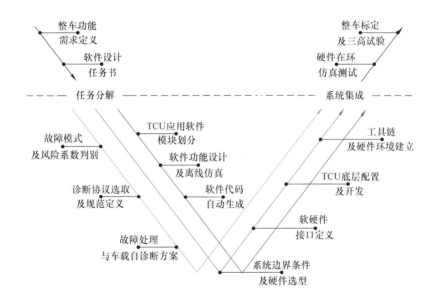

图 3-7 TCU 应用软件开发流程

1. 软件策略开发流程

如图 3-8 所示，软件策略开发需基于需求定义和软件设计任务书，将整体功能模块进行任务的分工和拆解、算法设计、离线仿真、代码生成、软硬件集成。

由系统工程师基于软件框架对系统集成模型和参考功能模型进行集中定义，分配各子模块参考功能模型，由软件设计工程师进行功能算法设计和离线仿真，进而完成数字定标和软件在环。参考功能模型开发、测试完成之后，对各子模块进行重新集成，实现系统集中模型调用功能完善的参考模型，完成系统软件的设计。

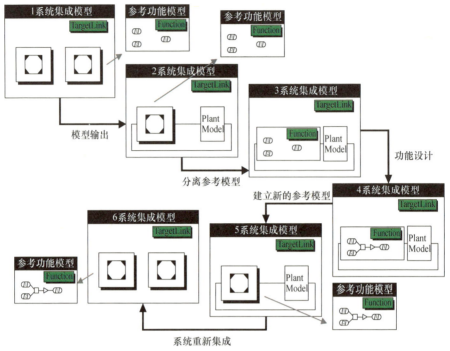

图 3-8　软件实现流程

2. 软件代码实现流程

自动变速器应用软件代码生成是 V 形模式软件开发的中间环节,也是自动变速器控制算法和策略实施的核心过程。代码实现及软硬件集成技术路线如图 3-9 所示。在此过程中,需要用到的工具链及软件环境见表 3-2。

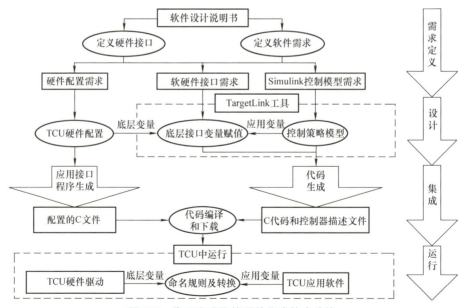

图 3-9　代码实现及软硬件集成技术路线

表 3-2 工具链及软件环境

序号	软件名称	设备供应商	版本号	功能
1	Matlab/Simulink	Mathworks	R2008a	功能建模及离线仿真
2	TargetLink Production Code Generator	dSPACE	3.0.1	代码生成工具
3	TargetLink Data Dictionary	dSPACE	1.7	数据字典
4	ASAP2 Tool Merge	Vector	4.2.22	A2L 文件合并 A2L 文件更新
5	SuperH™ RISC Compiler Package	Renesas	9.4.0	编译软件

使用 TargetLink 可以生成具备量产质量的 C 代码，再经过 Build Process 最终生成 Hex 文件并下载到控制器，完成软硬件集成，过程如图 3-10 所示，步骤如下。

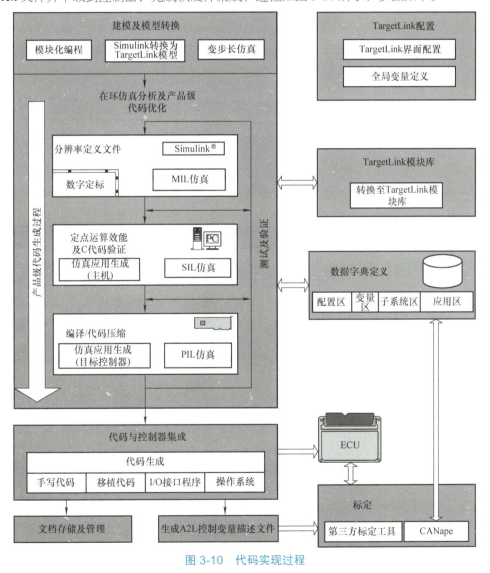

图 3-10 代码实现过程

1）在 Simulink 环境下搭建功能模块框架，使用丰富的 TargetLink 模块对各个功能子模型进行编程。

2）对模型进行 MIL 仿真分析，验证模型的行为是否达到了设计目标。

3）对模型中所有的变量和常量进行数字定标，包括数据的类型、范围、分辨率、补偿，生成 C 代码，并进行 SIL 仿真，分析量化误差、溢出和代码覆盖率。

4）进入 Build Process，使用编译器将 C 代码生成 Hex 和 A2l 文件，下载进入控制器。

以上过程主要技术要点如下。

① 数字定标。数字定标式：$x = S_x x' + O_x$
式中，x 为信号真实的物理量；S_x 为定标因数，即信号物理量的最低有效位，在数值上等于分辨率；x' 为处理器中表征温度信号数值大小的二进制数；O_x 表示约定的补偿值；例如，油底壳当前温度 x 为 80℃，基于数字定标，在数据存储器对应存储空间中 x' 显示为 10100000。

信号在数据存储空间定标时需要充分考虑变量的范围，确定变量类型。
有符号整型变量（Int8，Int16，Int32）的范围为

$$-2^{n-1}S_x + O_x \leqslant x \leqslant (2^{n-1}-1)S_x + O_x \quad (3\text{-}2)$$

无符号整型变量（UInt8，UInt16，UInt32）的范围为

$$O_x \leqslant x \leqslant (2^{n-1}-1)S_x + O_x \quad (3\text{-}3)$$

定标因数 S_x 可以采用"2 的幂"和"任意"两种方式，通常为了保证处理器计算速度，应尽量使用"2 的幂"方式，如图 3-11 所示。

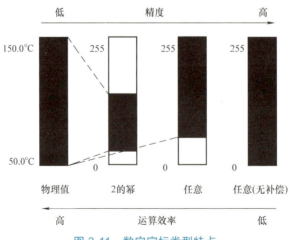

图 3-11　数字定标类型特点

② 代码实现。a）把生成的 .c 文件分别放在指定的文件夹中；b）建立 .mk 文件（Makefile），其中包含编译器的编译和链接规则，以及所有 .c、.h、.dll、.mot 和 .elf 文件的信息，c）使用相应的通信协议把生成的 .hex 文件下载进入控制器，如图 3-12 所示。

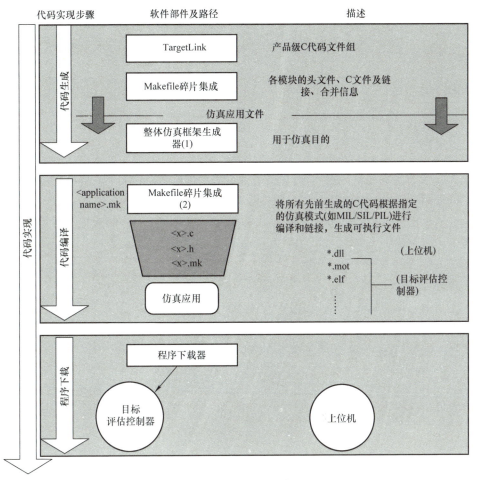

图 3-12 产品级代码生成过程

3. 软硬件在环环境搭建及测试流程

环境搭建主要建立搭载自动变速器（AT）整车的动力学模型和整车环境，包括发动机、整车负载、驾驶舱等，为模型在环、软件在环和硬件在环提供测试平台，主要流程如图 3-13 所示。

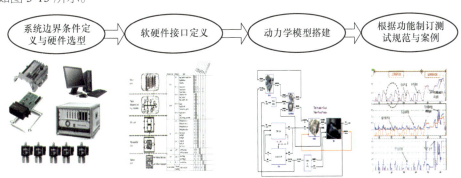

图 3-13 整车在环仿真测试流程

首先需要对测试系统定义边界条件以及硬件的选型，这项工作主要完成TCU与硬件在环系统之间的匹配需求，无论硬件和软件都需要在接口上完全整合，确定相应的硬件是否能够提供足够的测试接口、是否能够通过软件的设置仿真相应的接口特性。

然后再进行软硬件接口的定义，硬件包括执行元件、传感器、数字端口、模拟端口、CAN通信接口等，软件则需要在硬件基础上考虑所有传感器、电磁阀的电气特性曲线，还有驾驶人的驾驶接口，如节气门开度、教练制动、驻车制动、变速杆、手动升降档等操作接口。

接口定义完毕之后则需要进行搭建变速器、发动机以及整车的理想动力学模型，能够实现点火、静态换档、动态换档等功能操作。搭建时需充分注意动力学模型的正确性，避免因模型的失误造成软件测试问题。

正式的测试还需要根据所测试的功能进行测试案例的设计，如静态换档、动态换档流程等，针对各种工况设计测试循环，如城市工况、山地工况、乡村工况，设计时需考虑超车、节气门全开等各种工况。

测试案例设计完毕之后即完成了测试环境的搭建。

4. 故障诊断实现流程

图3-14所示为故障诊断实现流程。设计之初，首先需要制定故障诊断任务书，由总工带领诊断系统工程师对整个系统的故障点进行全面评估，任务书设计好之后，对每项故障进行风险评估与失效分析，分析各种故障下整车和变速器将会产生什么表现，并分析分线系数和失效模式。之后，则同时进行安全策略设计和诊断通信协议的选取，并分别对其进行故障注入测试和诊断通信测试。当单项测试完毕之后，则进行全面的系统集成测试。

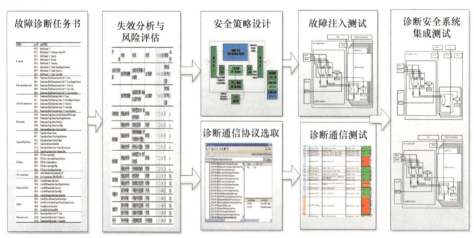

图3-14 故障诊断实现流程

3.2.2 电控系统硬件开发流程

自动变速器电控系统硬件主要包括TCU、电器开关、继电器、传感器、电磁阀、线束、插接器、存储芯片等。TCU是电控系统的核心，自动变速器厂家通常在确定

TCU 硬件系统设计之后，按照图 3-15 所示的匹配流程，根据技术规范，结合 TCU 硬件系统设计和要求，对外围电子元器件进行匹配选型和系统测试。

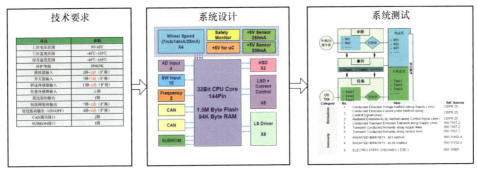

图 3-15　TCU 外围电子元器件匹配选型

往往电子元器件供应商也会应自动变速器厂家要求，选择标准件予以匹配供货或者重新开发。因此，电控系统硬件开发流程如图 3-16 所示，具体步骤如下。

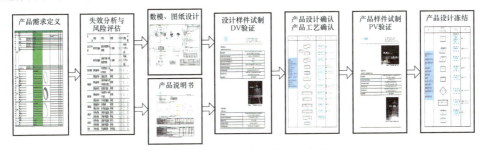

图 3-16　电控系统硬件开发流程

1）双方根据变速器功能和应用环境等确定传感器、电磁阀等的电子元器件类型、电气特性、形状和布置位置。

2）根据需求定义进行失效分析与风险评估，对产品的硬件、功能、系统上可能的失效或故障问题进行因果分析与改善对策，在产品设计开发时，充分考虑到产品在生产、运输、使用过程中所涉及的困难及问题，将所有可能出现的因素纳入预防范围，提前做好预防措施及解决方案。

3）绘制电子元器件数模和图纸，定义硬件形状、尺寸、边界条件和技术要求。对其技术细节和试验规范进行详细说明，形成产品说明书。

4）依据图纸和产品说明书制作样件，进行 DV（设计验证）测试，确定是否可以在试验规范条件下能够通过测试；测试内容分为物理与环境测试和 EMC（电磁兼容性）测试。物理与环境测试有功能测试、高温与低温工作测试、阶段温度变化测试、湿热测试、机械振动测试、与 ATF（自动变速器油）兼容性测试等，EMC 测试有信号线短路、绝缘电阻、传导发射、辐射抗扰、耦合脉冲抗扰和静电放电等。

5）如果 DV 测试通过，说明产品设计进行了确认。随后供应商将按照产品说明书的要求进行生产线的搭建和调试，生产产品样件，并进行下一步的产品工艺开发与确认。

6）根据工艺开发路线实施生产线投入，并在生产线上进行产品样件试制，进行 PV（产品验证）测试，确定是否可以在试验规范条件下通过测试。

7）如果 PV 测试通过，说明产品符合设计功能、性能和耐久性的要求，则对产品设计进行冻结，并准备转入小批量生产。

3.2.3　电控系统应用软件开发工具

基于电控系统应用软件开发标准化、专业化、复杂化的特点，电控系统应用软件开发设备和工具链也日趋专业和标准。图 3-17 所示为 AutoSAR 标准框架下符合功能要求的开发工具，它覆盖了从需求定义、系统功能框架描述、ECU 功能框架描述、AutoSAR 原型验证、应用程序建模开发、应用程序代码生成、实时环境生成和基础软件及配置、诊断通信等 V 形流程的全过程。

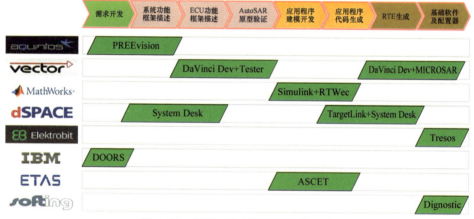

图 3-17　电控系统应用软件开发工具

DOORS Enterprise Requirements Suite（ERS）是一个功能全面且强大的需求管理工具，它可以在整个软件生命周期中的不同阶段为不同人员（如项目经理、系统分析员、开发人员、最终用户等）提供需求的描述、识别和管理。

PREEvision 是 Aquintos 公司开发的基于模型的计算机辅助设计软件工具，主要用于电子电器构架的概念开发、对比评估和产品开发工作。PREEvision 提供了从需求定义到具体实现的各层面的构架视图，并考虑到了各个层之间的关系。每个层次都有用于描述此层次特征的模型，并提供多种专用的图形化符号，用于描述各个层次的构架信息，以协助系统开发人员完成电子电器构架的概念级设计。

Simulink 是 Matlab 中的一种可视化仿真工具，是一种基于 Matlab 的框图设计环境，是实现动态系统建模、仿真和分析的一个软件包，被广泛应用于线性系统、非线性系统、数字控制及数字信号处理的建模和仿真中。自动变速器应用软件模型的图形化开发便是基于 Simulink 创建的动态系统模型。

ASCET 产品系列同样可实现基于模型的应用软件开发，并根据这些模型自动生成代码。ASCET 产品专门开发用于满足汽车行业对于嵌入式软件实时性、效率和安全性等方面的特殊要求。从使用框图和状态机进行应用软件产品的初始设计到微控制器目标的代码自动生成,ASCET 工具可完全适应汽车行业的过程及要求。

dSPACE 公司的 TargetLink 工具是目前应用最为广泛的自动代码生成工具。而 System Desk 是系统构架工具,提供复杂和广泛的支持 AutoSAR 构架的建模和系统应用软件。System Desk 生成虚拟 ECU 的应用软件,作为单元测试和 dSPACE 实时仿真平台,是基于 PC 的仿真平台验证软件。

EBTresos 是一个基于 AutoSAR 标准的系统网络设计工具,主要用于通信矩阵的生成。当车内 ECU 通过车载 CAN 相互通信时,所必需的全局信息就包含于通信矩阵中。无论用户对通信网络的设计是从零开始,还是为了以后的验证和完善,从导入已有的配置文件起步,该工具都能提供便利。

Softing CAN 协议分析仪和网络检测仪的价格在日常应用中得到检验。其功能是不同应用协议的优化与分析,应用范围从 CAN/CANopen/DeviceNet 系统的开发、调试到维护各个阶段。

Vector 公司的 CANape 与 ETAS 公司的 INCA 类似,为电控工程师提供了可用于 TCU 开发、标定、诊断和数据采集的综合性工具。它在系统运行期间同时标定参数值和采集测量信号,主要用于 TCU 的参数优化标定。它与 TCU 的物理接口使用 CCP(CAN 标定协议)的 CAN 总线,或者是 XCP 协议的 FlexRay 实现。另外,通过集成的诊断功能集,CANape 提供了对诊断数据和诊断服务的符号化访问。

3.3 电子控制系统应用软件标准化模块化设计方法

软件过程控制模型就是一种开发策略,这种策略针对软件开发的各个阶段提供了一套范形,使开发进展达到预期的目的。基于所开发软件的性质、采用的方法、需要实现的功能以及要交付的产品的特点,选择合适的过程控制模型,对软件开发的成功起到至关重要的作用。

电子控制系统的应用软件开发,根据所开发软件的性质及特点一般采用 ASPICE(Automotive SPICE)和 CMMI(Capability Maturity Model Integration)两种过程控制模型。两种模型的主要差异见表 3-3。

表 3-3 ASPICE 和 CMMI 模型差异对比

项 目	ASPICE 模型	CMMI 模型
制定机构	国际标准化组织(ISO)、国际电工委员会(IEC)、信息技术委员会(JTCL)	美国国防部、卡内基梅隆大学的软件工程研究中心、美国国防工业协会
模型标准	ISO/IEC 15504	软件能力成熟度评估标准
模型内容	客户供应商类、组织类、管理类、工程类、支持类	项目管理类、工程类、过程类、支持类
采用的过程改进步骤	检查组织需要、启动过程改进、执行过程评估、执行行动计划、实施改进、确实改善、持续改善收益、监督绩效	初始化、诊断、建立、行动、学习
模型评估范围	适用于内部过程改进和外部能力确认	适用于组织整体成熟水平的评估

3.3.1 ASPICE 模型的应用

ASPICE 模型主要由两部分构成：流程和能力级别，如图 3-18 所示。电子控制系统的应用软件可选取 31 个软件开发流程中的特定流程组，即 HIS 范围（SCOPE），此流程是由德国宝马公司和其他汽车公司针对汽车行业共同推荐的。在每个流程的实施过程中，参考 6 个能力级别，从低级到高级表示流程实施的不同程度，分别为不完全流程、已执行流程、已管理流程、已确立流程、可预测流程和最适化流程，达到能力级别 3 才代表可持续、稳定地实施多个开发项目。

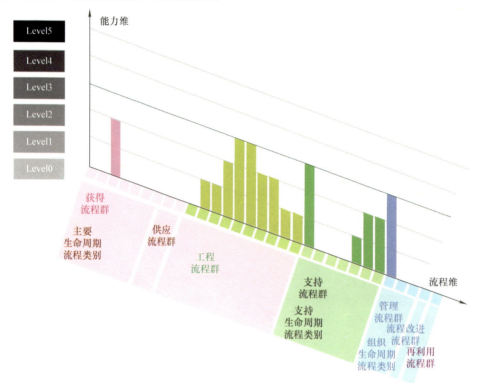

图 3-18　ASPICE 模型的构成

基于 ASPICE 控制模型的应用软件开发测试流程如图 3-19 所示。电子控制应用软件可依托此模型将整个软件开发系统分为硬件、软件和机械连接结构三部分。其中软件包含了多个软件构成模块，每个构成模块均有详细的说明文档。当软件构成模块无法再细分时，此软件构成模块即称为软件单元。在软件的测试中，首先以单个软件单元为整体单元进行测试，测试通过后，再测试上一层的软件构成模块，以此来实现逐级测试。当完成所有的软件构成模块测试后，再将软件、硬件和机械连接结构作为一个系统进行测试。

基于此种测试流程，在软件需求、设计阶段即开展软件的测试工作，可将软件缺陷测出时间大大提前，从而减少了在单元测试、集成测试阶段的工作量。同时以软件单元为测试基础，细化了软件的测试项目，提高了测试的精确度。基于此测试流程，降低了软件交付客户时的缺陷率，提高了产品质量。实施软件过程管理前后的各阶段缺陷数对比如图 3-20 所示。在总体注入缺陷相同的情况下，尽早地消除缺陷可以使交付产品的质量显著提高。

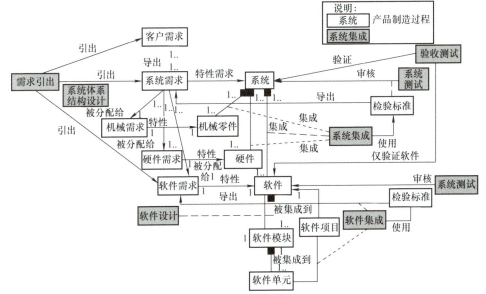

图 3-19　基于 ASPICE 模型的应用软件标准化开发流程

注：1.. 表示 1 的下一层。

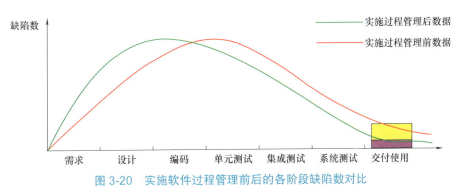

图 3-20　实施软件过程管理前后的各阶段缺陷数对比

在应用软件开发周期内，不断提升代码质量，制定需求、设计评审规则、编码规范、代码重构机制等，并通过减少返工来提高开发效率和降低开发成本。避免因流程设计不合理、需求多变、沟通不畅等原因引起的开发效率低下问题。

3.3.2　CMMI 模型的应用

CMMI 过程控制模型可对软件工程开发过程进行管理和改进，增强开发与改进能力，从而能按时地、不超预算地开发出高质量的软件，能够从总体上改进组织的质量和效率。此过程控制模型的主要关注点是成本效益、明确重点、过程集中和灵活性四个方面。CMMI 模型的过程成熟度等级分为初始的、已管理的、已定义的、定量管理的和优化的 5 个级别。每个级别包括不同的过程域，如图 3-21 所示。

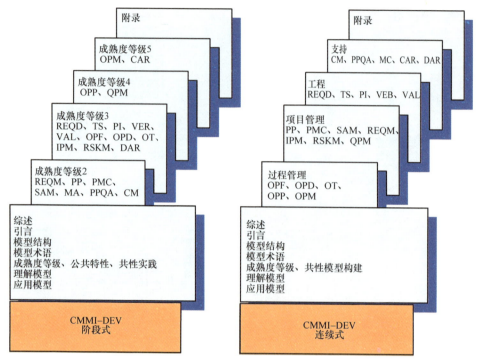

图 3-21 CMMI 模型的过程域

基于 CMMI 模型,在软件的开发过程中引入度量的概念,以数据为指标,了解项目进展、预测项目进度、评价工作结果、控制产品质量和改进产品质量进行评价。如以缺陷密度来确定应主要测试模块,以测试缺陷密度来衡量测试投入的最优程度,以工作每小时完成编码行来确定所需工作时间。度量元的识别流程如图 3-22 所示。

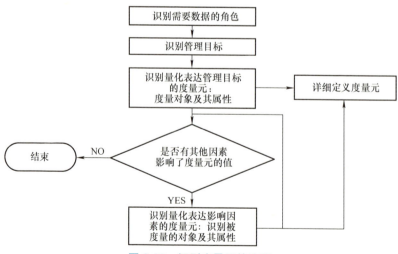

图 3-22 识别度量元的流程

应用软件开发过程中,需面对产品需求变化快、难以控制,缺陷的测试排除和研发效率低等多种问题。利用 CMMI 过程控制模型可有效解决以上问题。如在解决研发效率低方面，基于过程控制模型，采取了以下控制策略。

1）对进度偏差率。适当引入部分敏捷理念，建立全流程的产品开发模式，引入IPD（集成产品开发）理念，IPD打通产品全生命周期（概念、立项、开发、完善、运维），从而确保产品尽早进入稳定期；加强项目技术和管理评审制度，确保项目取得进度、质量和风险之间的评审，大幅缩短产品稳定期；建立技术平台和产品平台，技术开发和产品开发分离，这样产品平台可以大量复用技术平台成果，产品开发期也就可以缩短。

2）提高编码阶段生产效率。提高模块复用率和开发人员经验能帮助提高编码阶段生产效率。并引入代码走查概念，两人一组，每天固定的时间进行走查，并可取得显著效果，见表3-4。

3）控制管理工作量比例。不断丰富财富库，特别是计划相关模板、优秀文档案例等。这样有助于降低项目计划制订所占用的工作量。引入自动化工具，以此可以减少计划、监控和沟通（汇报）的工作量。精简研发项目管理流程，对目前公司的项目管理流程进行分析，通过投入产出比来衡量该管理过程的效益，目的就是把一些效益不高的项目管理过程舍弃。设计研发管理流程时，流程相关各项活动及职责需要被明确定义，特别是涉及工作交接的地方，这样就能在项目进展过程中尽量降低沟通工作，见表3-5。

表3-4 实施代码走查后阶段性数据统计

项目	代码走查	系统测试	比值
发现的缺陷（Bugs）	3687	4556	0.81
发现的严重与致命缺陷（Bugs）	464	1511	0.31
工作量	3086.1	16062.4	0.19
检出效率（Bugs/人·时）	1.19	0.28	4.25
严重与致命Bugs的检出效率（Bugs/人·时）	0.15	0.09	1.67

表3-5 过程控制实施前后的阶段性数据统计

项目	工期偏差率		工作量偏差率		交付前千行代码缺陷个数		交付后千行代码缺陷个数		千行代码测试用例个数	
	实施前	实施后	实施前	实施后	实施前	实施后	实施前	实施后	实施前	实施后
样本个数	12	8	12	10	7	9	5	3	8	13
自然上限	5.28	2.47	1.68	1.53	5.5	18.05	3.93	1.21	34.16	61.54
平均值	0.98	0.44	0.19	−0.07	1.61	3.9	1.03	0.4	6.47	13.63
自然下限	−3.32	−1.59	−1.3	−1.67	0	0	0	0	0	0
标准差	1.43	0.68	0.5	0.53	1.3	4.17	0.97	0.27	9.23	15.97
分析结论	工期偏差平均值缩小了55.2%多，控制限也显著变窄52.78%		工作量偏差率均值趋于0，控制限没有显著变窄		中间历史数据 交付前缺陷密度增加141.99%，测试与同行评审的有效性显著提升		①样本点较少，需要继续采集数据 ②交付后缺陷密度减少61.22%以上，控制限也变窄71.89%		测试用例密度比之前增加了110.81%，公司的测试投入显著增加	

3.3.3 TCU 应用软件的集成性和继承性及标准化管理方法

如图 3-23 所示，TCU 应用软件标准化设计管理方法包括五大要素：经典开发流程、公认软件标准、标准模块划分、通用软件工具和成熟控制理论。基于五大要素，在软件设计阶段对软件进行标准化开发，约束和规范设计管理流程，为应用软件的集成性和继承性及标准化管理创造了条件。通过对系统集成模型和参考功能模型设计，建立影响系统集成性和继承性的关键指标，确定软件标准算法、固化模型，预留能扩展、可调式的程序路径和空间，建立完善的参数定义文件、调用函数和参考功能模型数据库，实现标准化设计管理。

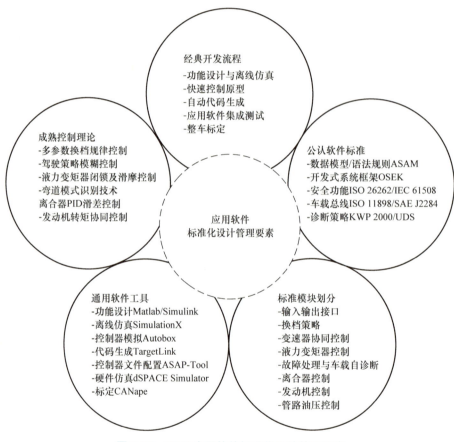

图 3-23 TCU 应用软件标准化设计管理要素

1. 应用软件变量命名规则

统一的软件命名规则、设计流程和设计方法是标准化软件设计的必要条件。对变量进行标准命名，有利于运用设计软件、数据字典和标定工具对变量进行管理，提高模型和源代码的可读性。如图 3-24 所示，采用行业通用的命名规则对应用软件变量、数组、图表、函数和标定数据进行命名管理，定义变量所属模块、格式、类别、功能描述和数据单位。

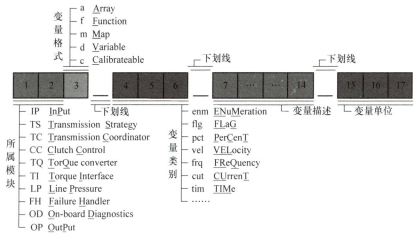

图 3-24　TCU 应用软件命名规则

2. 应用软件参数配置文件定义

通过定义源代码文件和 M 文件，能够有效地搭建应用软件参数配置文件框架，供主模块集成和主程序调用，使软件能够根据不同机械系统部件参数、控制器硬件平台、传感器及执行器件电气特性，具备灵活的继承性和可移植性。TCU 应用软件参数配置过程如图 3-25 所示。

图 3-25　TCU 应用软件参数配置过程

3. 应用软件固化模型设计

应用软件模块中，例如信号滤波、起动电动机控制、TCU 上电检测、钥匙锁控制、换档锁控制、换档模式选择、换档规律控制、主油路压力反馈调节等子模块，其软件功能不依赖于整车、变速器类型和结构而变化，具有更普遍的通用性。因此，通常将子模块封装成固化模型或者可调用函数，由相应的触发指令 Function Trig 在需要时调用。基于类似的硬件接口和输入/输出接口形成的固化模型形成库模型后，能够极大地节省软件开发和设计时间，使软件的集成性和通用性得到极大增强。

3.3.4　应用软件与底层软件交互层功能设计

1. 位置传感器信号

位置传感器信号交互层功能设计见表 3-6。

表3-6 位置传感器信号交互层功能设计

交互层接口	更新频率
void ShrExp_Get_Position (unsignd char idx, unsignd short *rDuty, unsignd char *bSply)	10ms

参数	描述	分辨率	范围
idx	index of sensor	—	0..1
*rDuty	duty(low)	0.1%/bit	0..100%
*bSply	supply status	coded	0 = out of range 1 = good

2. 压力传感器信号

压力传感器信号交互层功能设计见表3-7。

表3-7 压力传感器信号交互层功能设计

交互层接口	更新频率
void ShrExp_Get_Pressure (unsignd char idx, unsignd short *p, unsignd char *bSply)	5ms

参数	描述	分辨率	范围
idx	index of sensor	—	0..1
*p	pressure	1mbar/bit	0..65535mbar
*bSply	supply status	coded	0 = out of range 1 = good

3. 温度传感器信号

温度传感器信号交互层功能设计见表3-8。

表3-8 温度传感器信号交互层功能设计

交互层接口	更新频率
void ShrExp_Get_Temperature (unsignd char idx, unsignd short *t)	10ms

参数	描述	分辨率	范围
idx	index of sensor	—	0..1
*t	temperature	0.0625degC/bit	-40..+170degC

4. 速度传感器信号

速度传感器信号交互层功能设计见表3-9。

表3-9 速度传感器信号交互层功能设计

交互层接口	更新频率
void ShrExp_Get_Speed (unsignd char idx, unsignd short *n, unsignd char *sDir, unsignd char *bSply)	5ms

（续）

交互层接口			更新频率
参数	描述	分辨率	范围
idx	index of sensor	—	0..3
*n	speed	0.25rpm/bit	0..16383.75rpm
*sDir	direction	coded	0 = unknown 1 = forward 2 = backward
*bSply	supply status	coded	0 = out of range 1 = good

5. 电磁阀控制及反馈电流信号

电磁阀信号交互层功能设计见表 3-10。

表 3-10 电磁阀控制信号交互层功能设计

交互层接口			更新频率

void ShrExp_Set_Solenoid (unsignd char idx,
      unsignd short iOut,
      unsignd short iDth,
      unsignd short fDth)
			5ms

void ShrExp_Get_Solenoid (unsignd char idx, unsignd short iIn)			5ms
参数	描述	分辨率	范围
idx	index of output	—	0..6
iOut	current output	0.1mA/bit	0..1228.2mA
iDth	dither current	0.1mA/bit	0..292.9mA
fDth	dither frequency	1Hz/bit	0..3125Hz

3.4 电子控制系统应用软件模块功能设计

从自动变速器应用软件控制角度出发，TCU 应用软件的开发思路主要有两种。一种是基于换档离合器的建模方式，即以通用性的离合器控制为软件核心，称为 Clutch Base；另一种是基于换档类别的建模方式，即针对每一个独立的换档过程进行控制，称之为 Shift Base。

如图 3-26 所示，Clutch Base 软件的核心控制策略框架是基于换档策略模块计算的目标档位，确定目标离合器状态，每一个换档离合器需要预备控制其所涉及的所有换档过程。根据换档逻辑图，如 C1 离合器，其作为接合离合器需要采用一组控制参数覆盖 3—1、3—4、4—5 等换档过程。在控制过程中，根据离合器位置等效迁移方法和转矩系数关系，实时计算 C1 离合器传递的发动机转矩，并通过离合器转矩对压力曲线和压力对电流曲线，将目标转矩转换为控制压力和控制电磁阀动作的控制电流，完成换档控制。整个控制过程，以精准的计算为主，标定和参数补偿为辅。

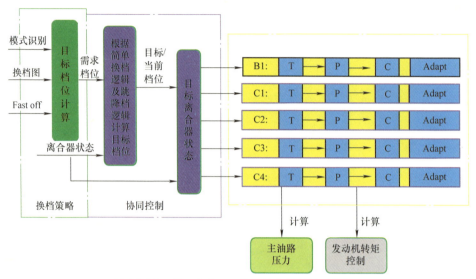

图 3-26 Clutch Base 软件核心控制策略框架

如图 3-27 所示，Shift Base 软件的核心控制策略框架是基于换档策略模块计算的目标档位，根据开发阶段确定的 Shift Index 矩阵（图 3-28），实时查找存储固化的、针对这一换档过程设定的离合器标定控制参数，直接输出目标控制压力，并根据压力对电流曲线，将控制压力转换为电磁阀控制电流，完成换档控制。所有的换档控制标定参数针对 Shift Index 矩阵予以分开，并依赖于开发阶段基于不同工况和驾驶条件的大工作量标定，实现精准控制。

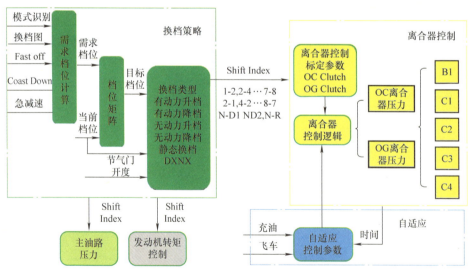

图 3-27 Shift Base 软件核心控制策略框架

从传统意义上来看，两种软件建模方法各有优劣，主要差别见表 3-11。但是，随着信息网络越来越发达，技术交互越来越便捷，自动变速器应用软件的开发设计从"标签"上已经越来越去特征化，各个软件也逐渐融合了其他方法的优点和特长。

Shift index	Current Gear	Target Gear	On-coming	Off-going	Active elemen	Non-work elen	Non-work elen	Shift type	Adaptation available
0	N	1	C1		B1, C4	C2	C3	Garage shift	
1	N	2	C3		C3, C4	B1	C2	Garage shift	
2	N	3	C1		C3, C4	B1	C1	Garage shift	
3	N	4	C2		C2, C4	B1	C4	Garage shift	
4	N	5	C1		C2, C4	B1	C4	Garage shift	
5	N	6	C3		C1, C2	B1	C4	Garage shift	
6	N	7	B1		C1, C2	C3	C4	Garage shift	
7	N	8	C1		B1, C2	C3	C4	Garage shift	
8	N	R	C2		C3, C4	B1	C3	Garage shift	
9	1	2	C3	C1	B1, C4	C2		Up shift	
10	1	3	C3	B1	C1, C4	C2		Up shift	
11	1	5	C2	B1	B1, C4	C3		Up shift	
12	1	7	C2	B1	C4	C3		Up shift	
13	2	3	C1	B1	C3, C4	C2		Up shift	
14	2	4	C2	B1	C3, C4	C2		Up shift	
15	2	8	C2	C4	B1, C3	C1		Up shift	
16	3	4	C2	C1	C3, C4	B1		Up shift	
17	3	5	C2	C3	C1, C4	B1		Up shift	
18	3	6	C2	C4	C1, C2	B1		Up shift	
19	4	5	C1	C3	C2, C4	B1		Up shift	
20	4	6	C2	C4	C2, C4	B1		Up shift	
21	4	8	B1	C4	C1, C2	C3		Up shift	
22	5	6	C3	C4	C1, C2	B1		Up shift	
23	5	7	B1	C3	C1, C2	C4		Up shift	
24	6	7	B1	C3	C1, C2	C4		Up shift	
25	6	8	B1	C1	B1, C2	C4		Up shift	
26	7	8	C3	C1	B1, C2	C4		Up shift	
27	2	1	C1	C3	C4	C2		Down shift	
28	3	1	B1	C3	C1, C4	C2		Down shift	

图 3-28 Shift Index 矩阵

表 3-11 两种应用软件建模方法主要差别

项目	Clutch Base 软件	Shift Base 软件
建模理念	以离合器通用性控制为核心	以区分换档类别的控制为核心
软件架构	以公式推导计算为主	预留大量标定接口，以标定为主
软件来源	主要来源于双离合变速器（DCT）控制思路	传统自动变速器控制思路
工具链	以图形化开发为主	以传统 C 代码书写为主
开发工作量	软件前期的建模设计工作量大	软件后期的标定测试工作量大
硬件依赖性	依赖于发动机转矩精度和变速器特征数据	对发动机转矩和变速器特征数据的依赖相对较小
软件可移植性	以计算为主，软件可移植性高	以标定为主，新的应用项目需要更多的标定工作
软件运行效率	大量的模型化计算为主，中央处理器（Central Processing Unit,CPU）负荷率较高	以调用参数表格为主，CPU 负荷率较低
主要使用者	新兴的工程化公司	传动 AT 制造企业
适用领域	快速化的新型样机	批量化的量产产品

本研究项目采用的建模方式源于工程化公司 Clutch Base 的软件方法，具有计算精准、可移植性强的特点，同时，主要从离合器控制角度出发，在离合器转矩精确计算的基础上又采用 Shift Base 理念区分不同档位，根据 Shift Index 对离合器控制参数进行了图表补偿和标定偏移，以适应纷繁复杂的驾驶工况和变工况以及适应国产发动机及变速器硬件散差。基于软件框架及模块划分方法如图 3-29 所示。应用软件架构如图 3-30 所示。

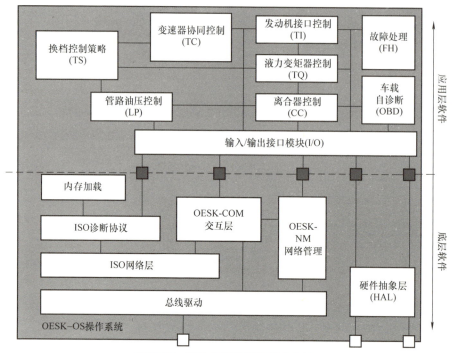

图 3-29 软件框架及模块划分方法

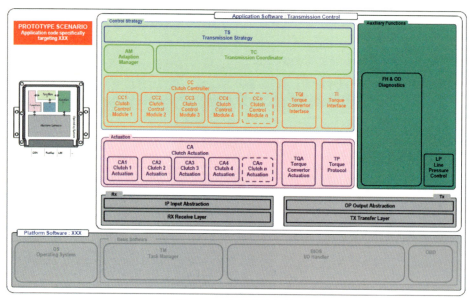

图 3-30 应用软件架构

（1）输入输出接口模块 应用软件通过 I/O 接口接收来自外部的电信号（如数字开关信号、传感器信号、电磁阀反馈信号）和 CAN 总线获得的输入信号，对信号进行初步处理（如滤波、放大）和计算校核，以便应用软件中其他模块调用。同时，将其他模块计算的电磁阀驱动信号、继电器控制信号等发送至硬件和 CAN 总线。输入输出接口模块看似简单,但基于其承接对外信息交互和接口的职责,因此,最需要进行规范化、标准化的条理性开发,以利于软件应用到其他项目时的接口更改和模型移植。

(2)变速器控制策略模块 变速器控制策略模块根据驾驶人意图、车辆运行工况和环境道路条件,决定自动变速器实时运行的模式和档位,是整个应用软件的顶层设计者和发号施令者。变速器控制策略模块的基础功能是针对不同驾驶模式(如普通、运动、手动、冬季、冷态、过热等)进行基础换档规律计算,并引入模式识别、快抬加速踏板、改变驾驶意图、滑行工况设定、急速制动判断等策略,对目标档位加以屏蔽、延迟、跨越和修正,最终决定合适的变速器换档规律和相应控制策略,并发送控制指令给变速器协同控制模块,使其配合其他模块执行相应动作。

(3)变速器协同控制模块 变速器协同控制模块是换档指令的调度者,从代码数量上看,是整个自动变速器应用软件中最复杂的模块。它负责接收变速器控制策略模块的需求档位指令,参考发动机等外部节点单元和换档离合器、液力变矩器、故障诊断模块等内部状态信息,决定是否执行换档动作。并根据换档逻辑,将接合离合器角色、分离离合器角色分配给对应的换档离合器,使之进行换档操纵,并实时监控离合器阶段控制状态,控制离合器正确执行其被要求的动作。

(4)发动机接口控制模块 为了降低换档冲击、改善换档品质、保护自动变速器,TCU 通过与 EMS 的 CAN 通信接口向发动机 EMS 发出控制指令,使其调整发动机转速和转矩要求指令,以满足自动变速器控制需求。通常来说,为了保证换档平顺性,在有动力升档和有动力降档过程中,TCU 会在速度同步阶段请求发动机降矩,并在无动力降档过程中,请求发动机升矩升速。同时,换档过程中的降矩请求过程,往往嵌套稍长时间的限矩控制,以规避换档进程中突然加速踏板变化导致换档冲击。自动变速器故障诊断模块在识别到某些故障模式时(如变速器油温过高、离合器不正常滑摩等),还会请求发动机接口控制模块持续发送发动机限矩请求,以保护自动变速器。在某些特殊工况下,如车辆下长坡、遇冰雪路面等情况,TCU 通过控制相应的执行器,使自动变速器拖动发动机运转,充分借助发动机的制动作用达到车辆安全性的要求。

(5)离合器控制模块 离合器控制模块通过接收变速器协同控制模块发出的接合离合器、分离离合器角色指令和离合器阶段控制状态指令,实时计算施加在离合器上的控制转矩,并基于离合器转矩-压力特性曲线和压力-电流特性曲线,生成目标控制电流,对换档离合器/制动器进行相应的控制。同时,按照 Shift Base 建模方法,基于 Shift Index 矩阵,在计算值的基础上,设定了针对每一个换档过程的补偿图表和标定参数,以满足不同工况和变工况的驾驶要求。此外,量产自动变速器应用软件都必须具备自适应功能,但自适应功能并不以独立的模块单独存在,而是依附在离合器控制模块之内。根据自适应算法,对换档过程控制参数进行辨别,并根据自适应逻辑合理地补偿离合器充油高度或离合器控制压力,调整转矩交换时间,以达到精确控制的目的,从而覆盖变速器硬件散差和里程累积后的性能衰减。

(6)液力变矩器控制模块 液力变矩器控制模块通过接收自动变速器协同控制模块发出的协同控制指令,按照设定的打开、滑摩或闭锁控制策略,对液力变矩器闭锁离合器进行实时控制。通常来说，在低速和中高速低扭区间打开液力变矩器，以适应城市工况的复杂驾驶条件，充分发挥液力变矩器的变矩特性和适应性。在滑行等倒拖工况实施液力变矩器滑摩控制，提高发动机转速使其更多地落在断油区间以提高燃油经济性，同时动态滑摩控制有利于应对驾驶人突然施加踏板转矩，避免冲击。而在中高速中高扭等稳定驾驶区域，可以控制液力变矩器完全锁止以充分节油，并提供更加刚性可控的驾驶体验。

（7）故障诊断模块 从建模方式的角度来说，对于故障诊断模块，图形化建模后自动生成的代码较少，主要是一些特定的安全限制策略；而根据诊断需求规范和设计规范，按照主机厂定义的统一诊断服务（Unified Diagnostic Service，UDS）或 KWP2000 标准要求，采用编程工具直接书写的标准 C 代码比重较大。故障诊断模块的诊断子功能分为底层诊断和应用层诊断，底层诊断一般由 TCU 硬件供应商设计完成，并提供交互接口，供系统集成者通过诊断标定，将底层诊断故障代码映射到应用层定义的标准故障代码（如 ISO 15031 的 P 码），并分配对应的安全响应策略和故障报警策略。底层诊断能够监测硬件控制器是否运作正常，传感器、电磁阀、线束插接器是否开路、短路或超限降额，CAN 通信是否中断等。而应用层故障定义更加灵活，通常监测自动变速器的运行状态，如实时计算传动比、离合器滑差等。诊断服务管理是根据汽车标准和变速器的功能需求，采用 UDS-CAN 的通信协议对变速器的当前和历史故障进行诊断、清除。故障诊断模块能够及时发现定义的电子控制装置和控制对象中的故障，并在出现故障时准确判断自动变速器的故障等级，使车辆在保证安全的条件下，尽可能地使自动变速器保持最基本的工作能力，以维持汽车的行驶能力，便于汽车到维修站检修。

（8）主油路压力控制模块 从功能控制上来说，主油路压力控制模块最为简单，只需要根据外部环境信息和内部控制算法，将主油路压力调整到合理范围，使得任何情况下都能保证油路冷却润滑，同时通过控制结合油压，使换档元件传递合适的转矩。装配有压力传感器的自动变速器，能够实施主油路压力闭环精准控制。但从设计成本、制造装配便利性和可靠性的角度出发，许多量产变速器也大多取消了压力传感器。因此，开环控制方法是否能够精准实施，依赖于开发阶段主油路压力是否基于所有工况和温度区间进行了标定；同时当需要硬件的一致性较高，或者自动变速器终端下线测试时，根据阀体测试特性，对压力控制模型进行了相应补偿。

（9）辅助管理模块 辅助管理模块也是 TCU 软件中不可缺少的一部分。虽然它不直接参与变速器的换档控制，但是也是为变速器的控制和维修服务的。如 EOL/ 自学习数据管理功能负责将 EOL 测试的变速器特性参数从外置存储单元 SubROM 中读取出来并存储在 TCU 的 ROM 中，而这些特性参数对变速器的换档质量是非常重要的；另外，它还负责将离合器控制中自学习得到的控制参数在 TCU 断电时能够存储在 TCU 的 ROM 中，保证断电后不丢失并在下次通电时能够自动读取。

（10）底层管理模块 底层管理模块是为应用层软件服务的，为上述的应用层软件模块正常运行提供平台。接口驱动程序指通过微处理器的编程，实现模-数（A-D）转换、数字输入输出（I/O）、PWM 脉冲输出、频率量输入、CAN 通信、电流控制等功能。应用软件可以通过接口函数获得传感器和 CAN 网络上的信号,还可以驱动执行器和发送 CAN 信号。任务管理既要考虑 TCU 程序的运行效率,又要满足变速器液压系统的控制要求。对液压系统的控制而言,控制周期越短,则控制的精度就越高。但是对 TCU 的 CPU 负载而言,单次任务时间越长,则 CPU 的负载率就越低。因此需要对整个 TCU 软件进行合理的任务管理优化,对运行速度要求较高的控制如离合器控制采用 5ms 的高速运行周期,对主油路压力、换档策略控制则采用 10ms 或者 20ms 的低速运行周期。这样不仅可以降低 CPU 的负载率,还可以保证液压系统的控制要求。操作模式管理是 TCU 对通电—点火—熄火—断电这些过程操作中的工作模式进行管理,如图 3-31 所示。在不同的工作模式下,TCU 会激活不同的功能。INI(初始化)模式表示初始化,进入该阶段时 TCU 会初始化所有变量和驱动程序。SBY(待命状态)模式为待命状态,TCU 会将存储在 EEROM 中的数据镜像到 RAM 中,并激活所有软件功能进入待命状态。当点火后,TCU 进入正常工作模式及 CRU(巡航)模式。当然如果发生一定级别的故障后,也会进入 LPH(跛行回家)模式,此时电磁阀的高端供电部分被强制断开。当熄火后,TCU 会进入 HLD(等待)模式,该模式下 TCU 将自学习的数据保存到 EEROM 中并等待直到断电操作后,通过 SDN(断电)模式进行软件控制执行断电操作。

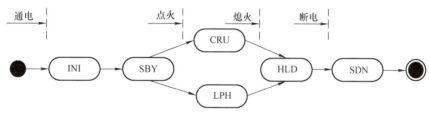

图 3-31　TCU 的操作模式管理流程

3.5 本章小结

1)本章介绍了通用性原型控制器平台的方案设计和 TCU 控制器主芯片选型及硬件板卡结构设计,总结了自动变速器电控系统的硬件方案设计方法。

2)详细描述了自动变速器电控系统软件正向开发流程,总结了软件策略开发、代码实现、软硬件在环环境搭建和故障诊断实现的流程,并结合开发流程和控制过程,介绍了工程化开发工具链和设备产品。

3)本研究运用 ASPICE 和 CMMI 过程控制模型对软件开发活动进行了过程域控制和约束,完成 TCU 应用软件的集成性和继承性及标准化管理方法研究,分析了 Clutch Base 与 Shift Base 软件建模方法差异性,形成了独具特点的应用软件模块设计方法和应用软件与底层软件交互层功能设计,总结了自动变速器电控系统的软件方案设计方法。

第 4 章 自动变速器换档 MAP 图生成方法

4.1 自动变速器换档图开发流程

换档策略是自动变速器的核心技术，其控制结果将直接影响整车的动力性、经济性、舒适性。动力性换档是为了满足驾驶人对整车的最强动力性要求，经济性换档是为了满足驾驶人对整车百公里油耗最低需求。另外，还必须考虑到排放满足国家法规要求。

图 4-1 所示是自动变速器与整车匹配开发过程中的换档图的开发流程图。首先根据发动机万有特性参数、整车参数、变速器参数进行仿真计算匹配，得到初始的动力性和经济性换档曲线；其次在试验室的台架上对换档图进行初始标定，动态地模拟整车的负载、发动机的动力输出，能够测试出整车的百公里加速时间、最大车速等参数；最后就可以在整车上结合换档质量、加速性能、爬坡性能等参数进行局部调整。在整车和台架标定的过程中，可以同时结合仿真分析进行确认，保证综合性能最优。在标定工作完成后，需要进行整车驾驶性的确认，这一般是由整车厂经验丰富的驾驶人进行测评，如果满足要求，便可以进行整车的排放油耗实验，否则进行调整，然后再测评。排放实验一般在转鼓试验台上进行，按照 NEDC 的标准进行各个工况的测试，得到整车的油耗和排放指标。这也是整车面向市场的一项考核，在排放油耗试验通过以后，换档图即可冻结。如果没有通过，则需要进行局部修改以达到排放要求，这个过程可能会牺牲部分动力性指标。

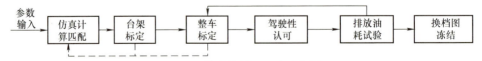

图 4-1 整车换档图开发流程图

TCU 换档策略一般都集成了几种不同模式的换档类型，如运动模式、经济模式、普通模式、雪地模式。整车一般通过数字开关的形式触发 TCU 的换档模式。在不同的换档模式下，换档图都会存在差异，如运动模式下的换档图会更多地考虑爬坡性能、百公里加速时间等。经济模式下的换档图会更多地让发动机工作在油耗最低的区域。普通模式下，换档图会兼顾动力性和经济性进行换档。雪地模式除了 2 档起步以外，还需要限制轮胎的驱动力以防止打滑。

4.2 自动变速器换档控制规律

4.2.1 自动变速器动力性换档 MAP 图生成方法

最佳动力性换档规律能够充分利用整车的牵引力特性，发挥发动机的功率特性，尽可能地使车辆在传动比更大、输出转矩更大的低档运行，达到各档位运行的最高车速，使整车获得优异的加速性能和爬坡能力[51]。

在大部分传统的自动变速器中，都是基于车速和节气门开度两个参数来自动选择车辆档位的。吉林大学葛安林教授提出了基于三参数的车辆最佳动力性换档方法，在二参数的基础上引入了加速度参数。三参数方法考虑了车辆的动态性能，使动力性能优化的换档规律可以基于加速度特性曲线得到。

在计算装配有液力自动变速器的车辆加速度特性时，需要考虑发动机与液力变矩器共同匹配问题。车辆的牵引性能在很大程度上取决于发动机与液力变矩器的共同工作性能是否良好。在发动机和液力变矩器具有相同的转矩和转速时，两者才能稳定地共同工作。

首先利用发动机与液力变矩器共同工作输入特性得到它们的共同工作点，然后根据共同工作输出特性得到涡轮轴上的相应输出。通过线性插值法，可以将涡轮转矩与转速的关系描绘出来，生成涡轮输出特性曲线。

如图 4-2 所示，由于液力变矩器的自适应性和变矩特性，相同档位下，装配液力变矩器的车辆比未装配液力变矩器的车辆具有更好的牵引力特性和起步特性。

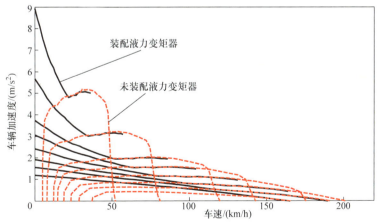

图 4-2　装配和未装配液力变矩器车辆加速度特性曲线

加速度特性曲线基于整车动力方程计算得到：

$$\frac{\mathrm{d}v}{\mathrm{d}t} = \frac{F_\mathrm{t} - (F_\mathrm{roll} + F_\mathrm{aero} + F_\mathrm{gradient})}{\delta M_\mathrm{v}} \quad (4\text{-}1)$$

其中，车辆牵引力由涡轮转矩 T_t 基于下式计算得到：

$$F_t = \frac{T_t i_g i_0 \eta_T}{R_w} \qquad (4\text{-}2)$$

求取相邻档位加速度的交点或低档最大车速值点为该节气门开度下的升档点，如图 4-3 所示，通过求取所有节气门开度下的升档点最终形成升档曲线。

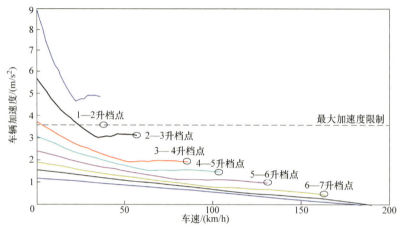

图 4-3 50% 节气门开度下不同档位加速度特性曲线 [52]

最佳动力性换档规律可以应用于车辆运动模式驾驶，其求取过程如图 4-4 所示。

图 4-4 最佳动力性换档规律求取过程

考虑到驾驶人的需求，增加全节气门开度换档策略，将升档点提升至发动机转速 4500r/min 以上区域，充分利用低档位的动力性能 [53, 54]。全节气门开度驾驶过程测试结果如图 4-5 所示。

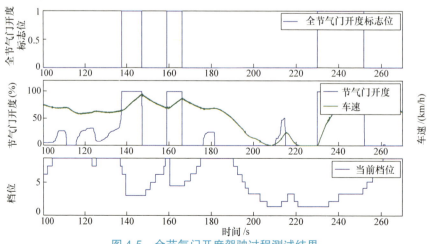

图 4-5 全节气门开度驾驶过程测试结果

4.2.2 自动变速器经济性换档MAP图生成方法

车辆以加速或等速工况运行时,发动机瞬时功率计算如下:

$$P_e = \frac{T_e n_e}{9549} \tag{4-3}$$

基于节气门开度和发动机转速、发动机燃油消耗模型确定瞬时燃油消耗率 b_e (g/kW·h),并计算此时单位时间内的燃油消耗量 Q_t (mL/s):

$$Q_t = \frac{P_e b_e}{3600\rho} \tag{4-4}$$

则加速或等速过程中的油耗量为

$$Q_a = \int_{t1}^{t2} Q_t dt \tag{4-5}$$

车速为 u_a 时的等速百公里油耗量 Q_s (L/100km)为

$$Q_s = \frac{Q_t}{1000}(\frac{100}{u_a} \times 3600) = \frac{P_e b_e}{10 u_a \rho} \tag{4-6}$$

最佳经济性换档规律能够使发动机工作在低油耗区间,最大限度地发挥燃油经济性优势。在发动机台架试验中,保持发动机转速 n_e 不变,逐渐改变节气门开度,可得到不同档位、不同节气门开度下的发动机油耗特性曲线 $Q_t = f(n_e, \alpha)$,其中 Q_t 为发动机每小时耗油量。在图解法最佳经济性换档规律中,可利用不同档位、不同节气门开度下的牵引力特性曲线和油耗特性曲线共同计算[55-57]。

如图4-6所示,基于某特定外界阻力曲线和相邻两档不同节气门开度下的牵引力曲线的交点,求出对应档位和对应节气门开度下对应的车速,根据发动机油耗特性曲线,可以求得该车速下,对应档位和节气门开度下的油耗。

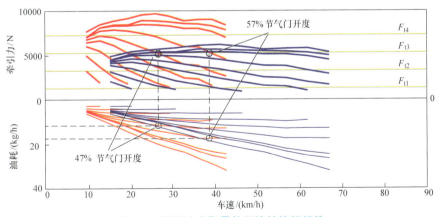

图4-6 图解法求取最佳经济性换档规律

根据车速和油耗得到相邻两档的油耗曲线,如图4-7所示,其交点 A、B、C、D 即为不同节气门开度下对应的该相邻两档的换档点。将所有的相邻两档换档点绘制在节气门开度对车速图中,即可求得最佳经济性换档规律曲线。

图4-8为最佳经济性换档规律求取过程。

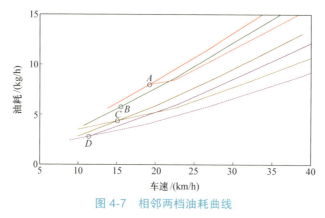

图 4-7　相邻两档油耗曲线

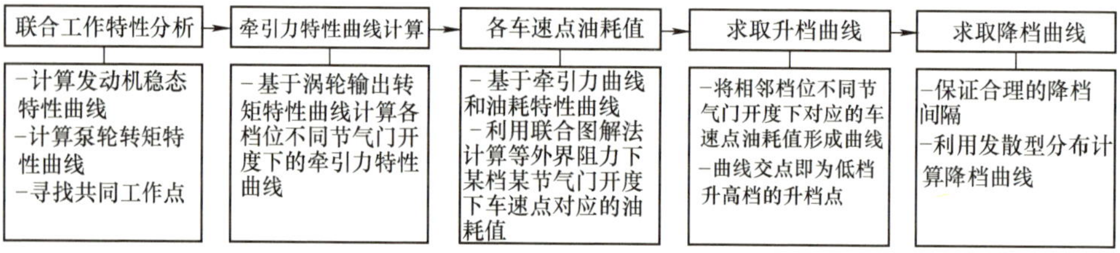

联合工作特性分析	牵引力特性曲线计算	各车速点油耗值	求取升档曲线	求取降档曲线
-计算发动机稳态特性曲线 -计算泵轮转矩特性曲线 -寻找共同工作点	-基于涡轮输出转矩特性曲线计算各档位不同节气门开度下的牵引力特性曲线	-基于牵引力曲线和油耗特性曲线 -利用联合图解法计算等外界阻力下某档某节气门开度下车速点对应的油耗值	-将相邻档位不同节气门开度下对应的车速点油耗值形成曲线 -曲线交点即为低档升高档的升档点	-保证合理的降档间隔 -利用发散型分布计算降档曲线

图 4-8　最佳经济性换档规律求取过程

4.2.3　不同工况条件下的模拟仿真计算

基于动力传动系统模型进行车辆的燃油经济性计算时，需要确定仿真工况。1973年美国加州率先通过汽车排放法规，以促进汽车工业开发更高的燃烧效率和更低排放的发动机。该法规必须要有一种能够应用于各类不同发动机之间性能差异的测试程序，这种测试程序的方法被称为行驶工况（Driving Cycle，DC，简称工况）。经过路谱采集，形成并采用中国城市工况、高速工况和等速行驶工况进行模拟仿真，即行驶工况的速度及时间曲线主要由一些线段组成，分别代表匀速度、匀加速度和匀减速度等运行工况。

（1）城市工况循环工况　图 4-9～图 4-11 所示是动力传动系统模型基于城市工况的仿真结果。

由图 4-9 可知，城市

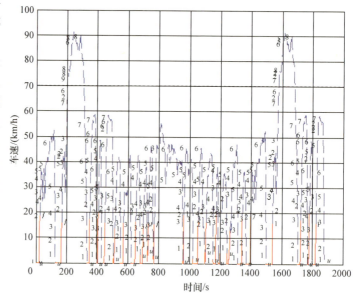

图 4-9　中国城市工况下的档位运行情况

工况下车辆换档频繁，显著使用到小节气门开度低速区域。这对后续应用软件换档规律设计时，在小节气门开度低速区域使用最佳经济性换档规律以提高燃油经济性具有借鉴意义。如图 4-10、图 4-11 所示，虽然由于城市工况加减速频繁导致换档增多，但是运行档位较为整齐地分布在万有特性曲线低油耗区域。同时，发动机与液力变矩器及变速器匹配良好，车辆始终在发动机等功率曲线的最低油耗点附近运行。

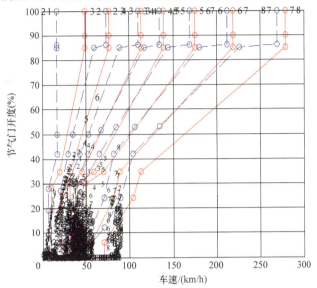

图 4-10　中国城市工况下的换档规律曲线使用情况

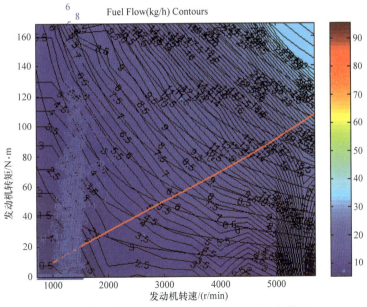

图 4-11　运行档位在万有特性曲线中的分布情况

（2）高速公路循环工况　由图 4-12、图 4-13 可知，高速公路循环工况下车辆换档较少，能够长时间维持在高车速和高档位运行。换档规律图设计合理，车速在合理范围内变化时,有效地避免了频繁换档。车辆进入高档位区域较快,在车辆达到一定速度后(55km/h),能够尽可能多地在第7、第8两个超速档运行,大大降低了油耗。在后续应用软件换档规律设计时,应该坚持小节气门开度高速区域使用高档位运行以提高燃油经济性。如图4-14所示,高速公路循环工况下换档次数显著减小,运行档位同样较为整齐地分布在万有特性曲线低油耗区域。同时,发动机与液力变矩器及变速器匹配良好,车辆始终在发动机等功率曲线的最低油耗点附近运行。

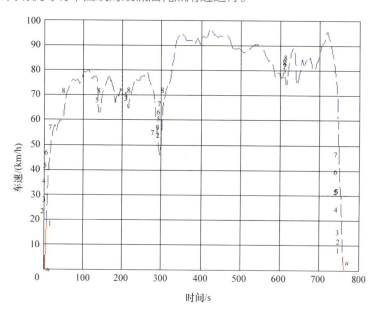

图4-12 中国高速公路循环工况下的换档规律曲线使用情况

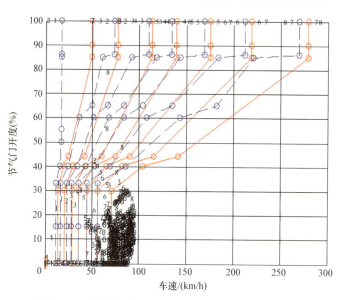

图4-13 中国高速公路循环工况下的换档规律曲线

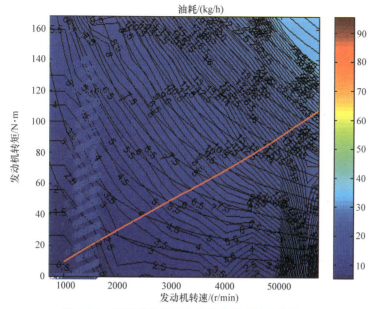

图 4-14 运行档位在万有特性曲线中的分布情况

由此可见，发动机与液力变矩器及变速器匹配特性优异，换档规律基础曲线设计合理，整车动力性能及经济性能在不同驾驶工况下均表现良好。在低节气门开度区域考虑了燃油经济性；在中等节气门开度区域保留了驾驶人对车辆的换档干预和整车跟随性；在大节气门开度区域（如全节气门开度）有效地利用了车辆和发动机的动力性能。

如图 4-15、图 4-16 所示，基于中国市郊工况和中国城市循环，对最佳经济性换档规律曲线搭载模型进行验证，结果显示实际档位均运行在发动机等转矩曲线的最低油耗点。

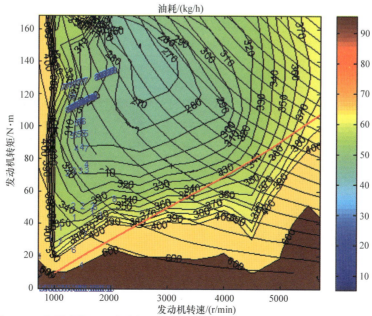

图 4-15 中国市郊工况中车辆运行档位在发动机万有特性曲线上的分布情况

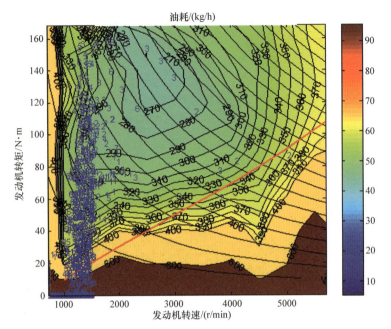

图 4-16　中国城市循环工况中车辆运行档位在发动机万有特性曲线上的分布情况

4.2.4　基于不同驾驶模式的动力性和燃油经济性优化

整车燃油经济性与发动机型式及燃烧效率、自动变速器结构、发动机与变速器匹配水平、整车整备质量、排气背压及进排气系统效率、车轮动半径和轮胎宽度等有直接关系。其中，AT 自动变速器负责连接发动机和车轮，根据驾驶人意图、车轮运行状态和环境路况因素决定合适的运行档位，并在实时运行过程中请求发动机升降矩和调速。因此，AT 自动变速器是整车动力性和燃油经济性的调控中心。如图 4-17 所示，通过合理的变速器匹配可以使发动机的最大功率点、最佳燃油经济性区域、最低转速点、最大转矩点正确且完全地映射到汽车的最大速度点、最低油耗区、起步点、最大驱动力点。

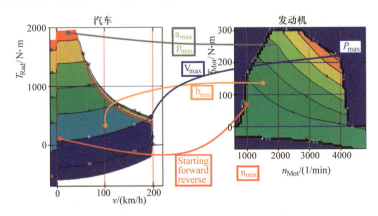

图 4-17　发动机与汽车的转速 - 转矩区域的映射关系

AT 自动变速器除了要准确和完全地实现这种性能映射，还要根据驾驶人的需求实现不同的匹配效果，即 AT 自动变速器不同的工作模式选择。如图 4-18 是某车型匹配某款自动变速器后，分别在运动模式和经济模式下的发动机工作点示意图。

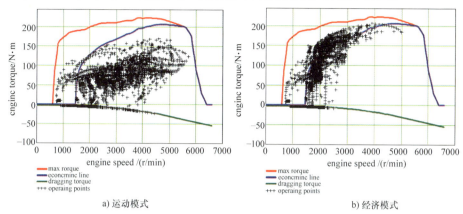

a) 运动模式　　　　　　　　　　　b) 经济模式

图 4-18　自动变速器不同工作模式下发动机的工作点

AT 自动变速器对动力性和燃油经济性的调整手段主要有两大方面：1）换档曲线的调整；2）液力变矩器闭锁曲线的调整。

为适应用户对动力性和燃油经济性的需求差异以及应对北方冬季冰雪路面，自动变速器控制软件开发一般需要开发运动模式和冬季模式功能，通过在整车上配备模式按钮，以供驾驶人手动切换不同的换档模式，即不同的换档曲线。

目前对于不同模式的换档曲线计算方法已经非常成熟，对自动变速器与不同的车型匹配过程，本书作者基于 Matlab 软件开发了一个换档曲线自动计算软件。该软件可以根据不同的发动机特性、整车特性等自动计算出参考换档曲线，作为进一步人工整车标定的基础。图 4-19 所示为基于 Matlab 的换档曲线计算软件界面。通过这个计算软件可以针对任意不同的动力总成匹配，快速地生成不同的换档曲线，提高整车匹配与标定的效率。

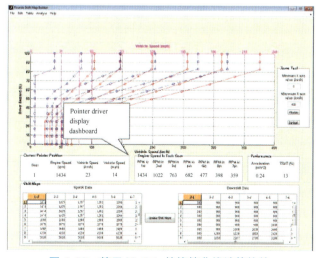

图 4-19　基于 Matlab 的换档曲线计算软件

在冬季模式下通过标定最小的起步档位,选择 2 档作为起步的最小档位,有效地避免了在冰雪路面由于速比过大导致的打滑现象。另外对冬季模式换档图的优化,使档位尽可能地保持在相对于正常模式较高的档位,以避免发动机传递到车轮上的驱动力大于路面能够提供的附着力的情况,从而有效地避免了打滑现象的产生。

普通模式下的自动变速器换档仅以输入轴转速和节气门开度作为控制参数,根据汽车在水平道路行驶时确定的最佳经济性和最佳动力性换档规律进行换档。虽然在通常状况下这种换档系统具有令人满意的性能,但是如果遇到特殊行驶环境,则会暴露出一些问题,尤其在山区上坡时可能出现频繁换档或动力不足的情况,不仅使整车乘坐舒适性变差,还可能影响离合器等换档原件的寿命。为了解决普通模式换档下存在的问题,提高自动变速器的智能化水平,在控制软件开发中可以增加坡道识别功能,其基本控制策略如图 4-20 所示。

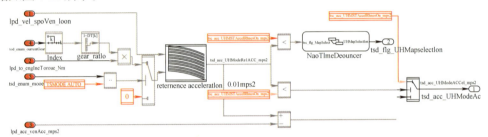

图 4-20 自动变速器的坡道识别策略

通过实时计算车轮转矩与车速,然后查找二维的图表得到参考的加速度值。当该值小于软件中设定的标定量时,说明车辆在上坡行驶。按照参数设定,当小于 0.02 时,说明车辆处于普通坡道,当小于 0.01 时,说明车辆处于陡坡。判断出坡道后查找对应的换档图来进行换档控制,通过降低档位选择来获得更大的动力输出。参考加速度值对应图 4-21 所示(灰色区域为陡坡)。

车轮转矩 \ 车速	0	10	20	30	40	50	60	70	80	90	100	110	120	130	140	150	160	170	180	190	200
0	0	-0.14	-0.15	-0.17	-0.2	-0.24	-0.29	-0.34	-0.4	-0.47	-0.55	-0.63	-0.73	-0.83	-0.94	-1.06	-1.19	-1.32	-1.47	-1.62	-1.78
100	0	0.12	0.1	0.08	0.05	0.02	-0.03	-0.08	-0.14	-0.21	-0.29	-0.38	-0.47	-0.57	-0.68	-0.8	-0.93	-1.07	-1.21	-1.36	-1.52
200	0	0.37	0.36	0.34	0.31	0.28	0.23	0.18	0.12	0.05	-0.03	-0.12	-0.21	-0.32	-0.43	-0.55	-0.67	-0.81	-0.95	-1.1	-1.26
300	0	0.63	0.62	0.6	0.57	0.53	0.49	0.43	0.37	0.3	0.23	0.14	0.06	-0.03	-0.17	-0.29	-0.41	-0.55	-0.69	-0.85	-1.01
400	0	0.89	0.88	0.86	0.83	0.79	0.75	0.69	0.63	0.56	0.48	0.4	0.3	0.2	0.09	-0.03	-0.16	-0.29	-0.44	-0.59	-0.75
500	0	1.15	1.13	1.11	1.09	1.05	1	0.95	0.89	0.82	0.74	0.65	0.56	0.46	0.35	0.23	0.1	-0.03	-0.18	-0.33	-0.49
600	0	1.4	1.39	1.37	1.34	1.31	1.26	1.21	1.15	1.08	1	0.91	0.82	0.72	0.6	0.49	0.36	0.22	0.08	-0.07	-0.23
700	0	1.66	1.65	1.63	1.6	1.56	1.52	1.47	1.4	1.33	1.26	1.17	1.09	0.97	0.86	0.74	0.62	0.48	0.34	0.19	0.03
800	0	1.92	1.91	1.89	1.86	1.82	1.78	1.72	1.66	1.59	1.51	1.43	1.33	1.23	1.12	1	0.87	0.74	0.59	0.44	0.28
900	0	2.18	2.17	2.14	2.12	2.08	2.03	1.98	1.92	1.85	1.77	1.69	1.59	1.49	1.38	1.26	1.13	1	0.85	0.7	0.54
1000	0	2.44	2.42	2.4	2.37	2.34	2.29	2.24	2.18	2.11	2.03	1.94	1.85	1.75	1.64	1.52	1.39	1.25	1.11	0.96	0.8
1100	0	2.69	2.68	2.66	2.63	2.59	2.55	2.5	2.43	2.36	2.29	2.2	2.11	2	1.89	1.77	1.65	1.51	1.37	1.22	1.06
1200	0	2.95	2.94	2.92	2.89	2.85	2.81	2.75	2.69	2.62	2.54	2.46	2.36	2.26	2.15	2.03	1.9	1.77	1.63	1.47	1.31
1300	0	3.21	3.2	3.18	3.15	3.11	3.06	3.01	2.95	2.88	2.8	2.72	2.62	2.52	2.41	2.29	2.16	2.03	1.88	1.73	1.57
1400	0	3.47	3.45	3.43	3.4	3.37	3.32	3.27	3.21	3.14	3.06	2.97	2.88	2.78	2.67	2.55	2.42	2.28	2.14	1.99	1.83
1500	0	3.72	3.71	3.69	3.66	3.62	3.58	3.53	3.46	3.4	3.32	3.23	3.14	3.04	2.92	2.8	2.68	2.54	2.4	2.25	2.09
1600	0	3.98	3.97	3.95	3.92	3.88	3.84	3.78	3.72	3.65	3.57	3.49	3.39	3.29	3.18	3.06	2.93	2.8	2.66	2.5	2.34
1700	0	4.24	4.23	4.21	4.18	4.14	4.1	4.04	3.98	3.91	3.83	3.75	3.65	3.55	3.44	3.32	3.19	3.06	2.91	2.76	2.6
1800	0	4.5	4.48	4.46	4.43	4.4	4.35	4.3	4.24	4.17	4.09	4	3.91	3.81	3.7	3.58	3.45	3.31	3.17	3.02	2.86

图 4-21 参考加速度值对应表

为了提高自动变速器的可操控性,让由控制器自动决定的换档时机重新回到驾驶人手中,从而提高驾驶的操作性,丰富驾驶人的体验,自动变速器通常还会提供手动模式功能。另外，手动模式可以在拥堵路段减少频繁换档的发生，更大程度地保证了离合器和其他换档原件的寿命。其工作原理为 TCU 控制器监测开关信号来控制进入手动模式，驾驶人向上或向下拨动变速杆的位置来给 TCU 控制器发送升档或降档信号。为充分保证驾驶人的驾驶意图，自动变速器控制软件一般允许在 900~5300r/min 范围内自由地进行加档或减档的切换。

4.3 本章小结

本章介绍了自动变速器换档控制参数、换档图开发流程和动力性、经济性换档 MAP 图生成方法。基于城市、市郊、高速等不同工况条件，进行了动力传动系统模拟仿真计算，以便对换档图进行评估。同时，基于不同驾驶模式，运用工程工具，对换档图进行了动力性调整或燃油经济性优化。

第5章 行星排修正转动惯量及动力传动系统建模

自动变速器电控系统应用软件开发过程中,需要深入研究自动变速器的换档过程控制技术,需要对被控对象真实物理系统的动力学特性有足够的认识。通过仿真技术建立传动系统模型可以帮助理解换档过程中的动力学过程,为后续应用软件换档控制策略的制定提供理论依据,且在自动变速器控制软件的前期开发中,可以通过仿真模型实现模型在环仿真(MIL)、软件在环仿真(SIL)和硬件在环仿真(HIL)对换档控制策略进行功能验证[63-66]。

本章将介绍简单负号行星排、简单正号行星排和拉维娜式行星排的动力学模型建模方法,推导这三类行星排中太阳轮、齿圈和行星架的修正转动惯量的计算公式。为了建立自动变速器更加精确的模型,在行星排的动力学模型中,采用修正转动惯量可以获得更精确的仿真结果,且不增加任何计算负荷。以8AT为例,介绍采用修正转动惯量的8AT机械结构动力学模型,并介绍发动机、液力变矩器、离合器和路面阻力等动力传动系统的建模方法。

5.1 简单负号行星排修正转动惯量

5.1.1 三坐标简单负号行星排动力学建模

图5-1所示为一个典型的简单负号行星排,该行星排由一个太阳轮、一个齿圈、一个行星架和四个行星轮组成。在工业实际应用中,简单负号行星排为最常用的行星齿轮机构,其中行星轮的个数一般不会超过六个,大部分采用三个或四个行星轮设计。

假设该行星排的四个行星轮完全相同,且沿着行星排的中间轴线几何对称分布,则该行星排的数学模型可以用四个旋转坐标表示,分别为太阳轮角位移 θ_{ms}、齿圈角位移 θ_{mr}、行星架角位移 θ_{mc} 和行星轮相对行星架角位移 θ_{mp},设定四个角位移的正方向均为顺时针,如图5-2所示。

图 5-1 简单负号行星排实物

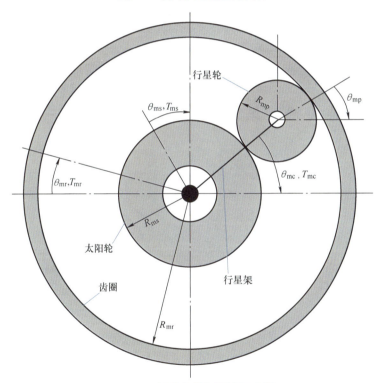

图 5-2 简单负号行星排示意图

相对于传动系统中轴的刚度，行星排中各个组件的刚度和齿轮啮合刚度较大，由这些产生的高频动力学特性对传动系统的动态特性影响较小，因此在大多数研究中忽略这些高频的动力学特性，假设行星排的各个组件均为刚体，且各个组件之间的约束均为理想约束（忽略齿轮啮合副之间的间隙、摩擦和齿变形），在此假设的基础上，通过运动学分析可以得到简单负号行星排的约束方程（5-1）和（5-2）。

$$R_{ms}\dot{\theta}_{ms} = (R_{ms} + R_{mp})\dot{\theta}_{mc} - R_{mp}\dot{\theta}_{mp} \tag{5-1}$$

$$R_{mr}\dot{\theta}_{mr} = (R_{mr} - R_{mp})\dot{\theta}_{mc} + R_{mp}\dot{\theta}_{mp} \tag{5-2}$$

将式（5-2）代入式（5-1），消除行星轮相对行星架角位移 θ_{mp}，可以得到最常见的简单负号行星排约束方程（5-3）。

$$R_{ms}\dot{\theta}_{ms} + R_{mr}\dot{\theta}_{mr} = (R_{ms} + R_{mr})\dot{\theta}_{mc} \tag{5-3}$$

式中，R_{ms}、R_{mr} 和 R_{mp} 分别为太阳轮、齿圈和行星轮的分度圆半径。

1. 牛顿法动力学建模

首先采用牛顿法建立该行星排的动力学模型。在之前假设的基础上，牛顿法被经常用来建立三坐标的行星排模型，三坐标分别为太阳轮、齿圈和行星架的角位移，通过图5-3 对各个组件进行受力分析。

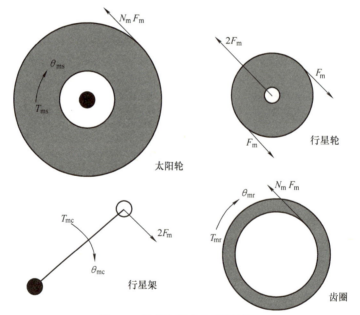

图 5-3　简单负号行星排爆炸图

因为采用三个坐标描述该行星排的动力学特性，因此约束方程为式（5-3），但式（5-3）中不包含行星轮的角位移，因此行星轮被假设为一直处于稳定状态。因为在动力学方程的推导过程中无法体现行星轮的动态特性，所以在以该公式为基础推导出的行星排动力学模型忽略了行星轮的动力学特性。这里需要强调的是，本书推导的行星排的修正转动惯量就是用来修正这一问题的，在不增加计算负荷的条件下得到更精确的动力学模型。

通过图5-3对各个组件进行受力分析，可以得到式（5-4）~式（5-6）。

$$I_{ms}\ddot{\theta}_{ms} = T_{ms} - N_m F_m R_{ms} \tag{5-4}$$

$$I_{mr}\ddot{\theta}_{mr} = T_{mr} - N_m F_m R_{mr} \tag{5-5}$$

$$I'_{mc}\ddot{\theta}_{mc} = T_{mc} + N_m F_m (R_{ms} + R_{mr}) \tag{5-6}$$

注意 I'_{mc} 为行星架与行星轮相对于轴线的转动惯量之和,通过式(5-7)计算得到。在之前的研究中,该式被用来考虑行星轮转动惯量的常用方法。由该行星排的几何约束可以得到式(5-8):

$$I'_{mc} = I_{mc} + \frac{(R_{ms} + R_{mr})^2}{2R_{mp}^2} N_m I_{mp} \tag{5-7}$$

$$R_{mr} - R_{ms} = 2R_{mp} \tag{5-8}$$

式中,I_{ms}、I_{mr}、I_{mc} 和 I_{mp} 分别为太阳轮、齿圈、行星架和行星轮的转动惯量;N_m 为简单负号行星排中行星轮的个数;T_{ms}、T_{mr} 和 T_{mc} 分别为作用于太阳轮、齿圈和行星架的外转矩,顺时针方向定义为正方向;F_m 为等效内力,为齿轮啮合力的粗略值。

将式(5-4)~式(5-6)与式(5-3)改写为矩阵形式,简单负号行星排的动力学方程可以由式(5-9)表示:

$$\begin{bmatrix} I_{ms} & 0 & 0 & R_{ms} \\ 0 & I_{mr} & 0 & R_{mr} \\ 0 & 0 & I'_{mc} & -(R_{ms}+R_{mr}) \\ R_{ms} & R_{mr} & -(R_{ms}+R_{mr}) & 0 \end{bmatrix} \begin{bmatrix} \ddot{\theta}_{ms} \\ \ddot{\theta}_{mr} \\ \ddot{\theta}_{mc} \\ N_m F_m \end{bmatrix} = \begin{bmatrix} T_{ms} \\ T_{mr} \\ T_{mc} \\ 0 \end{bmatrix} \tag{5-9}$$

通过消除等效内力 F_m,动力学方程可以简化为两个微分方程,见式(5-10)和式(5-11)。

$$\varphi_{m1}\ddot{\theta}_{ms} = [R_{mr}^2 I'_{mc} + (R_{ms}+R_{mr})^2 I_{mr}]T_{ms} - R_{ms}R_{mr}I'_{mc}T_{mr} + R_{ms}(R_{ms}+R_{mr})I_{mr}T_{mc} \tag{5-10}$$

$$\varphi_{m1}\ddot{\theta}_{mr} = -R_{ms}R_{mr}I'_{mc}T_{ms} + [R_{ms}^2 I'_{mc} + (R_{ms}+R_{mr})^2 I_{ms}]T_{mr} + R_{mr}(R_{ms}+R_{mr})I_{ms}T_{mc} \tag{5-11}$$

式中,

$$\varphi_{m1} = R_{ms}^2 I'_{mc} I_{mr} + R_{mr}^2 I'_{mc} I_{ms} + (R_{ms}+R_{mr})^2 I_{ms} I_{mr} \tag{5-12}$$

2. 拉格朗日法动力学建模

在多自由度的动力学系统建模中,例如包括多个行星齿轮机构的自动变速器,拉格朗日法是一种非常高效的方法[67-69]。基于之前的假设,该行星排是一个有线性速度约束的旋转动力学系统。因此,带线性速度约束的第一类拉格朗日方程用来建立该行星排的动力学模型,该公式的一般形式见式(5-13)和式(5-14)[65]。

$$\frac{d}{dt}\left(\frac{\partial L}{\partial \dot{\theta}_j}\right) - \frac{\partial L}{\partial \theta_j} - Q_j + \sum_{i=1}^{s} \lambda_i \frac{\partial f_i}{\partial \theta_j} + \sum_{i=1}^{r} F_i A_{ij} = 0 \ (j=1,2,\ldots,m) \tag{5-13}$$

$$\sum_{j=1}^{m} A_{ij}(\theta_1,\theta_2,\ldots,\theta_m,t)\dot{\theta}_j + b_i(\theta_1,\theta_2,\ldots,\theta_m,t) = 0 \ (i=1,2,\ldots,r) \tag{5-14}$$

式中，∂ 为偏微分符号；L 为拉格朗日函数；θ_j 为广义坐标；Q_j 为广义非有势力；F_i 和 λ_i 为拉格朗日乘子，也可以称为内力；m 代表广义坐标的数量；s 代表系统中约束方程的总个数；r 代表系统中线性速度约束方程的个数。

选择太阳轮、齿圈和行星架的角位移作为广义坐标建立该系统的动力学方程。同之前的牛顿法动力学建模，当采用这三个坐标描述该行星排的动力学特性时需要把式（5-3）作为约束方程，将该式改写为式（5-15）的形式：

$$f_m^3 = R_{ms}\dot{\theta}_{ms} + R_{mr}\dot{\theta}_{mr} - (R_{mr} + R_{ms})\dot{\theta}_{mc} = 0 \quad (5\text{-}15)$$

对于该三广义坐标系统，忽略势能的影响，其拉格朗日函数 L_{m3} 可以通过式（5-16）表示。这里需要强调一点，该式并非完全正确，因为该式的第三项试图通过将行星轮的转动惯量等效到行星架的转动惯量的方法来代表行星架和行星轮的总动能，后面会证明该方法存在疏漏，但可以通过同时修正太阳轮、齿圈和行星架的转动惯量得到精确的等式：

$$L_{m3} = \frac{1}{2}I_{ms}\dot{\theta}_{ms}^2 + \frac{1}{2}I_{mr}\dot{\theta}_{mr}^2 + \frac{1}{2}I'_{mc}\dot{\theta}_{mc}^2 \quad (5\text{-}16)$$

参照式（5-14）的形式，将式（5-15）改写为矩阵式（5-17），同时可以得到式（5-18）~式（5-20）。

$$\boldsymbol{A}_{m3}\dot{\boldsymbol{\theta}}_{m3} = \boldsymbol{0} \quad (5\text{-}17)$$

式中，$\boldsymbol{A}_{m3} = [R_{ms} \quad R_{mr} \quad -(R_{mr} + R_{ms})]_{1\times 3}$

$$\boldsymbol{\theta}_{m3} = (\theta_{ms} \quad \theta_{mr} \quad \theta_{mc})^T \quad (5\text{-}18)$$

$$m = 3 \quad (5\text{-}18)$$

$$s = r = 1 \quad (5\text{-}19)$$

$$\frac{\partial f_m^i}{\partial \theta_j} = 0 \quad (i = 3; j = ms, mr, mc) \quad (5\text{-}20)$$

通过虚位移原理分析[82]，该系统中来自外部的广义非有势力矩阵 $\boldsymbol{Q}_{m3}$ 见式（5-21）。

$$\boldsymbol{Q}_{m3} = [T_{ms} \quad T_{mr} \quad T_{mc}]^T \quad (5\text{-}21)$$

将式（5-15）~式（5-21）代入到式（5-13）和式（5-14）中，可以得到该行星排动力学方程的矩阵形式，见式（5-22）。这里可以发现，通过该方法得到的方程与通过牛顿法得到的方程即式（5-9）完全相同，虽然在推导过程中没有做相关说明，但在牛顿法推导过程中作的假设都隐含地应用在了该方法上。

$$\boldsymbol{M}_{m3}\boldsymbol{\Omega}_{m3} = \boldsymbol{T}_{m3} \quad (5\text{-}22)$$

式中，$\boldsymbol{M}_{m3} = \begin{bmatrix} I_{ms} & 0 & 0 & R_{ms} \\ 0 & I_{mr} & 0 & R_{mr} \\ 0 & 0 & I'_{mc} & -(R_{ms}+R_{mr}) \\ R_{ms} & R_{mr} & -(R_{ms}+R_{mr}) & 0 \end{bmatrix}$

$$\boldsymbol{\Omega}_{m3} = \begin{bmatrix} \ddot{\theta}_{ms} & \ddot{\theta}_{mr} & \ddot{\theta}_{mc} & N_m F_m \end{bmatrix}^T$$

$$\boldsymbol{T}_{m3} = \begin{bmatrix} T_{ms} & T_{mr} & T_{mc} & 0 \end{bmatrix}^T$$

5.1.2 四坐标简单负号行星排动力学建模

在这一节中将在前面三个坐标的基础上增加行星轮相对行星架角位移这一坐标来建立简单负号行星排的动力学模型，即选定的四个坐标分别为 θ_{ms}、θ_{mr}、θ_{mc} 和 θ_{mp}。为了方便建模，选择带速度约束的第一类拉格朗日方程建立动力学模型。因为坐标中包含行星轮的信息，因此选择式（5-1）和式（5-2）作为该系统的约束方程，并分别将其改写为式（5-23）和式（5-24）的形式。

$$f_m^1 = R_{ms}\dot{\theta}_{ms} - (R_{ms} + R_{mp})\dot{\theta}_{mc} + R_{mp}\dot{\theta}_{mp} = 0 \quad (5\text{-}23)$$

$$f_m^2 = R_{mr}\dot{\theta}_{mr} - (R_{mr} - R_{mp})\dot{\theta}_{mc} - R_{mp}\dot{\theta}_{mp} = 0 \quad (5\text{-}24)$$

该系统的总动能由太阳轮、齿圈、行星架及行星轮构成，因此其拉格朗日函数 L_{m4} 的精确表达式应该由式（5-25）表示：

$$L_{m4} = \frac{1}{2}I_{ms}\dot{\theta}_{ms}^2 + \frac{1}{2}I_{mr}\dot{\theta}_{mr}^2 + \frac{1}{2}I'_{mc}\dot{\theta}_{mc}^2 + \frac{1}{2}N_m I_{mp}\dot{\theta}_{mp}^2 \quad (5\text{-}25)$$

将约束方程式（5-23）和式（5-24）改写为矩阵形式，见式（5-26）。同时也可以得到式（5-27）~ 式（5-29）。

$$\boldsymbol{A}_{m4}\dot{\boldsymbol{\theta}}_{m4} = \boldsymbol{0} \quad (5\text{-}26)$$

式中，

$$\boldsymbol{A}_{m4} = \begin{bmatrix} R_{ms} & 0 & -(R_{ms}+R_{mp}) & R_{mp} \\ 0 & R_{mr} & -(R_{mr}-R_{mp}) & -R_{mp} \end{bmatrix}_{2\times 4}$$

$$\boldsymbol{\theta}_{m4} = \begin{pmatrix} \theta_{ms} & \theta_{mr} & \theta_{mc} & \theta_{mp} \end{pmatrix}^T$$

$$m = 4 \quad (5\text{-}27)$$

$$s = r = 2 \quad (5\text{-}28)$$

$$\frac{\partial f_m^i}{\partial \theta_j} = 0 \quad (i=1,2; j=ms, mr, mc, mp) \quad (5\text{-}29)$$

通过虚位移原理分析，可以得到该系统中来自外部的广义非有势力矩阵 $\boldsymbol{Q}_{m4}$，见式（5-30）：

$$\boldsymbol{Q}_{m4} = \begin{bmatrix} T_{mr} & T_{mr} & T_{mc} & 0 \end{bmatrix}^T \quad (5\text{-}30)$$

将式（5-25）~ 式（5-30）代入式（5-13）和式（5-14）中，可以得到该行星排的四坐标动力学模型的矩阵形式，见式（5-31）。

$$\boldsymbol{M}_{m4}\boldsymbol{\Omega}_{m4} = \boldsymbol{T}_{m4} \quad (5\text{-}31)$$

式中，

$$\boldsymbol{M}_{m4} = \begin{bmatrix} I_{ms} & 0 & 0 & 0 & R_{ms} & 0 \\ 0 & I_{mr} & 0 & 0 & 0 & R_{mr} \\ 0 & 0 & I'_{mc} & 0 & -\dfrac{R_{mr}+R_{ms}}{2} & -\dfrac{R_{mr}+R_{ms}}{2} \\ 0 & 0 & 0 & N_m I_{mp} & \dfrac{R_{mr}-R_{ms}}{2} & -\dfrac{R_{mr}-R_{ms}}{2} \\ R_{ms} & 0 & -\dfrac{R_{mr}+R_{ms}}{2} & \dfrac{R_{mr}-R_{ms}}{2} & 0 & 0 \\ 0 & R_{mr} & -\dfrac{R_{mr}+R_{ms}}{2} & -\dfrac{R_{mr}-R_{ms}}{2} & 0 & 0 \end{bmatrix}$$

$$\boldsymbol{\Omega}_{m4} = \begin{bmatrix} \ddot{\theta}_{ms} & \ddot{\theta}_{mr} & \ddot{\theta}_{mc} & \ddot{\theta}_{mp} & N_m F_{mps} & N_m F_{mpr} \end{bmatrix}^T$$

$$\boldsymbol{T}_{m4} = \begin{bmatrix} T_{ms} & T_{mr} & T_{mc} & 0 & 0 & 0 \end{bmatrix}^T$$

式中，F_{mps} 为行星轮与太阳轮之间的啮合力；F_{mpr} 为行星轮与齿圈之间的啮合力（假设行星轮之间没有差异，每个行星轮与太阳轮或齿圈的啮合力相等）。

该动力学方程组由四个微分方程和两个约束方程组成，因此其自由度为 2，通过消元法消除两个内力 F_{mps} 和 F_{mpr} 后可以将该动力学模型简化为两个独立的微分方程，见式（5-32）和式（5-33）：

$$\varphi_{m2} \ddot{\theta}_{ms} = \varphi_{m3} T_{ms} + \varphi_{m4} T_{mr} + \varphi_{m5} T_{mc} \tag{5-32}$$

$$\varphi_{m2} \ddot{\theta}_{mr} = \varphi_{m4} T_{ms} + \varphi_{m6} T_{mr} + \varphi_{m7} T_{mc} \tag{5-33}$$

式中，
$$\begin{aligned}\varphi_{m2} =\ & (I'_{mc} + I_{mr} + N_m I_{mp}) I_{ms} R_{mr}^4 + (I'_{mc} + I_{ms} + N_m I_{mp}) I_{mr} R_{ms}^4 + \\ & 2(N_m I_{mp} - I'_{mc}) I_{mr} R_{ms}^3 R_{mr} + 2(N_m I_{mp} - I'_{mc}) I_{ms} R_{ms} R_{mr}^3 + \\ & [(4I'_{mc} + I_{mr} + I_{ms}) N_m I_{mp} + (I_{mr} + I_{ms}) I'_{mc} - 2 I_{ms} I_{mr}] R_{ms}^2 R_{mr}^2 \end{aligned} \tag{5-34}$$

$$\begin{aligned}\varphi_{m3} =\ & (I'_{mc} + I_{mr} + N_m I_{mp}) R_{mr}^4 + I_{mr} R_{ms}^4 + 2(N_m I_{mp} - I'_{mc}) R_{ms} R_{mr}^3 + \\ & (I'_{mc} - 2 I_{mr} + N_m I_{mp}) R_{ms}^2 R_{mr}^2 \end{aligned} \tag{5-35}$$

$$\begin{aligned}\varphi_{m4} =\ & (N_m I_{mp} - I'_{mc}) R_{ms}^3 R_{mr} + (N_m I_{mp} - I'_{mc}) R_{ms} R_{mr}^3 + \\ & 2(I'_{mc} + N_m I_{mp}) R_{ms}^2 R_{mr}^2 \end{aligned} \tag{5-36}$$

$$\begin{aligned}\varphi_{m5} =\ & I_{mr} R_{ms}^4 - I_{mr} R_{ms}^3 R_{mr} + (2 N_m I_{mp} + I_{mr}) R_{ms} R_{mr}^3 + \\ & (2 N_m I_{mp} - I_{mr}) R_{ms}^2 R_{mr}^2 \end{aligned} \tag{5-37}$$

$$\begin{aligned}\varphi_{m6} =\ & I_{ms} R_{mr}^4 + (I'_{mc} + I_{ms} + N_m I_{mp}) R_{ms}^4 + 2(N_m I_{mp} - I'_{mc}) R_{ms}^3 R_{mr} + \\ & (I'_{mc} - 2 I_{ms} + N_m I_{mp}) R_{ms}^2 R_{mr}^2 \end{aligned} \tag{5-38}$$

$$\begin{aligned}\varphi_{m7} =\ & I_{ms} R_{mr}^4 + (2 N_m I_{mp} + I_{ms}) R_{ms}^3 R_{mr} - I_{ms} R_{ms} R_{mr}^3 + \\ & (2 N_m I_{mp} - I_{ms}) R_{ms}^2 R_{mr}^2 \end{aligned} \tag{5-39}$$

5.1.3 简单负号行星排修正转动惯量推导

前面使用了三种不同的方法建立了简单负号行星排的动力学模型，从结果可以看出，当只选取三个坐标（太阳轮、齿圈和行星架的角位移）建立模型时，分别采用牛顿法和拉格朗日法时得到的结果是一样的。从牛顿法的推导过程中可知这两种方法的结果都是基于同一假设的基础上得到的，那就是行星轮一直处于稳定状态，忽略其动态特性。在许多关于包含行星排的动力学系统的研究中，为了简化系统的复杂性，在建立动力学模型时只选择三坐标来描述行星排的动力学特性，仅采用行星架与行星轮相对于轴线的转动惯量之和 I'_{mc} 的方法将行星轮的动态特性包含其中，也因此这些研究中都隐含性地采用了这一假设。当采用四坐标时，行星轮的动力学特性就被包含在动力学模型中，但是通过对比式（5-31）和式（5-22）可以发现，四坐标模型比三坐标模型复杂，也因此其求解时的运算量也明显高于三坐标模型，尤其当系统中包含的行星排数量较多时，求解模型的仿真时间会被明显加长。

为了综合考虑三坐标和四坐标动力学模型的优点，本书提出通过同时修正太阳轮、齿圈和行星架的转动惯量的方法，可以在不增加模型计算负荷的基础上将行星轮的动态特性包含在动力学模型之中。

为了不增加模型的计算负荷，首先假设修正后的动力学公式与三坐标模型具有同样的形式，见式（5-40）。因此，解析表达式（5-10）～式（5-12）的形式保持不变，但需要将其中的太阳轮、齿圈和行星架的转动惯量（I_{ms}、I_{mr} 和 I'_{mc}）分别替换为修正转动惯量（I^*_{ms}、I^*_{mr} 和 I^*_{mc}）。

$$M^*_{m3}\Omega_{m3}=T_{m3} \tag{5-40}$$

式中，

$$M^*_{m3}=\begin{bmatrix} I^*_{ms} & 0 & 0 & R_{ms} \\ 0 & I^*_{mr} & 0 & R_{mr} \\ 0 & 0 & I^*_{mc} & -(R_{ms}+R_{mr}) \\ R_{ms} & R_{mr} & -(R_{ms}+R_{mr}) & 0 \end{bmatrix}$$

式中，I^*_{ms}、I^*_{mr} 和 I^*_{mc} 分别为太阳轮、齿圈和行星架的修正转动惯量。

为了将行星轮的动态特性包含在修正后的动力学模型之中，需要修正后的模型与四坐标模型的动力学方程完全相同，通过将式（5-32）～式（5-39）与修正后的式（5-10）～式（5-12）对比后可以得到五个等式，见式（5-41）～式（5-45）。

$$\frac{\varphi_{m3}}{\varphi_{m2}}=\frac{[R^2_{mr}I^*_{mc}+(R_{ms}+R_{mr})^2I^*_{mr}]}{\varphi^*_{m1}} \tag{5-41}$$

$$\frac{\varphi_{m4}}{\varphi_{m2}}=\frac{-R_{ms}R_{mr}I^*_{mc}}{\varphi^*_{m1}} \tag{5-42}$$

$$\frac{\varphi_{m5}}{\varphi_{m2}}=\frac{R_{ms}(R_{ms}+R_{mr})I^*_{mr}}{\varphi^*_{m1}} \tag{5-43}$$

$$\frac{\varphi_{m6}}{\varphi_{m2}} = \frac{[R_{ms}^2 I_{mc}^* + (R_{ms} + R_{mr})^2 I_{ms}^*]}{\varphi_{m1}^*} \tag{5-44}$$

$$\frac{\varphi_{m7}}{\varphi_{m2}} = \frac{R_{mr}(R_{ms} + R_{mr})I_{ms}^*}{\varphi_{m1}^*} \tag{5-45}$$

式中，
$$\varphi_{m1}^* = R_{ms}^2 I_{mc}^* I_{mr}^* + R_{mr}^2 I_{mc}^* I_{ms}^* + (R_{ms} + R_{mr})^2 I_{ms}^* I_{mr}^* \tag{5-46}$$

通过观察可以发现，式（5-41）~式（5-45）是一个包含三个未知数（I_{ms}^*、I_{mr}^* 和 I_{mc}^*）的非线性方程组，没有有效的方法可以正向求解该方程组。为了求解该方程组，需要做一些假设。因为在之前的假设基础上该行星排系统为线性系统，因此，假设这三个修正转动惯量与行星轮的转动惯量也具有线性关系，其形式见式（5-47）~式（5-49）：

$$I_{ms}^* = I_{ms} + \alpha_{ms} N_m I_{mp} \tag{5-47}$$

$$I_{mr}^* = I_{mr} + \alpha_{mr} N_m I_{mp} \tag{5-48}$$

$$I_{mc}^* = I_{mc}' + \alpha_{mc} N_m I_{mp} \tag{5-49}$$

式中，α_{ms}、α_{mr} 和 α_{mc} 分别为太阳轮、齿圈和行星架转动惯量的修正系数。

将式（5-47）~式（5-49）代入方程组式（5-41）~式（5-45）后，通过一系列烦琐的化简后，最后可以得到关于 α_{ms}、α_{mr} 和 α_{mc} 的线性方程组，见式（5-50）：

$$\begin{bmatrix} R_{mr}^2 & R_{ms}^2 & 0 \\ 0 & (R_{mr}+R_{ms})^2 & R_{mr}^2 \\ (R_{mr}+R_{ms})^2 & 0 & R_{ms}^2 \end{bmatrix} \begin{bmatrix} \alpha_{ms} \\ \alpha_{mr} \\ \alpha_{mc} \end{bmatrix} = \begin{bmatrix} \dfrac{4R_{mr}^2 R_{ms}^2}{(R_{mr}-R_{ms})^2} \\ \dfrac{R_{mr}^2(R_{mr}+R_{ms})}{(R_{mr}-R_{ms})^2} \\ \dfrac{R_{ms}^2(R_{mr}+R_{ms})}{(R_{mr}-R_{ms})^2} \end{bmatrix} \tag{5-50}$$

该方程组中三个方程之间线性无关，因此，三个修正转动惯量系数具有唯一解，其解见式（5-51），这也证明了假设式（5-47）~式（5-49）的正确性，因此可以得到三个修正转动惯量的唯一形式，见式（5-52）~式（5-54）。因为修正转动惯量可以在求解动力学模型之前提前计算得到，相对于三坐标模型，在采用修正转动惯量模型的仿真计算过程中不会增加任何的计算负荷，且考虑了行星轮的动态特性。

$$\begin{bmatrix} \alpha_{ms} \\ \alpha_{mr} \\ \alpha_{mc} \end{bmatrix} = \begin{bmatrix} \dfrac{2R_{ms}^2}{(R_{mr}-R_{ms})^2} \\ \dfrac{2R_{mr}^2}{(R_{mr}-R_{ms})^2} \\ -\dfrac{(R_{mr}+R_{ms})^2}{(R_{mr}-R_{ms})^2} \end{bmatrix} \tag{5-51}$$

$$I_{ms}^* = I_{ms} + \frac{2R_{ms}^2}{(R_{mr} - R_{ms})^2} N_m I_{mp} \qquad (5\text{-}52)$$

$$I_{mr}^* = I_{mr} + \frac{2R_{mr}^2}{(R_{mr} - R_{ms})^2} N_m I_{mp} \qquad (5\text{-}53)$$

$$I_{mc}^* = I_{mc}' - \frac{(R_{mr} + R_{ms})^2}{(R_{mr} - R_{ms})^2} N_m I_{mp} = I_{mc} + \frac{(R_{mr} + R_{ms})^2}{(R_{mr} - R_{ms})^2} N_m I_{mp} \qquad (5\text{-}54)$$

5.2 简单正号行星排修正转动惯量

简单正号行星排比简单负号行星排多一组行星轮，但在理想约束的假设下，其自由度同样为 2，因此同样可以通过三坐标（太阳轮、齿圈和行星架的角位移）来描述行星排的动力学模型。若按照传统方法建立三坐标模型，则同样会遇到模型中无法考虑行星轮动态特性的问题，且简单正号行星排中行星轮的数量更多、几何分布更复杂，导致行星轮动态特性对行星排动力学特性的影响更加明显。基于推导简单负号行星排修正转动惯量的思路，该节将推导出简单正号行星排修正转动惯量的计算公式。

5.2.1 三坐标简单正号行星排动力学建模

简单正号行星排由一个太阳轮、一个齿圈、一个行星架、一组行星轮 1 和一组行星轮 2 组成。为了缩小行星排尺寸、提高功率密度，行星轮 1 和行星轮 2 一般错位分布在太阳轮与齿圈之间。同样假设该行星排的每组行星轮完全相同，且沿着行星排的中间轴线呈几何对称分布，则该行星排的数学模型可以用五个旋转坐标表示，分别为太阳轮角位移 θ_{ps}、齿圈角位移 θ_{pr}、行星架角位移 θ_{pc}、行星轮 1 相对行星架角位移 θ_{pp1} 和行星轮 2 相对行星架角位移 θ_{pp2}，设定五个角位移的正方向均为顺时针，如图 5-4 所示。

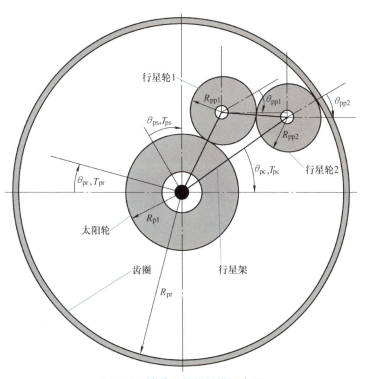

图 5-4 简单正号行星排示意图

假设行星排中各个组件为刚体，且相互之间为理想约束，通过对太阳轮与行星轮1、行星轮1与行星轮2、行星轮2和齿圈三个啮合点运动学分析，可以得到三个约束方程，见式（5-55）~式（5-57）：

$$R_{ps}\dot{\theta}_{ps} = (R_{ps} + R_{pp1})\dot{\theta}_{pc} - R_{pp1}\dot{\theta}_{pp1} \quad (5\text{-}55)$$

$$R_{pr}\dot{\theta}_{pr} = (R_{pr} - R_{pp2})\dot{\theta}_{pc} + R_{pp2}\dot{\theta}_{pp2} \quad (5\text{-}56)$$

$$0 = (R_{pp1} + R_{pp2})\dot{\theta}_{pc} - R_{pp1}\dot{\theta}_{pp1} - R_{pp2}\dot{\theta}_{pp2} \quad (5\text{-}57)$$

式（5-56）+式（5-57）-式（5-55）后，可以消去两个行星轮的角位移，得到最常见的简单正号行星排约束方程（5-58）。

$$R_{pr}\dot{\theta}_{pr} - R_{ps}\dot{\theta}_{ps} = (R_{pr} - R_{ps})\dot{\theta}_{pc} \quad (5\text{-}58)$$

式中，R_{ps}、R_{pr}、R_{pp1} 和 R_{pp2} 分别为太阳轮、齿圈、行星轮1和行星轮2的分度圆半径。

采用拉格朗日法建立该行星排的三坐标动力学模型。选择式（5-58）作为约束方程，将其改写为式（5-59）的形式：

$$f_p^4 = R_{pr}\dot{\theta}_{pr} - R_{ps}\dot{\theta}_{ps} - (R_{pr} - R_{ps})\dot{\theta}_{pc} = 0 \quad (5\text{-}59)$$

首先假设简单正号行星排的三坐标模型同简单负号行星排一样，可以通过修正太阳轮、齿圈及行星架的转动惯量的方式得到包含行星轮动态特性的结果，则其相对应的拉格朗日函数 L_{p3} 可以通过式（5-60）表示：

$$L_{p3} = \frac{1}{2}I_{ps}^*\dot{\theta}_{ps}^2 + \frac{1}{2}I_{pr}^*\dot{\theta}_{pr}^2 + \frac{1}{2}I_{pc}^*\dot{\theta}_{pc}^2 \quad (5\text{-}60)$$

式中，I_{ps}^*、I_{pr}^* 和 I_{pc}^* 分别为太阳轮、齿圈和行星架的修正转动惯量。

采用带速度约束的第一类拉格朗日方程式（5-13）和式（5-14），可以得到该行星排动力学方程的矩阵形式，见式（5-61）：

$$\boldsymbol{M}_{p3}\boldsymbol{\Omega}_{p3} = \boldsymbol{T}_{p3} \quad (5\text{-}61)$$

式中，

$$\boldsymbol{M}_{p3} = \begin{bmatrix} I_{ps}^* & 0 & 0 & -R_{ps} \\ 0 & I_{pr}^* & 0 & R_{pr} \\ 0 & 0 & I_{pc}^* & -(R_{pr} - R_{ps}) \\ -R_{ps} & R_{pr} & -(R_{pr} - R_{ps}) & 0 \end{bmatrix}$$

$$\boldsymbol{\Omega}_{p3} = \begin{bmatrix} \ddot{\theta}_{ps} & \ddot{\theta}_{pr} & \ddot{\theta}_{pc} & N_p F_p^* \end{bmatrix}^T$$

$$\boldsymbol{T}_{p3} = \begin{bmatrix} T_{ps} & T_{pr} & T_{pc} & 0 \end{bmatrix}^T$$

式中，N_p 为行星轮1的个数（行星轮1和行星轮2的个数相同）；N_p^* 为等效内力，为三个啮合点啮合力的粗略值；T_{ps}、T_{pr} 和 T_{pc} 分别为作用于太阳轮、齿圈和行星架的外力矩。

5.2.2 五坐标简单正号行星排动力学建模

为了推导出简单正号行星排修正转动惯量的计算公式，本节选取五个坐标通过拉格朗日法建立该行星排更精确的动力学模型，五个坐标为 θ_{ps}、θ_{pr}、θ_{pc}、θ_{pp1} 和 θ_{pp2}。因此，需要采用式（5-55）~式（5-57）作为系统的约束方程，将其改写为式（5-62）~式（5-64）的形式：

$$f_p^1 = R_{ps}\dot{\theta}_{ps} - (R_{ps} + R_{pp1})\dot{\theta}_{pc} + R_{pp1}\dot{\theta}_{pp1} = 0 \tag{5-62}$$

$$f_p^2 = R_{pr}\dot{\theta}_{pr} - (R_{pr} - R_{pp2})\dot{\theta}_{pc} - R_{pp2}\dot{\theta}_{pp2} = 0 \tag{5-63}$$

$$f_p^3 = (R_{pp1} + R_{pp2})\dot{\theta}_{pc} - R_{pp1}\dot{\theta}_{pp1} - R_{pp2}\dot{\theta}_{pp2} = 0 \tag{5-64}$$

该系统的拉格朗日函数 L_{p5} 的精确表达式应该由式（5-65）表示：

$$L_{p5} = \frac{1}{2}I_{ps}\dot{\theta}_{ps}^2 + \frac{1}{2}I_{pr}\dot{\theta}_{pr}^2 + \frac{1}{2}I'_{pc}\dot{\theta}_{pc}^2 + \frac{1}{2}N_p I_{pp1}\dot{\theta}_{pp1}^2 + \frac{1}{2}N_p I_{pp2}\dot{\theta}_{pp2}^2 \tag{5-65}$$

式中，
$$I'_{pc} = I_{pc} + \frac{2(R_{ps} + R_{pp1})^2}{R_{pp1}^2}N_p I_{pp1} + \frac{2(R_{pr} - R_{pp2})^2}{R_{pp2}^2}N_p I_{pp2} \tag{5-66}$$

式中，I_{ps}、I_{pr}、I_{pc}、I_{pp1} 和 I_{pp2} 分别为太阳轮、齿圈、行星架、行星轮1和行星轮2的转动惯量；I'_{pc} 为行星架、行星轮1和行星轮2相对于轴线的转动惯量之和。

采用带速度约束的第一类拉格朗日方程式（5-13）和式（5-14），可以得到该行星排动力学方程的矩阵形式，见式（5-67）。

$$\boldsymbol{M}_{p5}\boldsymbol{\Omega}_{p5} = \boldsymbol{T}_{p5} \tag{5-67}$$

式中，

$$\boldsymbol{M}_{p5} = \begin{bmatrix} I_{ps} & 0 & 0 & 0 & 0 & R_{ps} & 0 & 0 \\ 0 & I_{pr} & 0 & 0 & 0 & 0 & R_{pr} & 0 \\ 0 & 0 & I'_{pc} & 0 & 0 & -(R_{ps}+R_{pp1}) & -(R_{pr}-R_{pp2}) & R_{pp1}+R_{pp2} \\ 0 & 0 & 0 & I_{pp1} & 0 & R_{pp1} & 0 & -R_{pp1} \\ 0 & 0 & 0 & 0 & I_{pp2} & 0 & -R_{pp2} & -R_{pp2} \\ R_{ps} & 0 & -(R_{ps}+R_{pp1}) & R_{pp1} & 0 & 0 & 0 & 0 \\ 0 & R_{pr} & -(R_{pr}-R_{pp2}) & 0 & -R_{pp2} & 0 & 0 & 0 \\ 0 & 0 & R_{pp1}+R_{pp2} & -R_{pp1} & -R_{pp2} & 0 & 0 & 0 \end{bmatrix}$$

$$\boldsymbol{\Omega}_{p5} = \begin{bmatrix} \ddot{\theta}_{ps} & \ddot{\theta}_{pr} & \ddot{\theta}_{pc} & \ddot{\theta}_{pp1} & \ddot{\theta}_{pp2} & N_p F_{pp1s} & N_p F_{pp2r} & N_p F_{pp1p2} \end{bmatrix}^T$$

$$\boldsymbol{T}_{p5} = \begin{bmatrix} T_{ps} & T_{pr} & T_{pc} & 0 & 0 & 0 & 0 & 0 \end{bmatrix}^T$$

式中，F_{pp1s} 为太阳轮与行星轮1之间的啮合力；F_{pp2r} 为行星轮2与齿圈之间的啮合力；F_{pp1p2} 为行星轮1与行星轮2之间的啮合力。

5.2.3 简单正号行星排修正转动惯量推导

简单正号行星排采用修正转动惯量的三坐标模型，关于太阳轮、齿圈和行星架的动力学公式应与五坐标模型完全相同，与简单负号行星排修正转动惯量的推导方法相同，可以通过对比动力学公式求解出修正转动惯量。考虑到该简单正号行星排为线性系统，为了方便求解，假设三个修正转动惯量分别与行星轮呈线性关系，其计算公式的形式见式（5-68）~式（5-70）：

$$I_{\mathrm{ps}}^{*} = I_{\mathrm{ps}} + \alpha_{\mathrm{psp1}} N_{\mathrm{p}} I_{\mathrm{pp1}} + \alpha_{\mathrm{psp2}} N_{\mathrm{p}} I_{\mathrm{pp2}} \tag{5-68}$$

$$I_{\mathrm{pr}}^{*} = I_{\mathrm{pr}} + \alpha_{\mathrm{prp1}} N_{\mathrm{p}} I_{\mathrm{pp1}} + \alpha_{\mathrm{prp2}} N_{\mathrm{p}} I_{\mathrm{pp2}} \tag{5-69}$$

$$I_{\mathrm{pc}}^{*} = I_{\mathrm{pc}}' + \alpha_{\mathrm{pcp1}} N_{\mathrm{p}} I_{\mathrm{pp1}} + \alpha_{\mathrm{pcp2}} N_{\mathrm{p}} I_{\mathrm{pp2}} \tag{5-70}$$

式中，α_{psp1}、α_{prp1} 和 α_{pcp1} 分别为太阳轮、齿圈和行星架转动惯量关于行星轮 1 的修正系数；α_{psp2}、α_{prp2} 和 α_{pcp2} 分别为太阳轮、齿圈和行星架转动惯量关于行星轮 2 的修正系数。

对比式（5-61）与式（5-67），并代入式（5-68）~式（5-70），通过一系列烦琐的化简后，最后可以得到关于六个修正系数的线性方程组，见式（5-71）：

$$\begin{bmatrix} R_{\mathrm{pr}}^2 & 0 & R_{\mathrm{ps}}^2 & 0 & 0 & 0 \\ 0 & R_{\mathrm{pr}}^2 & 0 & R_{\mathrm{ps}}^2 & 0 & 0 \\ 0 & 0 & (R_{\mathrm{pr}}-R_{\mathrm{ps}})^2 & 0 & R_{\mathrm{pr}}^2 & 0 \\ 0 & 0 & 0 & (R_{\mathrm{pr}}-R_{\mathrm{ps}})^2 & 0 & R_{\mathrm{pr}}^2 \\ (R_{\mathrm{pr}}-R_{\mathrm{ps}})^2 & 0 & 0 & 0 & R_{\mathrm{ps}}^2 & 0 \\ 0 & (R_{\mathrm{pr}}-R_{\mathrm{ps}})^2 & 0 & 0 & 0 & R_{\mathrm{ps}}^2 \end{bmatrix} \begin{bmatrix} \alpha_{\mathrm{psp1}} \\ \alpha_{\mathrm{psp2}} \\ \alpha_{\mathrm{prp1}} \\ \alpha_{\mathrm{prp2}} \\ \alpha_{\mathrm{pcp1}} \\ \alpha_{\mathrm{pcp2}} \end{bmatrix} = \begin{bmatrix} R_{\mathrm{ps}}^2 R_{\mathrm{pr}}^2 / R_{\mathrm{pp1}}^2 \\ R_{\mathrm{ps}}^2 R_{\mathrm{pr}}^2 / R_{\mathrm{pp2}}^2 \\ (R_{\mathrm{ps}}+R_{\mathrm{pp1}})^2 R_{\mathrm{pr}}^2 / R_{\mathrm{pp1}}^2 \\ (R_{\mathrm{ps}}-R_{\mathrm{pp2}})^2 R_{\mathrm{pr}}^2 / R_{\mathrm{pp2}}^2 \\ (R_{\mathrm{pr}}+R_{\mathrm{pp1}})^2 R_{\mathrm{ps}}^2 / R_{\mathrm{pp1}}^2 \\ (R_{\mathrm{pr}}-R_{\mathrm{pp2}})^2 R_{\mathrm{ps}}^2 / R_{\mathrm{pp2}}^2 \end{bmatrix} \tag{5-71}$$

该方程组由六个线性无关的方程组成，有唯一解，见式（5-72）。这也证明了三个修正转动惯量存在且唯一，其计算公式见式（5-73）~式（5-75）。

$$\begin{bmatrix} \alpha_{\mathrm{psp1}} \\ \alpha_{\mathrm{psp2}} \\ \alpha_{\mathrm{prp1}} \\ \alpha_{\mathrm{prp2}} \\ \alpha_{\mathrm{pcp1}} \\ \alpha_{\mathrm{pcp2}} \end{bmatrix} = \begin{bmatrix} [R_{\mathrm{ps}}^2(R_{\mathrm{pr}}+R_{\mathrm{pp1}})]/[R_{\mathrm{pp1}}^2(R_{\mathrm{pr}}-R_{\mathrm{ps}})] \\ [R_{\mathrm{ps}}^2(R_{\mathrm{pr}}-R_{\mathrm{pp2}})]/[R_{\mathrm{pp2}}^2(R_{\mathrm{pr}}-R_{\mathrm{ps}})] \\ [-R_{\mathrm{pr}}^2(R_{\mathrm{ps}}+R_{\mathrm{pp1}})]/[R_{\mathrm{pp1}}^2(R_{\mathrm{pr}}-R_{\mathrm{ps}})] \\ [-R_{\mathrm{pr}}^2(R_{\mathrm{ps}}-R_{\mathrm{pp2}})]/[R_{\mathrm{pp2}}^2(R_{\mathrm{pr}}-R_{\mathrm{ps}})] \\ [(R_{\mathrm{ps}}+R_{\mathrm{pp1}})(R_{\mathrm{pr}}+R_{\mathrm{pp1}})]/R_{\mathrm{pp1}}^2 \\ [(R_{\mathrm{ps}}-R_{\mathrm{pp2}})(R_{\mathrm{pr}}-R_{\mathrm{pp2}})]/R_{\mathrm{pp2}}^2 \end{bmatrix} \tag{5-72}$$

$$I_{\mathrm{ps}}^{*} = I_{\mathrm{ps}} + \frac{R_{\mathrm{ps}}^2(R_{\mathrm{pr}}+R_{\mathrm{pp1}})}{R_{\mathrm{pp1}}^2(R_{\mathrm{pr}}-R_{\mathrm{ps}})} N_{\mathrm{p}} I_{\mathrm{pp1}} + \frac{R_{\mathrm{ps}}^2(R_{\mathrm{pr}}-R_{\mathrm{pp2}})}{R_{\mathrm{pp2}}^2(R_{\mathrm{pr}}-R_{\mathrm{ps}})} N_{\mathrm{p}} I_{\mathrm{pp2}} \tag{5-73}$$

$$I_{\mathrm{pr}}^{*} = I_{\mathrm{pr}} + \frac{-R_{\mathrm{pr}}^2(R_{\mathrm{ps}}+R_{\mathrm{pp1}})}{R_{\mathrm{pp1}}^2(R_{\mathrm{pr}}-R_{\mathrm{ps}})} N_{\mathrm{p}} I_{\mathrm{pp1}} + \frac{-R_{\mathrm{pr}}^2(R_{\mathrm{ps}}-R_{\mathrm{pp2}})}{R_{\mathrm{pp2}}^2(R_{\mathrm{pr}}-R_{\mathrm{ps}})} N_{\mathrm{p}} I_{\mathrm{pp2}} \tag{5-74}$$

$$\begin{aligned} I_{\mathrm{pc}}^{*} &= I_{\mathrm{pc}}' + \frac{(R_{\mathrm{ps}}+R_{\mathrm{pp1}})(R_{\mathrm{pr}}+R_{\mathrm{pp1}})}{R_{\mathrm{pp1}}^2} N_{\mathrm{p}} I_{\mathrm{pp1}} + \frac{(R_{\mathrm{ps}}-R_{\mathrm{pp2}})(R_{\mathrm{pr}}-R_{\mathrm{pp2}})}{R_{\mathrm{pp2}}^2} N_{\mathrm{p}} I_{\mathrm{pp2}} \\ &= I_{\mathrm{pc}} + \frac{(R_{\mathrm{ps}}+R_{\mathrm{pp1}})(2R_{\mathrm{ps}}+R_{\mathrm{pr}}+3R_{\mathrm{pp1}})}{R_{\mathrm{pp1}}^2} N_{\mathrm{p}} I_{\mathrm{pp1}} + \frac{(R_{\mathrm{ps}}+2R_{\mathrm{pr}}-3R_{\mathrm{pp2}})(R_{\mathrm{pr}}-R_{\mathrm{pp2}})}{R_{\mathrm{pp2}}^2} N_{\mathrm{p}} I_{\mathrm{pp2}} \end{aligned} \tag{5-75}$$

5.3 拉维娜式行星排修正转动惯量

拉维娜式行星排结构如图5-5所示，由两个太阳轮（太阳轮1和太阳轮2）、一个行星架、一个齿圈、一组行星轮1和一组行星轮2组成。该行星排为复合行星排，可以看成由一个简单负号行星排和一个简单正号行星排通过共用行星轮2、齿圈和行星架构成。该行星排为自动变速器中常用的行星齿轮机构，其自由度同样为2，在理想约束的假设下，也可以通过仅由太阳轮1、太阳轮2、齿圈和行星架角位移这四个坐标描述其动力学模型。为了考虑行星轮的影响，基于简单行星排修正转动惯量的推导思路，本节将推导出拉维娜式行星排修正转动惯量的计算公式。

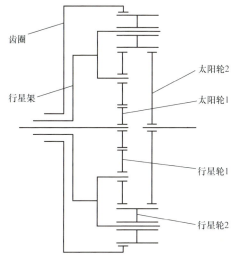

图5-5 拉维娜式行星排结构简图

5.3.1 四坐标拉维娜式行星排动力学建模

假设该拉维娜式行星排中每组行星轮完全相同，且沿着中间轴线成几何对称分布，则该行星排的数学模型可以用六个旋转坐标表示，分别为太阳轮1角位移 θ_{rs1}、行星架角位移 θ_{rc}、齿圈角位移 θ_{rr}、太阳轮2角位移 θ_{rs2}、行星轮1角位移 θ_{rp1} 和行星轮2角位移 θ_{rp2}，设定六个角位移的正方向均为顺时针，如图5-6所示。

假设行星排中各个组件为刚体，且相互之间为理想约束，可以得到四个约束方程，见式（5-76）~式（5-79）：

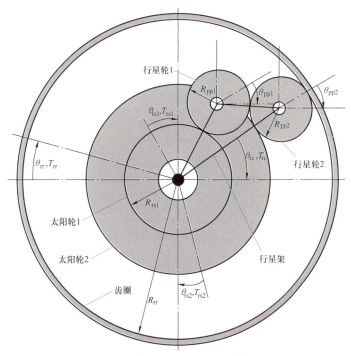

图5-6 拉维娜式行星排示意图

$$R_{rs1}\dot{\theta}_{rs1} = (R_{rs1} + R_{rp1})\dot{\theta}_{rc} - R_{rp1}\dot{\theta}_{rp1} \tag{5-76}$$

$$R_{rr}\dot{\theta}_{rr} = (R_{rr} - R_{rp2})\dot{\theta}_{rc} + R_{rp2}\dot{\theta}_{rp2} \tag{5-77}$$

$$0 = (R_{rp1} + R_{rp2})\dot{\theta}_{rc} - R_{rp1}\dot{\theta}_{rp1} - R_{rp2}\dot{\theta}_{rp2} \tag{5-78}$$

$$R_{rs2}\dot{\theta}_{rs2} = (R_{rr} - R_{rp2})\dot{\theta}_{rc} - R_{rp2}\dot{\theta}_{rp2} \tag{5-79}$$

消去 $\dot{\theta}_{rp1}$ 和 $\dot{\theta}_{rp2}$ 可以得到两个约束方程式（5-80）和式（5-81），式（5-80）与简单正号行星排约束方程式（5-58）相同，式（5-81）与简单负号行星排约束方程式（5-3）相同：

$$R_{rr}\dot{\theta}_{rr} - R_{rs1}\dot{\theta}_{rs1} = (R_{rr} - R_{rs1})\dot{\theta}_{rc} \tag{5-80}$$

$$R_{rs2}\dot{\theta}_{rs2} + R_{rr}\dot{\theta}_{rr} = (R_{rr} + R_{rs2})\dot{\theta}_{rc} \tag{5-81}$$

式中，R_{rs1}、R_{rr}、R_{rc}、R_{rs2}、R_{rp1} 和 R_{rp2} 分别为太阳轮1、齿圈、行星架、太阳轮2、行星轮1和行星轮2的分度圆半径。

可以通过几何分析知道分度圆半径之间存在如式（5-82）所示的关系：

$$R_{rr} - 2R_{rp2} = R_{rs2} \tag{5-82}$$

建立其四坐标（太阳轮1、齿圈、行星架和太阳轮2的角位移）动力学模型，因此选择式（5-80）和式（5-81）作为约束方程。其拉格朗日函数 L_{r4} 可以通过式（5-83）表示：

$$L_{r4} = \frac{1}{2}I_{rs1}^*\dot{\theta}_{rs1}^2 + \frac{1}{2}I_{rr}^*\dot{\theta}_{rr}^2 + \frac{1}{2}I_{rc}^*\dot{\theta}_{rc}^2 + \frac{1}{2}I_{rs2}^*\dot{\theta}_{rs2}^2 \tag{5-83}$$

式中，I_{rs1}^*、I_{rr}^*、I_{rc}^* 和 I_{rs2}^* 分别为太阳轮1、齿圈、行星架和太阳轮2的修正转动惯量。

得到四坐标动力学方程的矩阵形式，见式（5-84）：

$$\boldsymbol{M}_{r4}\boldsymbol{\Omega}_{r4} = \boldsymbol{T}_{r4} \tag{5-84}$$

式中，

$$\boldsymbol{M}_{r4} = \begin{bmatrix} I_{rs1}^* & 0 & 0 & 0 & -R_{rs1} & 0 \\ 0 & I_{rr}^* & 0 & 0 & R_{rr} & -R_{rr} \\ 0 & 0 & I_{rc}^* & 0 & -(R_{rr}-R_{rs1}) & (R_{rr}+R_{rs2}) \\ 0 & 0 & 0 & I_{rs2}^* & 0 & -R_{rs2} \\ -R_{rs1} & R_{rr} & -(R_{rr}-R_{rs1}) & 0 & 0 & 0 \\ 0 & -R_{rr} & (R_{rr}+R_{rs2}) & -R_{rs2} & 0 & 0 \end{bmatrix}$$

$$\boldsymbol{\Omega}_{r4} = \begin{bmatrix} \ddot{\theta}_{rs1} & \ddot{\theta}_{rr} & \ddot{\theta}_{rc} & \ddot{\theta}_{rs2} & N_r F_{r1}^* & N_r F_{r2}^* \end{bmatrix}^T$$

$$\boldsymbol{T}_{r4} = \begin{bmatrix} T_{rs1} & T_{rr} & T_{rc} & T_{rs2} & 0 & 0 \end{bmatrix}^T$$

式中，N_r 为行星轮1的个数；F_{r1}^* 为太阳轮1与行星轮1的等效啮合力（可以把行星轮

1 与行星轮 2 的啮合力看作与之相等）；F^*_{r2} 为太阳轮 2 与行星轮 2 的等效啮合力；T_{rs1}、T_{rr}、T_{rc} 和 T_{rs2} 分别为作用于太阳轮 1、齿圈、行星架和太阳轮 2 的外转矩。

5.3.2 六坐标拉维娜式行星排动力学建模

选取六个坐标（$\dot{\theta}_{rs1}$、$\dot{\theta}_{rr}$、$\dot{\theta}_{rc}$、$\dot{\theta}_{rs2}$、$\dot{\theta}_{rp1}$ 和 $\dot{\theta}_{rp2}$）建立该行星排的动力学模型，采用式（5-76）~式（5-79）作为约束方程，该系统的拉格朗日函数 L_{r6} 的精确表达式应该由式（5-85）表示：

$$L_{r6} = \frac{1}{2}I_{rs1}\dot{\theta}_{rs1}^2 + \frac{1}{2}I_{rr}\dot{\theta}_{rr}^2 + \frac{1}{2}I'_{rc}\dot{\theta}_{rc}^2 + \frac{1}{2}I_{rs2}\dot{\theta}_{rs2}^2 + \frac{1}{2}I_{rp1}\dot{\theta}_{rp1}^2 + \frac{1}{2}I_{rp2}\dot{\theta}_{rp2}^2 \quad (5\text{-}85)$$

式中，

$$I'_{rc} = I_{rc} + \frac{2(R_{rs1}+R_{rp1})^2}{R_{rp1}^2}N_r I_{rp1} + \frac{2(R_{rr}-R_{rp2})^2}{R_{rp2}^2}N_r I_{rp2} \quad (5\text{-}86)$$

式中，I_{rs1}、I_{rr}、I_{rc}、I_{rs2}、I_{rp1} 和 I_{rp2} 分别为太阳轮 1、齿圈、行星架、太阳轮 2、行星轮 1 和行星轮 2 的转动惯量；I'_{rc} 为行星架、行星轮 1 和行星轮 2 相对于轴线的转动惯量之和。

得到六坐标动力学方程的矩阵形式见式（5-87）：

$$M_{r6}\Omega_{r6} = T_{r6} \quad (5\text{-}87)$$

式中，

$$M_{r6} = \begin{bmatrix}
I_{rs1} & 0 & 0 & 0 & 0 & 0 & -R_{rs1} & 0 & 0 & 0 \\
0 & I_{rr} & 0 & 0 & 0 & 0 & 0 & -R_{rr} & 0 & 0 \\
0 & 0 & I'_{rc} & 0 & 0 & 0 & R_{rs1}+R_{rp1} & R_{rr}-R_{rp2} & R_{rp1}+R_{rp2} & R_{rr}-R_{rp2} \\
0 & 0 & 0 & I_{rs2} & 0 & 0 & 0 & 0 & 0 & -R_{rs2} \\
0 & 0 & 0 & 0 & I_{rp1} & 0 & -R_{rp1} & 0 & -R_{rp1} & 0 \\
0 & 0 & 0 & 0 & 0 & I_{rp2} & 0 & R_{rp2} & -R_{rp2} & -R_{rp2} \\
-R_{rs1} & 0 & R_{rs1}+R_{rp1} & 0 & -R_{rp1} & 0 & 0 & 0 & 0 & 0 \\
0 & -R_{rr} & R_{rr}-R_{rp2} & 0 & 0 & R_{rp2} & 0 & 0 & 0 & 0 \\
0 & 0 & R_{rp1}+R_{rp2} & 0 & -R_{rp1} & -R_{rp2} & 0 & 0 & 0 & 0 \\
0 & 0 & R_{rr}-R_{rp2} & -R_{rs2} & 0 & -R_{rp2} & 0 & 0 & 0 & 0
\end{bmatrix}$$

$$\Omega_{r6} = \begin{bmatrix} \ddot{\theta}_{rs1} & \ddot{\theta}_{rr} & \ddot{\theta}_{rc} & \ddot{\theta}_{rs2} & \ddot{\theta}_{rp1} & \ddot{\theta}_{rp2} & N_r F_{rp1s1} & N_r F_{rp2r} & N_r F_{rp1p2} & N_r F_{rp2s2} \end{bmatrix}^T$$

$$T_{r6} = \begin{bmatrix} T_{rs1} & T_{rr} & T_{rc} & T_{rs2} & 0 & 0 & 0 & 0 & 0 & 0 \end{bmatrix}^T$$

式中，F_{rp1s1} 为太阳轮 1 与行星轮 1 之间的啮合力；F_{rp2r} 为齿圈与行星轮 2 之间的啮合力；F_{rp1p2} 为行星轮 1 与行星轮 2 之间的啮合力；F_{rp2s2} 为太阳轮 2 与行星轮 2 之间的啮合力。

5.3.3 拉维娜式行星排修正转动惯量推导

同简单行星排修正转动惯量的推导方法，假设四个修正转动惯量分别与两个行星轮呈线性关系，其计算公式的形式见式（5-88）~式（5-91）：

$$I^*_{rs1} = I_{rs1} + \alpha_{rs1p1}N_r I_{rp1} + \alpha_{rs1p2}N_r I_{rp2} \quad (5\text{-}88)$$

$$I_{rr}^* = I_{rr} + \alpha_{rrp1} N_r I_{rp1} + \alpha_{rrp2} N_r I_{rp2} \tag{5-89}$$

$$I_{rc}^* = I_{rc}' + \alpha_{rcp1} N_r I_{rp1} + \alpha_{rcp2} N_r I_{rp2} \tag{5-90}$$

$$I_{rs2}^* = I_{rs2} + \alpha_{rs2p1} N_r I_{rp1} + \alpha_{rs2p2} N_r I_{rp2} \tag{5-91}$$

式中，α_{rs1p1}、α_{rrp1}、α_{rcp1} 和 α_{rs2p1} 分别为太阳轮 1、齿圈、行星架和太阳轮 2 转动惯量关于行星轮 1 的修正系数；α_{rs1p2}、α_{rrp2}、α_{rcp2} 和 α_{rs2p2} 分别为太阳轮 1、齿圈、行星架和太阳轮 2 转动惯量关于行星轮 2 的修正系数。

对比式（5-84）与式（5-87），并代入式（5-88）~式（5-91）中，通过一系列非常烦琐的化简后，最后可以得到关于八个修正系数的线性方程组，见式（5-92）：

$$A \begin{bmatrix} \alpha_{rs1p1} \\ \alpha_{rs1p2} \\ \alpha_{rrp1} \\ \alpha_{rrp2} \\ \alpha_{rcp1} \\ \alpha_{rcp2} \\ \alpha_{rs2p1} \\ \alpha_{rs2p2} \end{bmatrix} = \begin{bmatrix} R_{rr}^2 R_{rs2}^2 (R_{rs1} + R_{rp1})^2 / R_{rp1}^2 \\ R_{rr}^2 R_{rs2}^2 (R_{rs1} - R_{rp2})^2 / R_{rp2}^2 \\ R_{rs1}^2 R_{rs2}^2 (R_{rr} + R_{rp1})^2 / R_{rp1}^2 \\ R_{rs1}^2 R_{rs2}^2 (R_{rr} - R_{rp2})^2 / R_{rp2}^2 \\ R_{rr}^2 R_{rs1}^2 R_{rs2}^2 / R_{rp1}^2 \\ R_{rr}^2 R_{rs1}^2 R_{rs2}^2 / R_{rp2}^2 \\ R_{rr}^2 R_{rs1}^2 (R_{rs2} - R_{rp1})^2 / R_{rp1}^2 \\ R_{rr}^2 R_{rs1}^2 (R_{rr} - R_{rp2})^2 / R_{rp2}^2 \end{bmatrix} \tag{5-92}$$

式中，

$$A = \begin{bmatrix} 0 & 0 & (R_{rr}-R_{rs1})^2 R_{rs2}^2 & 0 & R_{rr}^2 R_{rs2}^2 & 0 & R_{rr}^2(R_{rs2}+R_{rs1})^2 & 0 \\ 0 & 0 & 0 & (R_{rr}-R_{rs1})^2 R_{rs2}^2 & 0 & R_{rr}^2 R_{rs2}^2 & 0 & R_{rr}^2(R_{rs2}+R_{rs1})^2 \\ (R_{rr}-R_{rs1})^2 R_{rs2}^2 & 0 & 0 & 0 & R_{rs1}^2 R_{rs2}^2 & 0 & R_{rs1}^2(R_{rr}+R_{rs2})^2 & 0 \\ 0 & (R_{rr}-R_{rs1})^2 R_{rs2}^2 & 0 & 0 & 0 & R_{rs1}^2 R_{rs2}^2 & 0 & R_{rs1}^2(R_{rr}+R_{rs2})^2 \\ R_{rr}^2 R_{rs2}^2 & 0 & R_{rs1}^2 R_{rs2}^2 & 0 & 0 & 0 & R_{rr}^2 R_{rs1}^2 & 0 \\ 0 & R_{rr}^2 R_{rs2}^2 & 0 & R_{rs1}^2 R_{rs2}^2 & 0 & 0 & 0 & R_{rr}^2 R_{rs1}^2 \\ R_{rr}^2(R_{rs2}+R_{rs1})^2 & 0 & R_{rs1}^2(R_{rr}+R_{rs2})^2 & 0 & R_{rr}^2 R_{rs1}^2 & 0 & 0 & 0 \\ 0 & R_{rr}^2(R_{rs2}+R_{rs1})^2 & 0 & R_{rs1}^2(R_{rr}+R_{rs2})^2 & 0 & R_{rr}^2 R_{rs1}^2 & 0 & 0 \end{bmatrix}$$

该方程组由八个线性方程组成，但这八个方程线性相关，特征矩阵的秩 *Rank* (*A*)=6 < 8，说明该线性方程组存在无穷解。为了简化八个修正转动惯量的计算，可以将八个修正系数中的任意两个设为 0，这样就存在唯一的特解。下面将举出三个典型特解，为后续相关研究提供参考。此处需要强调的是，虽然采用不同特解后通过式（5-88）~式（5-91）计算出的修正转动惯量不同，但无论采用哪个特解，最终计算出的拉维娜式行星排的四坐标动力学模型相同，但两个等效啮合力 F_{r1}^* 和 F_{r2}^* 的等效精度会有差异。

特解 1：将太阳轮 2 对应的两个修正转动惯量系数设为 0，见式（5-93）：

$$\begin{bmatrix} \alpha_{\text{rs1p1}} \\ \alpha_{\text{rs1p2}} \\ \alpha_{\text{rrp1}} \\ \alpha_{\text{rrp2}} \\ \alpha_{\text{rcp1}} \\ \alpha_{\text{rcp2}} \\ \alpha_{\text{rs2p1}} \\ \alpha_{\text{rs2p2}} \end{bmatrix} = \begin{bmatrix} [R_{\text{rs1}}^2(R_{\text{rr}}+R_{\text{rp1}})]/[R_{\text{rp1}}^2(R_{\text{rr}}-R_{\text{rs1}})] \\ [R_{\text{rs1}}^2(R_{\text{rr}}-R_{\text{rp2}})]/[R_{\text{rp2}}^2(R_{\text{rr}}-R_{\text{rs1}})] \\ [-R_{\text{rr}}^2(R_{\text{rs1}}+R_{\text{rp1}})]/[R_{\text{rp1}}^2(R_{\text{rr}}-R_{\text{rs1}})] \\ [-R_{\text{rr}}^2(R_{\text{rs1}}-R_{\text{rp2}})]/[R_{\text{rp2}}^2(R_{\text{rr}}-R_{\text{rs1}})] \\ [(R_{\text{rs1}}+R_{\text{rp1}})(R_{\text{rr}}+R_{\text{rp1}})]/R_{\text{rp1}}^2 \\ [(R_{\text{rs1}}-R_{\text{rp2}})(R_{\text{rr}}-R_{\text{rp2}})]/R_{\text{rp2}}^2 \\ 0 \\ 0 \end{bmatrix} \quad (5\text{-}93)$$

对比特解 1 与简单正号行星排的六个转动惯量修正系数（见式（5-72））可以发现，其结果完全相同，因为太阳轮 1、行星轮 1、行星轮 2 和齿圈可以视为一个正号行星排，拉维娜式行星排可以视为一个正号行星排与太阳轮 2 的叠加，因此，可以仅通过简单正号行星排的转动惯量修正公式将行星轮 1 和行星轮 2 的转动惯量等效到太阳轮 1 和齿圈上即可，后续相关研究可以对此展开深入讨论。

特解 2：将太阳轮 1 对应的两个修正转动惯量系数设为 0，见式（5-94）：

$$\begin{bmatrix} \alpha_{\text{rs1p1}} \\ \alpha_{\text{rs1p2}} \\ \alpha_{\text{rrp1}} \\ \alpha_{\text{rrp2}} \\ \alpha_{\text{rcp1}} \\ \alpha_{\text{rcp2}} \\ \alpha_{\text{rs2p1}} \\ \alpha_{\text{rs2p2}} \end{bmatrix} = \begin{bmatrix} 0 \\ 0 \\ [-R_{\text{rr}}^2(R_{\text{rs2}}-R_{\text{rp1}})]/[2R_{\text{rp1}}^2(R_{\text{rr}}-R_{\text{rp2}})] \\ R_{\text{rr}}^2/(2R_{\text{rp2}}^2) \\ [-(R_{\text{rs2}}-R_{\text{rp1}})(R_{\text{rr}}+R_{\text{rp1}})]/R_{\text{rp1}}^2 \\ [-(R_{\text{rr}}-R_{\text{rp2}})^2]/R_{\text{rp2}}^2 \\ [R_{\text{rs2}}^2(R_{\text{rr}}+R_{\text{rp1}})]/[2R_{\text{rp1}}^2(R_{\text{rr}}-R_{\text{rp2}})] \\ R_{\text{rs2}}^2/(2R_{\text{rp2}}^2) \end{bmatrix} \quad (5\text{-}94)$$

特解 3：将太阳轮 1 对应行星轮 2 的修正转动惯量系数 α_{rs1p2} 和太阳轮 2 对应行星轮 1 的修正转动惯量系数 α_{rs2p1} 设为 0，见式（5-95）：

$$\begin{bmatrix} \alpha_{\text{rs1p1}} \\ \alpha_{\text{rs1p2}} \\ \alpha_{\text{rrp1}} \\ \alpha_{\text{rrp2}} \\ \alpha_{\text{rcp1}} \\ \alpha_{\text{rcp2}} \\ \alpha_{\text{rs2p1}} \\ \alpha_{\text{rs2p2}} \end{bmatrix} = \begin{bmatrix} [R_{\text{rs1}}^2(R_{\text{rr}}+R_{\text{rp1}})]/[R_{\text{rp1}}^2(R_{\text{rr}}-R_{\text{rs1}})] \\ 0 \\ [-R_{\text{rr}}^2(R_{\text{rs1}}+R_{\text{rp1}})]/[R_{\text{rp1}}^2(R_{\text{rr}}-R_{\text{rs1}})] \\ R_{\text{rr}}^2/(2R_{\text{rp2}}^2) \\ [(R_{\text{rs1}}+R_{\text{rp1}})(R_{\text{rr}}+R_{\text{rp1}})]/R_{\text{rp1}}^2 \\ [-(R_{\text{rr}}-R_{\text{rp2}})^2]/R_{\text{rp2}}^2 \\ 0 \\ R_{\text{rs2}}^2/(2R_{\text{rp2}}^2) \end{bmatrix} \quad (5\text{-}95)$$

5.4 动力传动系统建模

5.4.1 动力传动系统模型架构

为了方便后续离合器到离合器换档过程控制原理分析，为离合器到离合器换档控制策略的提出提供理论依据，需要建立传动系统的动力学仿真模型。本书建立的传动系统模型的架构如图 5-7 所示。该模型由发动机模型、液力变矩器模型、AT 机械结构模型、五个换档离合器模型、两个弹簧阻尼模型和路面阻力模型组成。

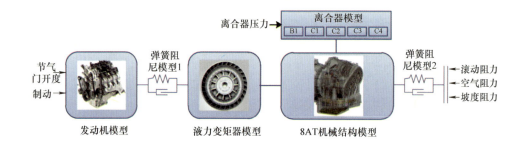

图 5-7　动力传动系统模型架构

本章建立的传动系统模型仅用于换档过程控制的原理分析，不用于验证提出的离合器到离合器换档过程控制策略，因此，本章对传动系统中除 8AT 外其他模块的模拟精度要求不高，但建立的模型需要符合相关模块实际的物理特征。在建模的过程中，对相关模型做了一些简化：忽略了发动机和液力变矩器的瞬态特性；将发动机、液力变矩器、8AT 输入侧的扭转振动特性集中通过弹簧阻尼模型 1 来模拟；将 8AT 输出侧、差速器总成、输出轴和轮胎的扭转振动特性通过弹簧阻尼模型 2 来模拟；通过将路面阻力等效到变速器输出轴的方式省略了差速器总成和轮胎模型，将轮胎的滑移特性通过双曲正切函数进行模拟等。由于模型中部分参数在实际中很难测量，相关参数多设置为经验值，但这不影响模型用于换档过程控制的原理分析。

整个模型在 Matlab/Simulink 仿真平台上搭建，虽然在建模时对各个模块做了适当简化，但整个系统模型的阶次较高，且不同阶次对应的特征值差异较大，存在数值仿真计算中的刚性问题，因此，模型的求解器设置为 ode23tb（stiff/TR-BDF2），相比于默认的 ode45，该算法可以极大地缩短仿真时间。

5.4.2 8AT 机械结构动力学建模

本文以某八档自动变速器为研究对象，该 8AT 结构紧凑，为两轴式结构，其结构简图和换档逻辑如图 5-8 所示。该变速器由 3 个简单负号行星排（m1、m2 和 m3）、3 对常啮合齿轮（5-7、5-8 和 6-10）、5 个换档元件（B1、C1、C2、C3 和 C4）和 10 根轴（1、2、3、4、5、6、7、8、9 和 10）组成，形成 8 个前进档和 1 个倒档。

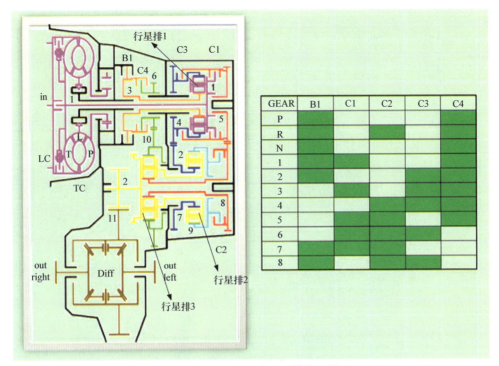

图 5-8 8AT 结构简图及换档逻辑

从结构简图中可以看出，8AT 结构复杂，但可以采用拉格朗日法快速有效地建立该结构的动力学模型。为了简化模型的复杂程度、降低求解模型时的计算量，仅选择 10 根轴的角位移（θ_1、θ_2、θ_3、θ_4、θ_5、θ_6、θ_7、θ_8、θ_9 和 θ_{10}）作为描述模型的广义坐标。虽然坐标中不包含 3 个行星轮的角位移，但通过使用前面推导的修正转动惯量可以将行星轮的动力学特性包含在系统模型之中。8AT 需要同时接合 3 个离合器才能形成一个档位，说明 8AT 为 4 自由度变速器，因此，为了建立该系统的 10 坐标动力学模型，还需要 6 个约束方程。其中，3 个约束方程为 3 个简单负号行星排的约束方程，见式（5-96）～式（5-98）；另外 3 个约束方程为 3 个常啮合齿轮的约束方程，见式（5-99）～式（5-101）。

$$f_{8AT}^1 = R_{m1s}\dot{\theta}_3 + R_{m1r}\dot{\theta}_4 - (R_{m1s} + R_{m1r})\dot{\theta}_1 = 0 \quad (5\text{-}96)$$

$$f_{8AT}^2 = R_{m2s}\dot{\theta}_7 + R_{m2r}\dot{\theta}_9 - (R_{m2s} + R_{m2r})\dot{\theta}_2 = 0 \quad (5\text{-}97)$$

$$f_{8AT}^3 = R_{m3s}\dot{\theta}_8 + R_{m3r}\dot{\theta}_{10} - (R_{m3s} + R_{m3r})\dot{\theta}_2 = 0 \quad (5\text{-}98)$$

$$f_{8AT}^4 = R_4\dot{\theta}_4 - R_7\dot{\theta}_7 = 0 \quad (5\text{-}99)$$

$$f_{8AT}^5 = R_5\dot{\theta}_5 - R_8\dot{\theta}_8 = 0 \quad (5\text{-}100)$$

$$f_{8AT}^6 = R_6\dot{\theta}_6 - R_{10}\dot{\theta}_{10} = 0 \quad (5\text{-}101)$$

式中，R_{m1s}、R_{m2s} 和 R_{m3s} 分别为行星排 1、行星排 2 和行星排 3 的太阳轮分度圆半径；R_{m1r}、R_{m2r} 和 R_{m3r} 分别为行星排 1、行星排 2 和行星排 3 的齿圈分度圆半径；R_4、R_7、R_5、

R_8、R_6 和 R_{10} 分别为齿轮 4、齿轮 7、齿轮 5、齿轮 8、齿轮 6 和齿轮 10 的分度圆半径。

通过使用修正转动惯量，该系统的总动能可以通过拉格朗日函数 L_{8AT} 表示，见式（5-102）：

$$L_{8AT} = \frac{1}{2}\sum_{i=1}^{10} I_i^* \dot{\theta}_i^2 \quad (5\text{-}102)$$

因为 8AT 中仅包含简单负号行星排，因此仅需要使用简单负号行星排修正转动惯量的计算公式，即式（5-52）~式（5-54）来计算各个轴的修正转动惯量。以轴 2 为例来说明各个轴的修正转动惯量的计算方法，由图 5-8 可知，轴 2 与行星排 2 和行星排 3 的行星架刚性连接，因此轴 2 的修正转动惯量应该由行星排 2 和行星排 3 关于行星架的转动惯量修正系数共同计算得出，见式（5-103）：

$$\begin{aligned}I_2^* &= I_2' - \frac{(R_{m2r}+R_{m2s})^2}{(R_{m2r}-R_{m2s})^2}N_{m2}I_{m2p} - \frac{(R_{m3r}+R_{m3s})^2}{(R_{m3r}-R_{m3s})^2}N_{m3}I_{m3p} \\ &= I_2 + \frac{(R_{m2r}+R_{m2s})^2}{(R_{m2r}-R_{m2s})^2}N_{m2}I_{m2p} + \frac{(R_{m3r}+R_{m3s})^2}{(R_{m3r}-R_{m3s})^2}N_{m3}I_{m3p}\end{aligned} \quad (5\text{-}103)$$

式中，

$$I_2' = I_2 + \frac{2(R_{m2r}+R_{m2s})^2}{(R_{m2r}-R_{m2s})^2}N_{m2}I_{m2p} + \frac{2(R_{m3r}+R_{m3s})^2}{(R_{m3r}-R_{m3s})^2}N_{m3}I_{m3p} \quad (5\text{-}104)$$

式中，I_2 为轴 2 不包含行星轮的转动惯量；I_2' 为轴 2 包含行星轮相对于轴线的转动惯量；I_2^* 为轴 2 的修正转动惯量；I_{m2p} 和 I_{m3p} 分别为行星排 2 和行星排 3 中行星轮的转动惯量；N_{m2} 和 N_{m3} 分别为行星排 2 和行星排 3 中行星轮的个数。

通过同样的分析方法，其他轴的修正转动惯量可以通过式（5-105）~式（5-113）表示：

$$I_1^* = I_1 + \frac{(R_{m1r}+R_{m1s})^2}{(R_{m1r}-R_{m1s})^2}N_{m1}I_{m1p} \quad (5\text{-}105)$$

$$I_3^* = I_3 + \frac{2R_{m1s}^2}{(R_{m1r}-R_{m1s})^2}N_{m1}I_{m1p} \quad (5\text{-}106)$$

$$I_4^* = I_4 + \frac{2R_{m1r}^2}{(R_{m1r}-R_{m1s})^2}N_{m1}I_{m1p} \quad (5\text{-}107)$$

$$I_5^* = I_5 \quad (5\text{-}108)$$

$$I_6^* = I_6 \quad (5\text{-}109)$$

$$I_7^* = I_7 + \frac{2R_{m2s}^2}{(R_{m2r}-R_{m2s})^2}N_{m2}I_{m2p} \quad (5\text{-}110)$$

$$I_8^* = I_8 + \frac{2R_{m3s}^2}{(R_{m3r}-R_{m3s})^2}N_{m3}I_{m3p} \quad (5\text{-}111)$$

$$I_9^* = I_9 + \frac{2R_{m2r}^2}{(R_{m2r} - R_{m2s})^2} N_{m2} I_{m2p} \qquad (5\text{-}112)$$

$$I_{10}^* = I_{10} + \frac{2R_{m3r}^2}{(R_{m3r} - R_{m3s})^2} N_{m3} I_{m3p} \qquad (5\text{-}113)$$

式中，I_i 为轴 i 的转动惯量；I_i^* 为轴 i 的修正转动惯量；I_{m1p} 为行星排 1 中行星轮的转动惯量；N_{m1} 为行星排 1 中行星轮的个数。

8AT 来自外部的广义非有势力矩阵 $\boldsymbol{Q}_{8AT}$ 见式（5-114）：

$$\boldsymbol{Q}_{8AT} = (T_1 + T_{C1} \quad T_2 \quad T_{B1} - T_{C4} \quad T_{C3} \quad -T_{C3} - T_{C1} \quad T_{C4} \quad 0 \quad -T_{C2} \quad T_{C2} \quad 0)^T \qquad (5\text{-}114)$$

式中，T_1 为作用在变速器输入轴（轴 1）上的转矩；T_2 为作用在变速器输出轴（轴 2）上的负载转矩；T_{B1}、T_{C1}、T_{C2}、T_{C3} 和 T_{C4} 分别为 5 个离合器传动的实际转矩。

将以上公式代入带速度约束的第一类拉格朗日方程中，即式（5-13）和式（5-14），可以得到 8AT 的动力学方程的矩阵形式，见式（5-115）：

$$\boldsymbol{M}_{8AT} \boldsymbol{\Omega}_{8AT} = \boldsymbol{T}_{8AT} \qquad (5\text{-}115)$$

式中，

$$\boldsymbol{M}_{8AT} = \begin{bmatrix}
I_1^* & 0 & 0 & 0 & 0 & 0 & 0 & 0 & 0 & 0 & -R_{m1s} - R_{m1r} & 0 & 0 & 0 & 0 & 0 \\
0 & I_2^* & 0 & 0 & 0 & 0 & 0 & 0 & 0 & 0 & 0 & -R_{m2s} - R_{m2r} & 0 & 0 & 0 & 0 \\
0 & 0 & I_3^* & 0 & 0 & 0 & 0 & 0 & 0 & 0 & R_{m1s} & 0 & -R_{m3s} - R_{m3r} & 0 & 0 & 0 \\
0 & 0 & 0 & I_4^* & 0 & 0 & 0 & 0 & 0 & 0 & R_{m1r} & 0 & 0 & R_4 & 0 & 0 \\
0 & 0 & 0 & 0 & I_5^* & 0 & 0 & 0 & 0 & 0 & 0 & 0 & 0 & 0 & R_5 & 0 \\
0 & 0 & 0 & 0 & 0 & I_6^* & 0 & 0 & 0 & 0 & 0 & 0 & 0 & 0 & 0 & R_6 \\
0 & 0 & 0 & 0 & 0 & 0 & I_7^* & 0 & 0 & 0 & 0 & R_{m2s} & 0 & -R_7 & 0 & 0 \\
0 & 0 & 0 & 0 & 0 & 0 & 0 & I_8^* & 0 & 0 & 0 & 0 & 0 & 0 & -R_8 & 0 \\
0 & 0 & 0 & 0 & 0 & 0 & 0 & 0 & I_9^* & 0 & 0 & R_{m2r} & R_{m3s} & 0 & 0 & 0 \\
0 & 0 & 0 & 0 & 0 & 0 & 0 & 0 & 0 & I_{10}^* & 0 & 0 & R_{m3r} & 0 & 0 & -R_{10} \\
-R_{m1s} - R_{m1r} & 0 & R_{m1s} & R_{m1r} & 0 & 0 & 0 & 0 & 0 & 0 & 0 & 0 & 0 & 0 & 0 & 0 \\
0 & -R_{m2s} - R_{m2r} & 0 & 0 & 0 & 0 & R_{m2s} & 0 & R_{m2r} & 0 & 0 & 0 & 0 & 0 & 0 & 0 \\
0 & 0 & -R_{m3s} - R_{m3r} & 0 & 0 & 0 & 0 & 0 & R_{m3s} & R_{m3r} & 0 & 0 & 0 & 0 & 0 & 0 \\
0 & 0 & 0 & R_4 & 0 & 0 & -R_7 & 0 & 0 & 0 & 0 & 0 & 0 & 0 & 0 & 0 \\
0 & 0 & 0 & 0 & R_5 & 0 & 0 & -R_8 & 0 & 0 & 0 & 0 & 0 & 0 & 0 & 0 \\
0 & 0 & 0 & 0 & 0 & R_6 & 0 & 0 & 0 & -R_{10} & 0 & 0 & 0 & 0 & 0 & 0
\end{bmatrix}$$

$$\boldsymbol{\Omega}_{8AT} = [\ddot{\theta}_1 \quad \ddot{\theta}_2 \quad \ddot{\theta}_3 \quad \ddot{\theta}_4 \quad \ddot{\theta}_5 \quad \ddot{\theta}_6 \quad \ddot{\theta}_7 \quad \ddot{\theta}_8 \quad \ddot{\theta}_9 \quad \ddot{\theta}_{10} \quad N_{m1} F_{m1}^* \quad N_{m2} F_{m2}^* \quad N_{m3} F_{m3}^* \quad F_{47}^* \quad F_{58}^* \quad F_{610}^*]^T$$

$$\boldsymbol{T}_{8AT} = [T_1 + T_{C1} \quad T_2 \quad T_{B1} - T_{C4} \quad T_{C3} \quad -T_{C3} - T_{C1} \quad T_{C4} \quad 0 \quad -T_{C2} \quad T_{C2} \quad 0 \quad 0 \quad 0 \quad 0 \quad 0 \quad 0 \quad 0]^T$$

式中，F_{m1}^*、F_{m2}^* 和 F_{m3}^* 分别为行星排 1、行星排 2 和行星排 3 中太阳轮与行星轮的等效啮合力（齿圈与行星轮的等效啮合力与之相等）；F_{47}^*、F_{58}^* 和 F_{610}^* 分别为常啮合齿轮

5-7、5-8 和 6-10 的啮合力。

5.4.3 其他部分动力学建模

（1）发动机模型　本章研究的重点为离合器到离合器换档过程控制，假设发动机产生的高频脉冲可以通过传动系统中的弹簧阻尼元件和液力变矩器吸收，因此建立发动机模型时忽略其高频特性，采用发动机稳态模型，通过发动机转速和节气门开度以线性插值的方式查表得到发动机输出转矩，查询表格的数据代表发动机的特性，可以通过多项式经验拟合或试验得到，本文采用的发动机特性参数由合作整车厂提供。搭建的发动机模型中包含起动电动机模块，用来模拟发动机起动过程；包含发动机怠速控制模块，可以将发动机转速通过 PID 反馈控制到怠速转速；提供发动机转矩控制接口，用于在换档过程控制中响应变速器控制单元发出的发动机降矩控制请求。

（2）离合器模型　离合器的运行工况存在三种状态：打开状态、滑摩状态和闭锁状态。离合器的转矩容量与作用在离合器摩擦片上的压力正相关，而与离合器所处的状态无关；但离合器传递的实际转矩与转矩容量和工作状态都有关系。本章在离合器模型中采用常用的经验公式计算离合器的转矩容量，在该经验公式中转矩容量与离合器正压力、摩擦系数（与滑差大小有关）、离合器摩擦面数和等效摩擦半径成正比关系；通过双曲正切函数计算离合器实际传递的转矩，该函数可以将滑摩状态和闭锁状态连接起来，避免了离合器滑差同步时的状态切换问题，具体计算式见式（5-116）。

$$T_{Ci} = F_{Ci}\mu(\Delta\dot{\theta}_{Ci})N_{Ci}R_{Ci}\tanh\left(\frac{\Delta\dot{\theta}_{Ci}}{\alpha_{Ci}}\right) \quad (5\text{-}116)$$

式中，i 指第 i 个离合器；T_{Ci} 为离合器实际传递的转矩；F_{Ci} 为作用在离合器上的正压力；$\mu(\Delta\dot{\theta}_{Ci})$ 为离合器的动态摩擦系数；$\Delta\dot{\theta}_{Ci}$ 为离合器的滑差；N_{Ci} 为离合器摩擦面数；R_{Ci} 为离合器等效摩擦半径；α_{Ci} 为离合器状态切换滑差的放缩系数。

（3）液力变矩器模型　本章采用稳态的液力变矩器模型，忽略液力传动的瞬态特性，该模型是基于大量稳态试验数据拟合得到的经验模型，建立的动力学公式见式（5-117）～式（5-120）：

$$I_p\ddot{\theta}_p + C_1(\dot{\theta}_p - \dot{\theta}_e) + K_1(\theta_p - \theta_e) = -T_p \quad (5\text{-}117)$$

$$T_p = \text{sign}(1 - i_{tc})\left[\frac{\dot{\theta}_p}{K(i_{tc})}\right]^2 \quad (5\text{-}118)$$

$$T_1 = T_p\alpha(i_{tc}) \quad (5\text{-}119)$$

$$i_{tc} = \frac{\dot{\theta}_1}{\dot{\theta}_p} \quad (5\text{-}120)$$

式中，θ_e 和 θ_p 分别为发动机和泵轮的角位移；I_p 为泵轮的转动惯量；T_p 为泵轮转矩；i_{tc} 为液力变矩器速比；$K(i_{tc})$ 为 K 系数；$\alpha(i_{tc})$ 为变矩比；K_1 和 C_1 分别为弹簧阻尼模型 1 的刚度系数和阻尼系数。

（4）路面阻力模型　车辆受到的阻力由四部分组成，分别为滚动阻力、空气阻力、坡度阻力和制动阻力，从传动系统传递到车轮的驱动力减去这些阻力后剩下的驱动力用来加速车辆前进。与离合器模型相同，在路面阻力模型中也采用双曲正切函数来模拟轮胎的滑移特性，建立的相关动力学公式见式（5-121）~式（5-123）：

$$I'_r \ddot{\theta}_r + C_2(\dot{\theta}_r - \dot{\theta}_{11}) + K_2(\theta_r - \theta_{11}) = -T_1 \quad (5\text{-}121)$$

$$T_1 = [mg\sin(\varphi) + (\frac{1}{2}\rho A C_w v^2 + mgf_r + F_b)\tanh(\frac{v}{\alpha_r})]R_r \quad (5\text{-}122)$$

$$T_2 = [C_2(\dot{\theta}_r - \dot{\theta}_{11}) + K_2(\theta_r - \theta_{11})]i_d \quad (5\text{-}123)$$

式中，I'_r 为轮胎转动惯量与整车等效到轮胎转动惯量之和；θ_r 和 θ_{11} 分别为轮胎与轴 11 的角位移；K_2 和 C_2 分别为弹簧阻尼模型 2 的刚度系数和阻尼系数；T_1 为等效到轮胎的负载转矩；m 为整车质量；g 为重量加速度；φ 为坡度；ρ 为空气密度；A 为等效迎风面积；C_w 为空气阻力系数；v 为车速；f_r 为滚动阻力系数；F_b 为制动力；α_r 为阻力相对车速的放缩系数；R_r 为轮胎半径；i_d 为主减速器传动比。

5.5　本章小结

1）本章提出了修正转动惯量的概念，基于带速度约束的第一类拉格朗日方程，采用不同坐标数的建模方法建立了简单负号行星排的动力学模型；通过相互对比建立等式，提出了转动惯量系数使其与行星轮转动惯量呈线性关系；最后成功推导出了修正转动惯量的计算公式。基于推导简单负号行星排修正系数的思想，推导出了简单正号行星排和拉维娜式行星排的修正转动惯量的计算公式，并引出了关于拉维娜式行星排修正转动惯量的一些推论。在建立包含行星排的系统的简化动力学模型时，使用修正转动惯量可以使模型更精确且不会增加任何仿真计算负荷。

2）为了后续离合器到离合器换档控制策略的理论分析，本书提出了动力传动系统仿真分析模型的架构；接着使用简单负号行星排修正转动惯量的计算公式，基于拉格朗日方法，搭建了 8AT 机械结构动力学模型；最后搭建了发动机模型、离合器模型、液力变矩器模型和路面阻力模型，并给出了模型的详细计算公式。

第6章 离合器到离合器换档过程控制原理

早期的 AT 自动变速器设计中，由于受电子控制技术不成熟、相关传感器和执行器控制精度不高、发动机控制技术落后和很难实现快速的传动系统通信等各方面因素的限制，为了方便换档过程控制，普遍通过增加单向离合器的方式来辅助实现 AT 换档过程控制。但增加单向离合器仅能解决换档过程中转矩相控制的问题，因此换档品质的提升受到了很大的限制；另外，增加单向离合器也会使 AT 的结构变得更加复杂，这不仅会增加 AT 的制造成本，也使开发更多档位的 AT 变得更加困难。随着电控技术的发展，离合器精确控制成为了可能，离合器到离合器换档过程控制技术逐渐取代单向离合器被应用于 AT 换档控制中，这也使得同样采用离合器到离合器换档过程控制技术的 DCT 的广泛应用成为了可能。

6.1 离合器对离合器式换档过程

6.1.1 离合器结合过程数学模型的建立

为了使换档过程控制精确，换档快捷和平顺，现代 AT 自动变速器的换档逻辑基本上都采用"简单换档逻辑"。如图 2-3 和图 2-4 及表 2-3 和表 2-4，8AT 通过 4 个湿式离合器及 1 个制动器实现了 8 个前进档及 1 个倒档功能，所有的顺序换档及绝大多数的间隔换档都满足"简单换档逻辑"，即每次换档时，仅需要一个换档元件打开、一个换档元件结合就可以完成换档过程。由于在换档过程中其他 3 个换档元件的状态保持不变，处于完全打开或者完全结合状态，在短时间的换档过程中其传递的转矩保持不变。因此，自动变速器输入转矩的交换及重新分配仅发生在分离的离合器和结合的离合器之间。图 6-1 所示为基于简单换档逻辑的动力传动系统简化动力学模型，该模型由发动机、液力变矩器、变速器和车体 4 部分组成[58-62]。需要特别说明的是，该模型包括 K1 和 K2

两个离合器，其换档过程与双离合自动变速器（DCT）的换档过程在理论上是相同的，因此，该模型也可以用于 DCT。

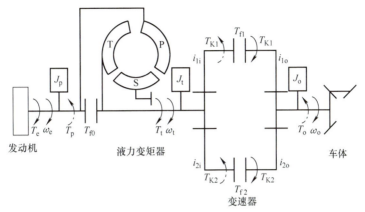

图 6-1　简化动力学模型

6.1.2　离合器结合过程关键参数分析

忽略相关零部件及支撑的变形和系统的阻尼，假设车辆行驶阻力为常数。以低档升高档为例，K1 为分离的离合器，K2 为接合的离合器。简化模型可以分解为多个自由体，其力矩平衡方程分析如下。

在转矩相阶段，K1 离合器逐渐放油，但在滑摩之前，仍然传递惯性转矩。K2 离合器完成充油后，开始传递摩擦转矩。传递的摩擦转矩为

$$J_t \dot{\omega}_t = T_t - T_{K1}/i_{1i} - T_{f2}/i_{2i} \tag{6-1}$$

$$J_o \dot{\omega}_o = T_{K1} i_{1o} + T_{f2} i_{2o} - T_o \tag{6-2}$$

$$\dot{\omega}_o = \frac{i_{2i} i_1 T_t + (i_2 - i_1) T_{f2} - i_{2i} T_o}{i_{2i}(J_o + J_t)} \tag{6-3}$$

式中，T_t 为涡轮转矩，T_{K1} 为 K1 传递的惯性转矩，T_o 为变速器输出端的负载转矩；ω_t 为涡轮转速，ω_o 为变速器输出轴转速，ω_e 为发动机转速；J_t 为涡轮 - 离合器主动端部分的自由体转动惯量，J_o 为离合器从动端 - 输出轴部分的自由体转动惯量；i_{1i} 为低档时变速器输入轴到离合器主动端的传动比，i_{1o} 为低档时离合器从动端到变速器输出轴的传动比，两者乘积为低档传动比 i_1。摩擦转矩由离合器片的摩擦系数 μ、有效摩擦面积 A_f、摩擦副数 Z、内外圆半径 R_o 和 R_i 以及控制压力 P 计算得到。摩擦转矩的方向由离合器主、从动端的转速差决定[58-61] 见式（6-4）。

$$T_f = \frac{2}{3} \mu \,\mathrm{sign}(\Delta\omega) P A_f Z \frac{R_o^3 - R_i^3}{R_o^2 - R_i^2} \tag{6-4}$$

随着 K1 离合器油压继续降低，两个离合器均处于滑摩阶段，传递摩擦转矩。传递的摩擦转矩值为

$$J_t \dot{\omega}_t = T_t - T_{f1}/i_{1i} - T_{f2}/i_{2i} \tag{6-5}$$

$$\dot{\omega}_o = \frac{T_{f1}i_{1o} + T_{f2}i_{2o} - T_o}{J_o} \tag{6-6}$$

式中，T_{f1} 和 T_{f2} 分别为 K1、K2 离合器的摩擦转矩；i_{2i} 为高档时变速器输入轴到离合器主动端的传动比，i_{2o} 为高档时离合器从动端到变速器输出轴的传动比，两者乘积为高档传动比 i_2。

在速度交换阶段，K1 离合器打开，K2 离合器进入滑摩同步阶段，传递摩擦转矩。传递的转矩值为

$$J_t\dot{\omega}_t = T_t - T_{f2}/i_{2i} \tag{6-7}$$

$$\dot{\omega}_o = \frac{T_{f2}i_{2o} - T_o}{J_o} \tag{6-8}$$

自动变速器换档品质通常由换档时间 t、滑摩功 W 和冲击度大小 j 进行评价：

$$j = \frac{da}{dt} = \frac{d^2v}{dt^2} = 2\pi \frac{60r_r}{1000} \frac{d^2\omega_o}{dt^2} \tag{6-9}$$

式中，a 为车辆纵向加速度；v 为车速；r_r 为车轮动半径。将式（6-3）、式（6-4）、式（6-6）、式（6-8）分别代入上式，假设换档过程中负载转矩 T_o 的变化率为零。通过计算可知，在换档的各个阶段，冲击度仅与发动机转矩变化率和离合器控制压力 P_{K1}、P_{K2} 的变化率呈正比，即

$$j = f_0(\frac{dT_e}{dt}) + f_1(\frac{dP_{K1}}{dt}) + f_2(\frac{dP_{K2}}{dt}) \tag{6-10}$$

因此，在换档过程中通过对 K1 和 K2 控制压力的调节，保证离合器结合柔和；同时注意控制发动机转矩变化，是综合控制优化自动变速器换档品质的关键。

6.1.3 基于不同工况的离合器结合控制方法

根据换档过程中发动机驱动转矩正负及升降档的不同，换档过程按工况分为以下四种主要类型：有动力升档（Power On Up Shift）、有动力降档（Power On Down Shift）、无动力升档（Power Off Up Shift）和无动力降档（Power Off Down Shift）。

1. 有动力升档控制

有动力升档过程中发动机转矩为驱动力矩，典型工况为节气门开度不为零、车辆加速升档。

如图 6-2 所示，理想的有动力升档过程先进行转矩相，再进行惯性相控制。电控系统根据目标档位对相应的离合器进行控制。K2 离合器充油完成，达到接触点（Kiss Point，离合器开始传递转矩的临界点，简称 KP 点）之后，进入转矩相阶段。控制系统对 K1 离合器放油和 K2 离合器充油进行协同控制，避免转矩交换过程中出现动力中断或者换档干涉。

为了杜绝离合器反拖发动机的现象，K1 离合器完全分离之后，才能进入速度交换阶段。通过滑差控制，K2 离合器主、从动端结合柔和，减小换档冲击。由于升档之后传动比将减小，为了保证当前发动机转速与目标档位的预计发动机转速同步，需要通过继续增加 K1 离合器控制压力，增大发动机负荷，使发动机转速降低。随着 K2 离合器传递摩擦转矩的增大，减小发动机转矩可以有效地减少离合器滑摩，缩短换档时间，保持输出轴转矩稳定，提高换档品质[60]。

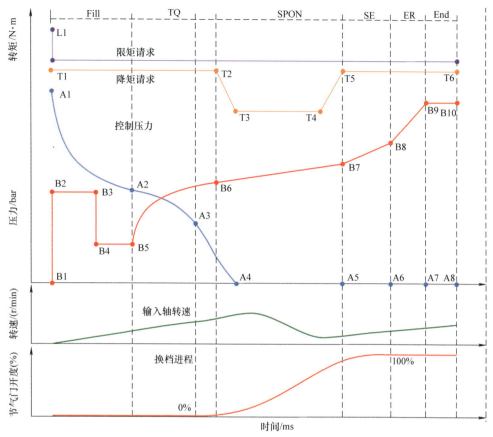

图 6-2 有动力升档换档时序[68-70]

各种换档类型的换档时序可以细分,见表 6-1。

表 6-1 各种换档类型的换档时序说明

阶段	英文全称	中文全称
Fill	Fill Phase	充油阶段
TQ	Torque Phase	转矩交换阶段(转矩相)
SPON	Speed Phase Oncoming	速度交换阶段(速度相)
DTK	Disengage to Kisspoint	离合器脱开至 KP 点
DTN	Disengage to Neutral	离合器完全脱开
SE	Shift End	换档末期
ER	End Ramp	末期斜率曲线
End	End	换档结束

定义换档进程(Shift Inprogress)控制参数 ψ_{Shift} 见式(6-11),它反映了换档过程完成的百分比例:

$$\psi_{Shift} = \frac{\eta_{Current} - \eta_{Gear}}{\eta_{Current} - \eta_{Command}} \times 100\% \qquad (6-11)$$

式中,$\eta_{Current}$ 为当前档位传动比;$\eta_{Command}$ 为目标档位传动比;η_{Gear} 为当前的实际传动比。有动力升档的换档时序如图 6-2 所示。

基于有动力升档控制过程分析，有动力升档控制过程中接合离合器和分离离合器程序框图分别如图 6-3、图 6-4 所示。

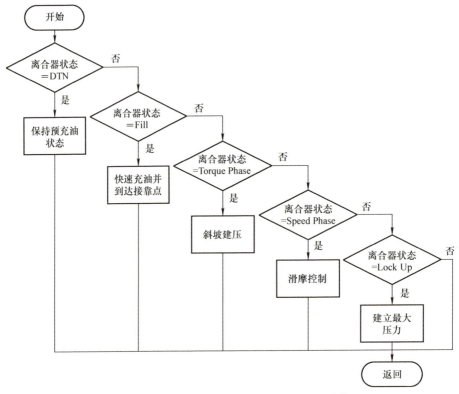

图 6-3　有动力升档控制过程中接合离合器程序框图

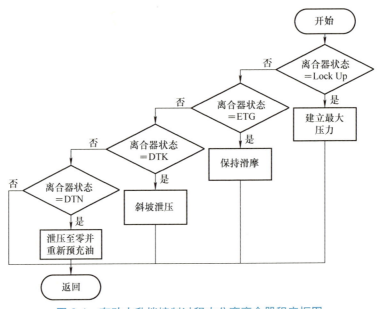

图 6-4　有动力升档控制过程中分离离合器程序框图

2. 有动力降档控制

有动力降档过程中发动机转矩为驱动力矩，典型工况为大节气门开度、车辆加速超车。

如图 6-5 所示，理想的有动力降档过程先进行惯性相，再进行转矩相控制。这是因为低档传动比大于高档，换档开始时，K1 离合器从动端转速高于主动端转速，而此时车辆处于加速状态。为了防止换档过程中出现阻力矩对车辆制动，要使 K1 离合器主动端转速高于从动端转速时，再进行两个离合器转矩的重新分配。因此，在速度交换阶段，通过滑差控制逐渐减小 K2 离合器控制压力，减小发动机负荷，使发动机转速升高，保证发动机转速与目标档位的预计发动机转速同步，并实现 K1 离合器主动端升速。同时发动机转矩增大以保证 K2 离合器摩擦转矩减小的情形下，保持输出轴转矩稳定，避免动力下降。

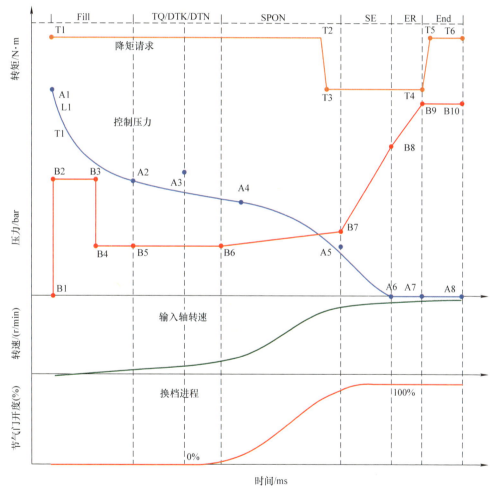

图 6-5　有动力降档控制策略

3. 无动力升档控制

无动力升档过程中发动机转矩为阻力矩，典型工况为车辆大节气门开度超车后，收起加速踏板，车辆滑行升档的过程。其控制方式与有动力降档类似，区别为离合器对车辆输出的是阻力矩，转矩相阶段发动机降速，如图 6-6 所示。

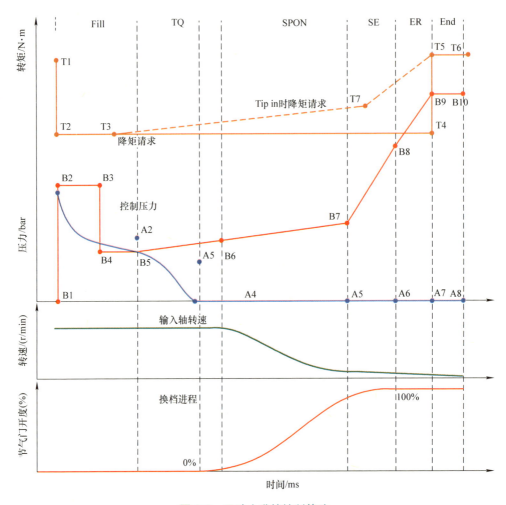

图 6-6 无动力升档控制策略

4. 无动力降档控制

无动力降档过程中发动机转矩为阻力矩，典型工况为节气门开度为零、车辆减速滑行降档。其控制方式与有动力升档类似，区别为离合器对车辆输出阻力矩，转矩相阶段发动机升速。

无动力升档及无动力降档的控制策略分别如图 6-6 和图 6-7 所示。其中无动力升档过程中，由于升档时传动比将减小，即接合离合器在目标档位的主动盘转速要低于分离离合器在当前档位的主动盘转速，因此，需要先进行惯性相以使发动机降速，保证转速差相对缩小。

无动力降档过程中，由于降档时传动比将增大，即接合离合器在目标档位的主动盘转速要高于分离离合器在当前档位的主动盘转速。因此，在 ECM 支持升矩控制的系统中，需要通过控制请求先行将发动机升速，保证转速差相对缩小，从而平顺换档。

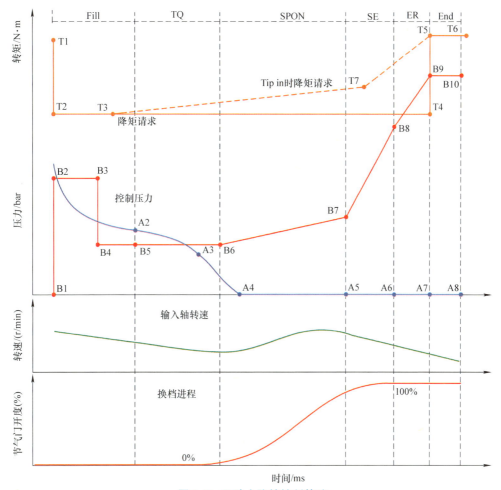

图 6-7 无动力降档控制策略

6.1.4 离合器 PID 适应性滑差控制方法

1. 离合器位置等效迁移

  液力自动变速器的换档元件通常包括多个离合器和制动器,且都分布在自动变速器结构布局的不同部位。布置位置的不同导致每个离合器的滑差值以及转矩容量值对于整个系统的影响程度不一样,但是在换档过程中必须完成离合器之间的转矩交换和离合器滑差控制。为解决这一问题,本书结合文献 [62] 的研究,根据滑差和转矩等价的原则,将离合器等效迁移至输入轴的位置,从而液力自动变速器的离合器控制即变为双离合器控制的问题。图 6-8 中 I_E、I_v 分别为发动机和整车负载的等效转动惯量,CL、CH 分别为换档过程中涉及在低档位和高档位接合的离合器,i_L、i_{CL} 为换档过程中低档位的传动比,i_H、i_{CH} 为换档过程中高档位的传动比,λ_{CL}、λ_{CH} 分别为 CL、CH 由原位置等效至输入轴位置的滑差转换系数。

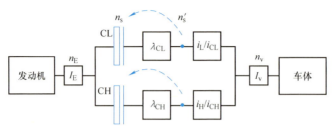

图 6-8　整车动力传动系统示意图

以滑差和转矩等价为目标的离合器位置等效迁移的可行性和转换系数可以根据行星排转速图法进行证明和计算。图 2-3 所示为 8AT 自动变速器的行星排机构方案图，在 1 档时离合器 C1、B1、C4 三个离合器闭合。图 6-9 所示为 8AT 液力自动变速器在 1 档时的行星排转速图。图中坐标轴纵轴表示各个转动件的转速大小，每个行星排机构或普通齿轮副机构都处于单独的平面内。离合器的啮合或刚性连接使不同的机构平面之间通过共享纵轴的方式相交。R1、P1、S1 分别代表行星排 SP1 的齿圈、行星架和太阳轮，R3、P3、S3 分别代表行星排

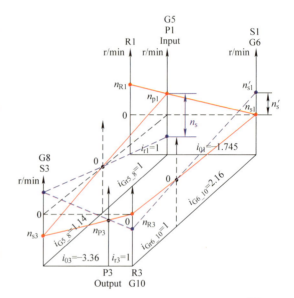

图 6-9　8AT 行星排机构的行星排转速图[72]

SP3 的齿圈、行星架和太阳轮，G5、G8、G6、G10 分别代表齿轮 5、齿轮 8、齿轮 6、齿轮 10，i_{o1}、i_{o3}、i_{G5_8}、i_{G6_10} 分别为行星排 SP1、行星排 SP2、齿轮副 G5/G8、齿轮副 G6/G10 的传动比，n_s' 为离合器 C4 的滑差，n_s 为输入轴位置等效离合器的滑差。根据相似三角形原理，任意一个离合器的滑差值 n_s' 均可乘以相应的比例系数 λ 等效为输入轴位置等效离合器的滑差 n_s。式（6-12）和式（6-13）分别为 n_s' 和 n_s 的计算方法。

$$n_s' = \lambda n_s \tag{6-12}$$

$$n_s' = n_P - n_N \tag{6-13}$$

$$n_s = n_E - n_o i_g \tag{6-14}$$

式中，λ 是离合器的滑差等效系数；n_P 是离合器主动端转速；n_N 是离合器被动端转速；n_E 是发动机转速；n_o 是输出轴转速；i_g 是当前档位的传动比。

从图 6-9 中可以计算出在 1 档时，离合器 C4 的滑差转换到等效离合器滑差时的滑差转换系数：

$$\lambda_{C4} = \frac{i_{G5\_8} i_{G6\_10}}{i_{o3}} = 0.73 \tag{6-15}$$

同样的方法可以获得所有离合器在工作档位下的滑差转换系数，见表 6-2。

表 6-2　离合器滑差转换系数

离合器	1 档	2 档	3 档	4 档	5 档	6 档	7 档	8 档	R 档
B1	0.73	2	0	0	0	0	5.56	2.78	0.57
C1	1	0	1.69	0	1.79	1	1.96	0	0
C2	0	0	0	5	2.56	1.85	2.22	2.86	1.11
C3	0	1.56	0.99	2	0	2.63	0	2.56	0
C4	0.73	1.15	1.72	2.78	6.25	0	0	0	0.72

2. 离合器的闭环滑差控制

出于成本和降低故障率的考虑，量产阶段液力自动变速器一般只布置一个主供油油压传感器，而不会为离合器的油压监测单独设置压力传感器，从而对于离合器的控制只能通过速度传感器计算出离合器的滑差状况，进而判断离合器的运行状态，并且将离合器的滑差设定为控制目标。在液力自动变速器离合器滑差控制中采用等效离合器滑差，以实现离合器的统一管理和控制，完成稳定的离合器间的转矩交换。离合器的滑差控制是通过调整离合器转矩容量实现的：如果离合器的转矩容量大于发动机转矩，则发动机转矩可以被传递至输出轴，离合器无滑差；如果离合器转矩容量小于发动机转矩，只有等于离合器转矩容量的那部分发动机转矩可以传递至输出轴，离合器的钢片和摩擦片之间将会产生速度差，即离合器出现滑差。因此增大离合器转矩容量将降低离合器滑差，减小离合器转矩容量将增大离合器滑差[62]。

当主控制器判断出离合器的目标滑差 n_{st} 后，将 n_{st} 与实际反馈的离合器滑差 n_s 进行比较，并通过带前馈的 PI 控制器将滑差偏差值转换为离合器的命令转矩 T_{cc}。根据湿式多片离合器传递转矩的计算公式即可计算出离合器的命令油压 P_c，相应的离合器在命令油压 P_c 的作用下获得转矩容量 T_c，进而获得离合器控制后的滑差 n_s。

离合器换档控制原理如图 6-10 所示，其中虚线框为电控系统控制策略。在转矩相和速度交换阶段分别通过滑差控制和转矩估计，计算各个离合器需求转矩、控制压力和控制电流，并通过改变控制电流的占空比来调节 PWM（脉宽调制）电磁阀的先导压力。

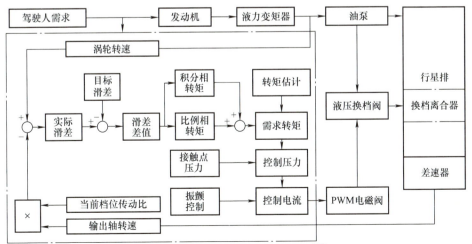

图 6-10　离合器换档控制原理[63]

液压系统采用独立间接式控制，即每个PWM电磁阀通过先导压力控制对应的液压换档阀压力，从而控制各个换档离合器分离和结合，完成升降档。

3. 充油阶段控制方法

充油阶段通过对结合的离合器进行充油，消除空行程，使离合器达到接触点，为转矩交换进行准备。控制策略中将接触点压力作为充油阶段的目标控制压力。同时，为了实现快速充油，通常在充油瞬间设定的控制电流要高于接触点压力对应的控制电流值，以提高液压系统响应速度。

4. 转矩交换阶段控制方法

四种基本换档类型的转矩相阶段控制策略均采用类似的转矩估计方法。即控制系统计算结合的离合器的转矩，基于转矩估计方法实时调节分离的离合器的需求转矩，保证两个离合器按相似的转矩变化率进行转矩交换。

结合的离合器在采样时间 n 的转矩 $T_{oc}(n)$ 通过下式进行计算：

$$T_{oc}(n) = \begin{cases} [P_{oc}(n) + P_b(n)]\beta_{P_{oc}}\delta, & 当 P_{oc} > P_k \\ 0, & 当 P_{oc} \leq P_k \end{cases} \quad (6\text{-}16)$$

式中，$P_{oc}(n)$ 为该离合器的实际压力；$P_b(n)$ 为离合器平衡补偿压力；$\beta_{P_{oc}}$ 为压力对比转矩特性曲线的转换系数；δ 为由离合器滑差状态决定的相对系数；P_k 为离合器接触点压力。因此，其转矩变化率 $\Delta T_{oc}(n)$ 可以由当前采样时间的转矩减去上一采样时间的转矩值得到。

$$\Delta T_{oc}(n) = T_{oc}(n) - T_{oc}(n-1) \quad (6\text{-}17)$$

参考结合的离合器压力变化区间（接触点压力、锁止压力）以及转矩相时间，对该离合器的转矩变化率进行限制。分离的离合器在采样时间 n 的控制压力 $T_{og}(n)$ 通过下式进行估计：

$$T_{og}(n) = \min \begin{cases} T_{og}(n-1) - \Delta T_{oc}(n) \\ T_e(n)K\varphi - T_{oc}(n) \\ T_{max} \end{cases} \quad (6\text{-}18)$$

式中，$T_e(n)$ 为发动机转矩；K 为液力变矩器变矩比；φ 为可标定的经验系数；T_{max} 为该离合器最大允许转矩容量。

5. 速度交换阶段控制方法

速度交换阶段采用基于PI增益调度的典型非线性、时变控制系统对离合器控制压力进行调节，既操作简单，易于工程化实现，又可以根据不同工况对控制参数灵活调整，具有一定的自适应性。

有动力升档和无动力降档的速度交换阶段控制策略采用PI滑差负反馈闭环控制，其控制系统定义如下：

$$u(t) = Pe(t) + I\int e(t)\mathrm{d}t \quad (6\text{-}19)$$

式中，P 为比例相控制系数；I 为积分相控制系数；$u(t)$ 为比例积分相转矩；系统误差 $e(t)$ 由下式计算：

$$e(t) = \omega_{\text{cslip}}(t) - \omega_{\text{tslip}}(t) \tag{6-20}$$

式中，目标滑差 ω_{tslip} 由目标涡轮转速 ω_{tt}、输出轴转速 ω_{o} 和目标档位的传动比 i_{tgear} 计算得到；实际滑差 ω_{cslip} 由实际涡轮转速 ω_{ct}、输出轴转速 ω_{o} 和当前档位的传动比 i_{cgear} 计算得到：

$$\omega_{\text{tslip}} = \omega_{\text{tt}} - \omega_{\text{o}} i_{\text{tgear}} \tag{6-21}$$

$$\omega_{\text{cslip}} = \omega_{\text{ct}} - \omega_{\text{o}} i_{\text{cgear}} \tag{6-22}$$

控制系统通过滑差差值实时调整结合的离合器的需求转矩，进而控制该离合器控制压力，使闭环控制系统的实际滑差跟随目标滑差变化，保证离合器结合平顺，消除换档冲击。

有动力降档和无动力升档的速度交换阶段先于转矩相阶段，此时结合离合器处于快速充油阶段，尚未传递转矩。因此，控制系统计算分离离合器主、从动端的目标滑差和实际滑差，基于小滑差差值实时调节该离合器的控制压力，控制分离离合器逐渐放油并完成发动机升速。

6.1.5 离合器控制效果分析

车辆运行过程中的换档冲击通常出现在低档区间、全节气门开度下的升档和跳降档过程。这是因为低档区间的升档和跳降档档间传动比更大，同时在全节气门开度下发动机输出转矩最大，换档平顺性更难控制。为了更好地评估换档品质控制水平，本节着重讨论极限状态下的换档测试结果[73]。

图 6-11 为正转矩 1 档升 2 档测试结果。其中换档车速为 35km/h，节气门开度为 100%，快速充油阶段开始时间为 0.34s，惯性相结束时间为 1.2s。图 6-11a 显示了换档过程中分离的离合器与结合的离合器的控制压力和由传感器采集的实际压力。在现有控制策略下，系统具有良好的响应特性；图 6-11b 为两个离合器的需求转矩和控制系统通过反馈油压计算的实际转矩。转矩交换过程符合理想特性曲线的特征要求；如图 6-11c 所示，系统基于目标档位，在充油阶段开始实时计算目标滑差，但暂不进行滑差控制；在速度交换阶段基于当前档位计算实际滑差，并对滑差过程实施 PI 控制，控制精度达到 ±5r/min。从图 6-11d 可以看出，发动机管理系统接收到 TCU 发送的 CAN 请求信息，在速度交换阶段对发动机进行了降矩。发动机转速在速度交换阶段降低到目标档位的预计发动机转速水平，没有出现发动机飞车的现象。输出轴转速平稳升高，换档冲击较小。

图 6-12 为正转矩 5 档降 3 档（跳档）测试结果。换档车速为 85km/h，节气门开度 100%，快速充油和速度交换阶段开始时间为 0.49s，转矩相结束时间为 1.26s。

图 6-12a、图 6-12b 同样反映了控制系统良好的控制精度和响应特性，符合理想特性曲线的特征要求；图 6-12c 显示了在速度交换阶段对分离的离合器 C2 进行滑差控制的结果，控制精度同样达到 ±5r/min；图 6-12d 中，发动机转速在速度交换阶段升高到目标档位的预计发动机转速水平。发动机转矩在速度交换阶段升高以弥补分离的离合器滑摩所造成的动力下降。输出轴转速曲线十分平滑，换档品质控制达到了预期的水平。

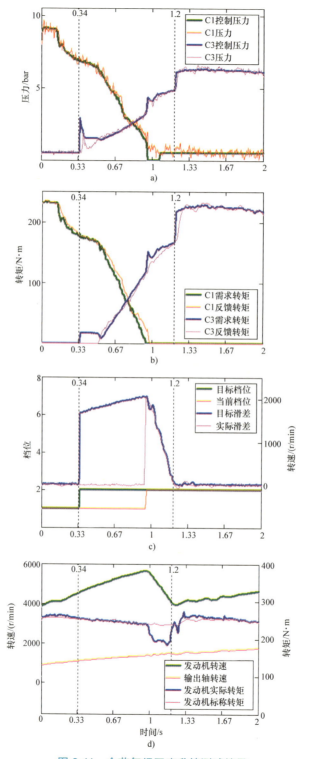

图 6-11 全节气门开度升档测试结果

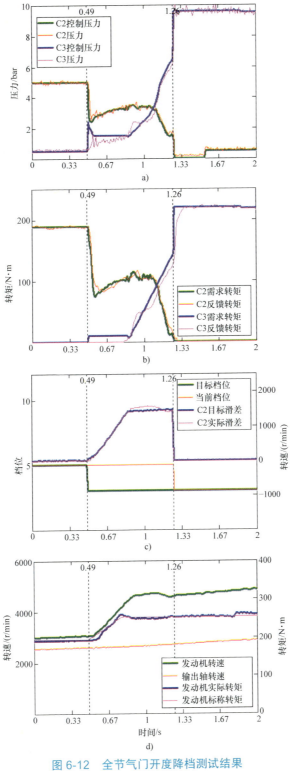

图 6-12 全节气门开度降档测试结果

6.2 换档过程机械变速系统的动力学建模与仿真

车辆的动力传动系统是一个连续、复杂的多质量、多自由度系统，在建立机械变速系统动力学分析模型前，需要对其进行简化。本节的离合器动力学分析模型中的假设如下。

1）忽略扭振、摆振等振动的影响。
2）忽略传动系统中轴承、轴承座和齿轮啮合的弹性。
3）忽略齿轮啮合等的间隙和阻尼。

6.2.1 离合器的动力学分析模型

通过离合器位置转化，本节用于离合器动力学分析的传动模型如图 6-13 所示。根据图 6-13 的动力传动系统示意图在 SimulationX 仿真软件中搭建的多学科动力学仿真模型如图 6-14 所示。本节后续所有的计算分析都是基于图 6-13 的模型，所有的仿真分析结果都是由图 6-14 的仿真模型计算出来的。

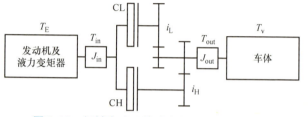

图 6-13 机械变速系统动力学分析的传动模型

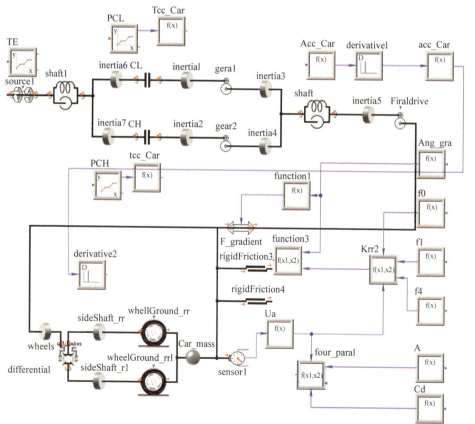

图 6-14 动力传动系统的 SimulationX 仿真模型

J_{in}、J_{out} 分别代表变速器输入轴和输出轴的等效转动惯量,CL、CH 分别为换档过程中在低档位和高档位接合的离合器,i_L、i_H 分别为换档过程中低档位和高档位的传动比,T_{in}、T_{out} 分别代表变速器输入端和输出端的转矩。

自动变速器换档离合器从分离到接合的过程中,在滑动摩擦力矩的作用下,离合器主动端和被动端的转速差不断减小而最终达到零。在此过程中,如果忽略油膜变化对离合器摩擦特性的影响,离合器的摩擦转矩和转矩容量可以通过式(6-23)滑摩状态和式(6-24)压紧状态两部分进行描述。

$$T_c = T_p = \frac{2}{3}\mu_s SNP \frac{R_o^3 - R_i^3}{R_o^2 - R_i^2} = \lambda(\mu_s)P, \quad |n_s| > 0 \quad (6\text{-}23)$$

$$\begin{cases} T_c = \frac{2}{3}\mu_s SNP \dfrac{R_o^3 - R_i^3}{R_o^2 - R_i^2} = \lambda(\mu_s)P \\ T_p = T_E \end{cases}, \quad |n_s| = 0 \quad (6\text{-}24)$$

离合器的主被动端存在滑摩时,离合器的转矩容量和滑摩转矩相等,并与离合器的压紧油压成正比关系。当离合器压紧以后,主被动端的滑差为 0,此时离合器的转矩容量和滑摩转矩不再相等,其表现为离合器的滑摩转矩(实际上滑摩转矩为 0,此处为了便于计算而采用标称值)保持不变,而其转矩容量继续随着油压的增加而增大。

由此可以根据变速器输入轴和输出轴分别得到关于离合器 CH 和离合器 CL 的转矩平衡公式——式(6-25)和式(6-26),这是离合器在换档过程中一定满足的基本转矩配合关系。只是在自动变速器换档过程中,不同的离合器处于不同的工作状态,因而这两个平衡公式的具体形式也略有不同。

$$J_{in}\dot{\omega}_{in} = T_{in} - T_{CL} - T_{CH} \quad (6\text{-}25)$$

$$J_{out}\dot{\omega}_{out} = T_{CL}i_L + T_{CH}i_H - T_{out} \quad (6\text{-}26)$$

无论哪种换档情况,虽然离合器工作状态的转换次序略有不同,但是离合器一定处于充油准备阶段、转矩交换阶段、转速同步阶段、完全分离阶段和完全压紧阶段中某一工作状态。下面将对这几个工作阶段的离合器的转矩、转速、冲击度等动力学特性进行分析。

6.2.2 充油阶段的离合器动力学分析

在自动变速器升档过程中,离合器的充油准备阶段离合器 CL 完全承担传动系统的转矩,离合器 CH 不承担任何转矩,$T_{CH}=0$,即理想情况下在此阶段 CL 为压紧状态,CL 的转矩容量大于其传递的转矩;CH 为完全分离状态,CH 的转矩容量为 0。因而这两个平衡公式的具体形式也略有不同。变速器的输入转矩和输出转矩如下:

$$J_{in}\dot{\omega}_{in} = T_{in} - T_{CL} \quad (6\text{-}27)$$

$$J_{out}\dot{\omega}_{out} = T_{CL}i_L - T_{out} \quad (6\text{-}28)$$

此时，输入端和输出端的转速变化和冲击度可以通过式（6-29）~式（6-31）描述。

$$\omega_{\text{in}}(t) = \omega_{\text{in}}(t_0) + \int_{t0}^{t} \dot{\omega}(t)\text{d}t = \omega_{t0} + \frac{1}{J_{\text{in}}} \int_{t0}^{t1} [T_{\text{in}}(t) - T_{\text{CL}}(t)]\text{d}t \tag{6-29}$$

$$\omega_{\text{out}}(t) = \omega_{\text{out}}(t_0) + \frac{1}{J_{\text{out}}} \int_{t0}^{t1} [T_{\text{CL}}(t) i_{\text{L}} - T_{\text{out}}(t)]\text{d}t \tag{6-30}$$

$$k(t) = \ddot{\omega}_{\text{out}}(t) = \frac{i_{\text{L}}}{J_{\text{out}}} \frac{\text{d}T_{\text{CL}}(t)}{\text{d}t} - \frac{1}{J_{\text{out}}} \frac{\text{d}T_{\text{out}}(t)}{\text{d}t} \tag{6-31}$$

然而在离合器真正的工作过程中，并不能完全按照理想情况进行工作。这是因为离合器的油缸压力总是存在一定的波动，造成离合器在工作过程中的转矩波动。而且这种离合器液压操纵系统的油压波动是结构和控制系统的固有特性，是不可避免的。这时离合器充油准备阶段的动力学特性可以分为以下几种情况。

1）当 CL 的油压向上波动导致其转矩容量 T_{CL} 向上波动时。此种情况下 CL 依然压紧，其转矩容量大于其传递的转矩。因此 CL 的油压向上波动时，传动系统类似于刚性传递动力，转速和冲击度与离合器压力无关，只与输入端和输出端的转矩波动有关。

输出端转速：

$$\omega_{\text{out}}(t) = \omega_{\text{out}}(t_0) + \frac{1}{J_{\text{out}}} \int_{t0}^{t} [(T_{\text{in}}(t) - J_{\text{in}} \dot{\omega}_{\text{out}}(t) \cdot i_{\text{L}}) \cdot i_{\text{L}} - T_{\text{out}}(t)]\text{d}t \tag{6-32}$$

冲击度：

$$k(t) = \ddot{\omega}_{\text{out}}(t) = \frac{1}{J_{\text{out}} + i_{\text{L}}^2 J_{\text{in}}} \left[i_{\text{L}} \frac{\text{d}T_{\text{in}}(t)}{\text{d}t} - \frac{\text{d}T_{\text{out}}(t)}{\text{d}t} \right] \tag{6-33}$$

由式（3-33）可以看出冲击度只取决于输出端转矩变化率 $\dfrac{\text{d}T_{\text{out}}(t)}{\text{d}t}$ 和输入端转矩变化率 $\dfrac{\text{d}T_{\text{in}}(t)}{\text{d}t}$，当输入端转矩和输出端转矩同步按比例波动时，系统冲击度为 0，动力传递平顺；当输入转矩不变，由于路面波动造成输出轴转矩突然增加或减小时，传递系统出现冲击；动力传动系统的转动惯量增加可以降低冲击度。一般情况下，动力传动系统的转动惯量为固定值，而路面情况为不可控量，因此在此情况下应通过主动调整输入端转矩变化率，使其适应输出轴转矩变化率，从而有效地控制系统冲击度，如通过解锁液力变矩器利用其液力缓冲转矩来衰减冲击度。图 6-15a~d 所示为离合器 CH 和 CL 在升档过程中 CL 的油压向上波动时的主要动力学仿真结果，该仿真结果验证了上述讨论的正确性。

2）当 CL 的油压向下波动导致 T_{CL} 向下波动时。T_{CL} 下降，其转矩容量小于需要传递的转矩，此时离合器 CL 开始打滑。传动系统输出端转速和冲击度由离合器油压和路面状况共同决定，而与输入端转矩无关（假设摩擦片的滑动摩擦系数与摩擦副相对转速无关）。此时有输出端转速：

$$\omega_{\text{out}}(t) = \omega_{\text{out}}(t_0) + \frac{1}{J_{\text{out}}} \int_{t0}^{t1} [\lambda_{\text{CL}}(\mu_{\text{s}}) P_{\text{CL}}(t) i_{\text{L}} - T_{\text{out}}(t)]\text{d}t \tag{6-34}$$

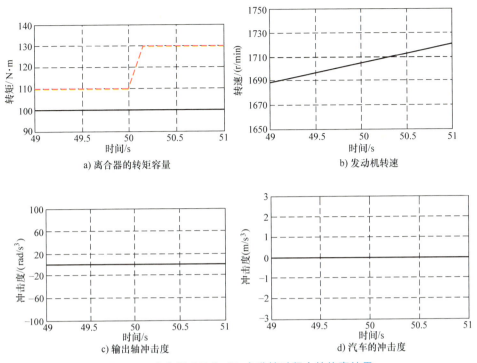

图 6-15 离合器 CH 和 CL 在升档过程中的仿真结果

冲击度：

$$k(t) = \dddot{\omega}_{out}(t) = \frac{i_L \lambda_{CL}(\mu_s)}{J_{out}} \frac{dP_{CL}(t)}{dt} - \frac{1}{J_{out}} \frac{dT_{out}(t)}{dt} \quad (6\text{-}35)$$

由式（6-35）可以看出当路面阻力矩的波动可以忽略不计时，车辆的冲击度与油压变化率成正比。即油压下降越快，冲击度越大。因此，此时应精确控制离合器油压的稳定性，以降低传动系统的冲击。图 6-16a~d 所示为离合器 CH 和 CL 在升档过程中 CL 的油压向下波动时的主要动力学仿真结果。

3）CH 的油压向上波动的情况。在 CH 的分离阶段与充油阶段，虽然其要求的转矩容量均为 0N·m，然而其充油压力却不同。CH 分离阶段离合器系统的油压要求为 0bar，然而充油压力要求为接触点的压力。离合器接触点的压力是指能够使离合器推动活塞克服密封摩擦力、回位弹簧力等，并使离合器的摩擦片和钢片发生轻微接触，此时离合器的油压为转矩容量等于或稍大于 0N·m 时所需要的推动油压。为区别在分离阶段的 0N·m 转矩容量，充油阶段 CH 要求的转矩容量记为 0+N·m。充油阶段保持 0+N·m 的离合器油压一般较低，且此时认为离合器活塞存在轴向移动，因此在充油阶段实际上用于压紧离合器的油压为 $P_{CH} - P_f$，其中 P_f 为克服密封摩擦力、回位弹簧力等的油压部分。

如果 P_{CH} 向上波动，导致 $T_{CH} = 0+N\cdot m$ 不成立时，离合器 CH 为传动系统引入额外的转矩，使传动系统出现转矩干涉，输出轴转速 $\dot{\omega}_{out}$ 和输入轴转速 $\dot{\omega}_{in}$ 降低。

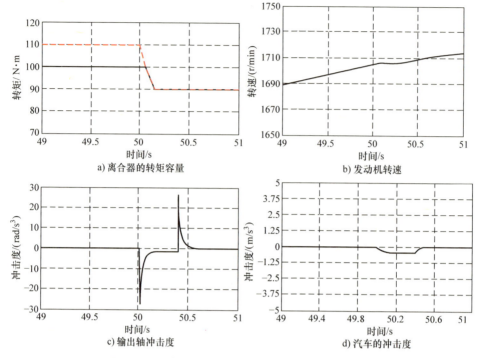

图 6-16 离合器 CH 和 CL 在升档过程中的仿真结果

$$T_{CH} = \lambda_{CH}(\mu_s)(P_{CH} - P_f) > 0 \tag{6-36}$$

$$\lambda(\mu_s) = \mu_s SN \frac{R_o^3 - R_i^3}{R_o^2 - R_i^2} \tag{6-37}$$

输出端转速：

$$\omega_{out} = \omega_{out}(t_0) + \frac{1}{J_{in}i_L^2 + J_{out}} \int_{t_0}^{t} [T_{in}(t)i_L - T_{out}(t) + (i_H - i_L)\lambda_{CH}(\mu_s)(P_{CH} - P_f)] dt \tag{6-38}$$

冲击度：

$$k(t) = \ddot{\omega}_{out}(t) = \frac{1}{J_{in}i_L^2 + J_{out}} \left[i_L \frac{dT_{in}(t)}{dt} - \frac{dT_{out}(t)}{dt} + (i_H - i_L)\frac{dP_{CH}(t)}{dt} \right] \tag{6-39}$$

由式（6-39）可以看出在这种情况下 $i_H - i_L < 0$，当输入端和输出端转矩的波动忽略不计时，CH 的油压向上波动会导致负向冲击度，输出端转速突然发生顿挫。且 P_{CH} 向上波动越大，输出端的冲击越大。图 6-17a~d 所示为离合器 CH 和 CL 在升档过程中 CH 的油压向上波动时的主要动力学仿真结果。

4）CH 的油压向下波动的情况。离合器 CH 的转矩容量 T_{CH} 为 0N·m，尚未达到 0+N·m 的临界状态，但这种误差不会对此阶段的系统动力学性能产生影响，输出轴加速度 $\dot{\omega}_{out}$ 保持原值，然而会对下一个阶段转矩阶段造成影响，其影响在下一小节中进行详细分析。图 6-18 所示为离合器 CH 和 CL 在升档过程中 CH 的油压向下波动时的主要动力学仿真结果。

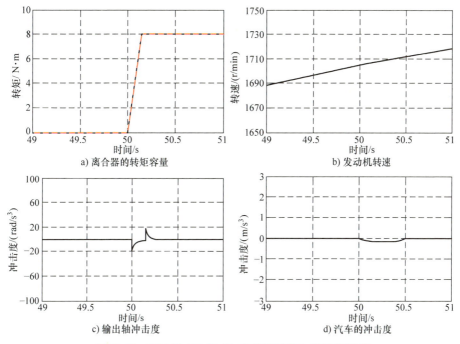

图 6-17 离合器 CH 和 CL 在升档过程中的仿真结果

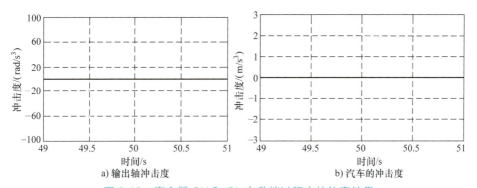

图 6-18 离合器 CH 和 CL 在升档过程中的仿真结果

6.2.3 转矩交换阶段的离合器动力学分析

在 AT 的升档过程离合器的转矩交换阶段，离合器 CL 承载的转矩逐渐转交给 CH。此时离合器 CL 仍然处于接合状态，而离合器 CH 处于滑摩状态。

转矩交换阶段的理想模型是 CH 滑摩、CL 保持接合状态、传动系统以传动比 i_L 运行。由于传动系统仍然在传动比 i_L 运行，因此有：

$$\dot{\omega}_{in}(t) = i_L \dot{\omega}_{out}(t) \tag{6-40}$$

联系式（6-29）~式（6-31）可以得到，CH 和 CL 在转矩交换阶段需要通过精确的控制（如 PID 控制）来保证的转矩关系如下：

$$T_{\text{CL}} = -\frac{J_{\text{out}} + i_{\text{L}} i_{\text{H}} J_{\text{in}}}{J_{\text{out}} + i_{\text{L}}^2 J_{\text{in}}} T_{\text{CH}} + \frac{J_{\text{out}}}{J_{\text{out}} + i_{\text{L}}^2 J_{\text{in}}} T_{\text{in}} + \frac{i_{\text{L}} J_{\text{in}}}{J_{\text{out}} + i_{\text{L}}^2 J_{\text{in}}} T_{\text{out}} \quad (6\text{-}41)$$

输出端冲击度：

$$\ddot{\omega}_{\text{out}} = \frac{i_{\text{H}} - i_{\text{L}}}{J_{\text{out}} + i_{\text{L}}^2 J_{\text{in}}} \frac{\mathrm{d}T_{\text{CH}}}{\mathrm{d}t} + \frac{i_{\text{L}}}{J_{\text{out}} + i_{\text{L}}^2 J_{\text{in}}} \frac{\mathrm{d}T_{\text{in}}}{\mathrm{d}t} - \frac{1}{J_{\text{out}} + i_{\text{L}}^2 J_{\text{in}}} \frac{\mathrm{d}T_{\text{out}}}{\mathrm{d}t} \quad (6\text{-}42)$$

一般情况在非颠簸路面上，此阶段可以认为 $\frac{\mathrm{d}T_{\text{out}}}{\mathrm{d}t} = 0$，因此传动系统的冲击度与 $\frac{\mathrm{d}T_{\text{CH}}}{\mathrm{d}t}$ 和 $\frac{\mathrm{d}T_{\text{in}}}{\mathrm{d}t}$ 有关。理想情况下，当 CH 的上升转矩和发动机转矩存在如下关系时，系统在转矩交换阶段可以无冲击：

$$\frac{\mathrm{d}T_{\text{CH}}}{\mathrm{d}t} - \frac{i_{\text{L}}}{i_{\text{L}} - i_{\text{H}}} \frac{\mathrm{d}T_{\text{in}}}{\mathrm{d}t} = 0 \quad (6\text{-}43)$$

其中 $i_{\text{L}} - i_{\text{H}} > 0$，这意味着 $\frac{\mathrm{d}T_{\text{in}}}{\mathrm{d}t} > 0$，即需要对发动机进行升矩控制。然而变速器对发动机进行转矩响应请求时，一般只请求降矩而不会请求升矩。这是因为，一旦发动机响应了变速器的升矩请求，则发动机转矩会大于驾驶人实际的转矩要求，这对于车辆运行存在一定的危险性。另一方面，由于转矩交换阶段存在 CH 和 CL 两个离合器的转矩变化，同时这种变化又同发动机转矩有关系，因此对发动机进行额外的转矩控制将增加转矩交换阶段的控制难度。

综上可以得到，采用这种转矩交换方式，不宜进行发动机升矩请求，传动系统存在一定程度的冲击是不可避免的。同时 CH 的转矩上升过快或过慢都会增加系统的冲击，因此在转矩交换阶段，CH 的转矩上升斜率为固定值是不可取的，应根据驾驶人的节气门开度变化率进行标定调整。图 6-19 所示为离合器 CH 和 CL 在升档过程中转矩交换阶段的仿真结果。

在转矩交换阶段，离合器 CH 开始承担转矩，离合器油压逐渐上升。由于理想的转矩交换不可能完全满足，因此根据离合器 CH 和 CL 的油压变动情况不同，CH 和 CL 转矩交换过程存在以下三种可能。

1）CH 和 CL 转矩交换时间缩短。图 6-20 所示为离合器 CH 和 CL 的转矩交换时间由 400ms 缩短为 200ms 后的仿真结果。通过与图 6-19 的仿真结果对比可以看出，转矩交换时间缩短将增加系统的冲击度。

2）CH 上升过快或 CL 下降过慢。图 6-21 所示为离合器 CH 的转矩上升时间缩短为 200ms 而 CL 的转矩时间保持为 400ms 的仿真结果。从仿真结果可以看出，由于 CH 转矩上升过快传动系统发生过约束，增加了传动系统的冲击度。

3）CH 上升过慢或 CL 下降过快。图 6-22 所示为离合器 CL 的转矩上升时间缩短为 200ms 而 CH 的转矩时间保持为 400ms 的仿真结果。从仿真结果可以看出，由于 CL 的转矩卸载过快造成的传动系统的动力中断，而动力中断将造成比前两种情况更恶劣的换档冲击。

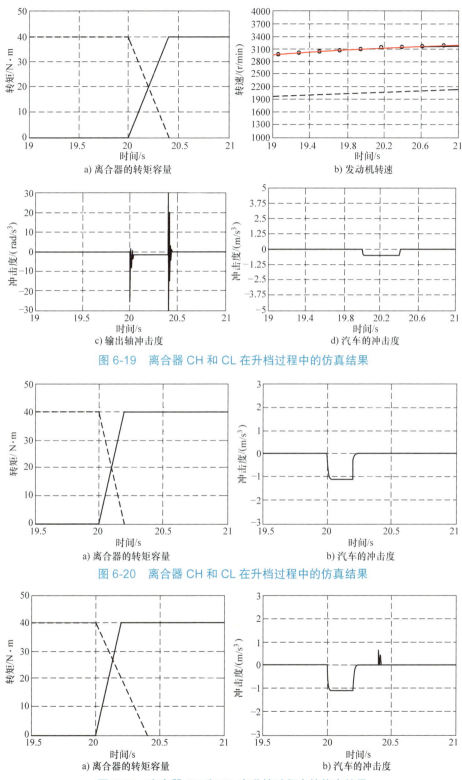

图 6-19 离合器 CH 和 CL 在升档过程中的仿真结果

图 6-20 离合器 CH 和 CL 在升档过程中的仿真结果

图 6-21 离合器 CH 和 CL 在升档过程中的仿真结果

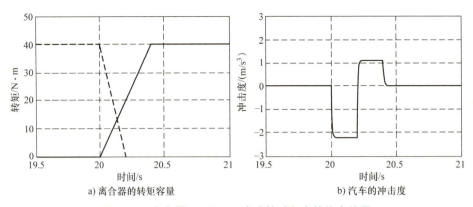

a) 离合器的转矩容量　　　　　　　　b) 汽车的冲击度

图 6-22　离合器 CH 和 CL 在升档过程中的仿真结果

6.2.4 转速同步阶段的离合器动力学分析

在转速同步阶段可以认为 CL 已经完全分离处于带排状态，CH 承担所有的转矩且处于滑摩状态；传动系统的传动比开始从 i_L 向 i_H 过渡，输入端转速由低档位转速同步至高档位转速。此阶段，输入端和输出端的基本转矩平衡公式为式（6-44）和式（6-45），转速同步前后输入和输出端的转速关系描述为式（6-46）。

$$J_{in}\dot{\omega}_{in} = T_{in} - T_{CH} \tag{6-44}$$

$$J_{out}\dot{\omega}_{out} = T_{CH}i_H - T_{out} \tag{6-45}$$

$$\begin{cases} \omega_{in}(t_0) = i_L \omega_{out}(t_0) \\ \omega_{in}(t_e) = i_H \omega_{out}(t_e) \end{cases} \tag{6-46}$$

一般对于升档来说 $\omega_{in}(t_0) > \omega_{in}(t_e)$，即需要通过离合器 CH 将输入端转速"拖下来"。可以通过以下两种方式获得。

1）保持输入轴转矩不变，继续增加 CH 的转矩容量 T_{CH}。

此时可以通过控制 T_{CH} 的数值以获得预期的输入端从 i_L 向 i_H 过渡的加速度，式（6-47）为理想的 T_{CH} 变化过程：

$$T_{CH}(t) = T_{in}(t) - J_{in}\dot{\omega}_{in}(t) \tag{6-47}$$

输出端的冲击度：

$$\ddot{\omega}_{out}(t) = \frac{1}{J_{out}}\left[i_H \frac{dT_{CH}(t)}{dt} - \frac{dT_{out}(t)}{dt}\right] \tag{6-48}$$

根据式（6-48）可以得出，当忽略路面的波动认为输出轴转矩变化率不大时，输出轴的冲击度与离合器 CH 的转矩变化率 $\dfrac{dT_{CH}(t)}{dt}$ 和输出轴转矩变化率 $\dfrac{dT_{out}(t)}{dt}$ 有关。CH 转矩的控制不可避免地会为传动系统引入冲击，特别是这种调整方式下在离合器转矩突变的拐点处会出现高频的极大冲击，图 6-23 所示的仿真结果也可以验证这一点。CH 转矩的平滑控制将是此阶段的重点，通常将在此处引入缓冲函数以降低离合器转矩或发动机转速的突变，缓解传动系统冲击。根据图 6-23a 和图 6-23c 中虚线和实线的对比关系可以看出，增大离合器 CH 的转矩值将会明显缩短转速同步时间进而缩短换档时间，但是这会同时增加输出轴的冲击度。

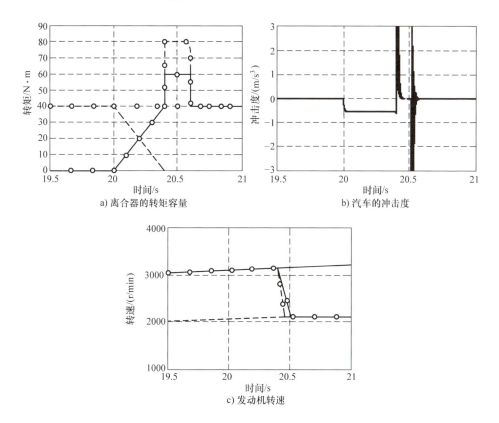

图 6-23 离合器 CH 和 CL 在升档过程中的仿真结果

2）保持 CH 的转矩容量 T_{CH} 不变，请求发动机降扭以降低输入端转矩。

此时可以通过控制发动机转矩的数值以获得预期的输入端从 i_L 向 i_H 过渡的加速度，输入端的转矩变化应符合式（6-49）的描述：

$$T_{in}(t) = T_{CH}(t) + J_{in}\dot{\omega}_{in}(t) \tag{6-49}$$

输出端的冲击度：

$$\dddot{\omega}_{out}(t) = \frac{i_H}{J_{out}}\frac{dT_{in}(t)}{dt} - \frac{J_{in}}{J_{out}}\ddot{\omega}_{in}(t) - \frac{1}{J_{out}}\frac{dT_{out}(t)}{dt} \tag{6-50}$$

根据式（6-50）可以看出，在忽略路面波动等情况时，输出轴的冲击度与输入端降矩的变化率 $\dfrac{dT_{in}(t)}{dt}$ 和输入轴加速度 $\ddot{\omega}_{in}(t)$ 有关。通常将在此处引入缓冲函数以降低离合器转矩或发动机转速的突变，缓解传动系统的冲击，如图 6-24 所示。

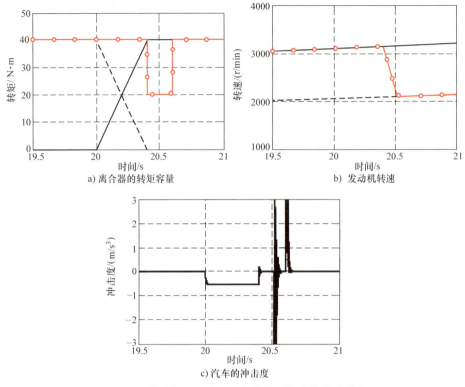

图 6-24 离合器 CH 和 CL 在升档过程中的仿真结果

3）两种同步方案对比。从最终的发动机调速效果和输出端的冲击度来看，两种方式获得的效果基本相同。然而从图 6-25 中离合器的滑摩功率和系统的能量损耗对比，第 2 种转速同步方案（实线）比第 1 种方案（虚线）具有明显的优势。这是因为对于离合器 CH 来说，它在整个转速同步阶段的相对滑差变化基本一样，但是第 1 种方案中离合器 CH 的滑摩转矩大于第 2 种方案的滑摩转矩，第 1 种方案中离合器滑摩功率更大，这对于离合器的使用寿命是不利的。从整

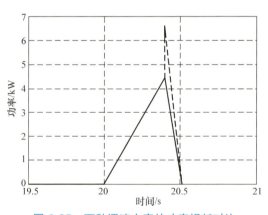

图 6-25 两种调速方案的功率损耗对比

个系统的能量损耗来看，第 1 种方案中需要更高的离合器油压，这势必增加液压系统特别是油泵的供油负载，从而增大了液压系统的能量消耗。

6.2.5 完全分离状态的离合器带排转矩计算

一般来说，对于处于完全分离状态的湿式离合器，在进行传动系统的动力学分析时会忽略其对传动系统的动力学影响。但是从传动系统的效率考虑，其带排转矩是不可忽

略的因素。

带排转矩将为系统带来不必要的功率损耗，降低传动效率，润滑油液在摩擦元件之间形成润滑油膜，当摩擦副之间存在转速差时，由于油膜的剪切作用而产生带排转矩。但是，为保证湿式离合器摩擦元件正常工作，又应不断地向摩擦元件之间供油，使润滑油液通过摩擦表面的油槽。因此带排转矩是不希望出现却又不可避免的。

对于湿式离合器带排转矩通常使用牛顿内摩擦定律进行计算，假设离合器的各个摩擦元件之间的分离间隙均匀分布，在间隙中能够形成足够的润滑油膜且忽略摩擦片表面的沟槽。图 6-26 所示为本研究采用的湿式离合器带排转矩计算模型。

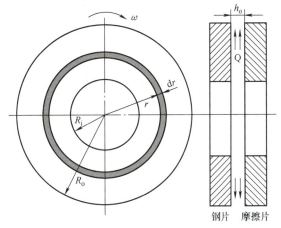

图 6-26 带排转矩计算模型

根据图 6-26 所示的模型，在摩擦元件以转速 $\Delta\omega$ 相对转动时，在摩擦半径 r 处的微元面积 $\mathrm{d}A=2\pi r\mathrm{d}r$ 上润滑油膜的剪切应力为

$$\tau = \frac{\eta r \Delta\omega}{h_0} \tag{6-51}$$

则微元面积 $\mathrm{d}A$ 上油膜的剪切转矩为

$$\mathrm{d}T = r\tau \mathrm{d}A = \frac{2\pi\eta\omega}{h_0} r^3 \mathrm{d}r \tag{6-52}$$

通过在整个摩擦面积上积分可以得到 N 个完整摩擦副上的带排转矩为

$$T_\tau = N\frac{\pi\eta\omega}{2h_0}(r^4 - r_i^4) \tag{6-53}$$

本研究在湿式离合器带排转矩的估算中借用了上述带排转矩的计算原理并搭建了 SimulationX 的多学科动力学仿真模型，如图 6-27 所示。

图 6-28 和图 2-29 是仿真结果，从仿真结果可以看出以下三点。

1）湿式离合器的带排转矩与其主被动端相对转速成正比，在常温（25℃）油温、相对转速低于 6000r/min 的情况下单个离合器的带排转矩低于 20N·m，对于 8AT 来说，在正常档位工作时，有两个离合器分离，同样条件下其带排转矩低于 35N·m。

2）湿式离合器的带排转矩与温度呈非线性关系，并随着温度升高而降低。在主被动端相对转速 5000r/min 的情况下，油温 0℃时，单个离合器的带排转矩达到 100N·m，对于 8AT 来说，在正常档位工作时其最大的带排转矩将达到 190N·m。但是随着油温的升高湿式离合器的带排转矩迅速降低，当油温升高到 30℃以上时，单个离合器的带排转矩降低到 10N·m 以下。这说明 AT 自动变速器在高寒地区工作时，应尽快使变速器升温以降低带排损失。

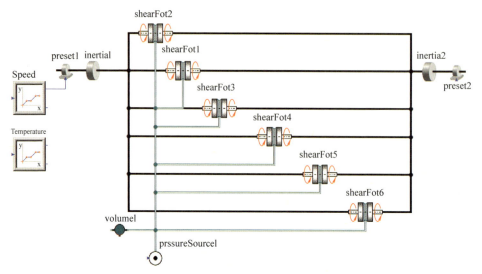

图 6-27　湿式离合器带排转矩仿真模型

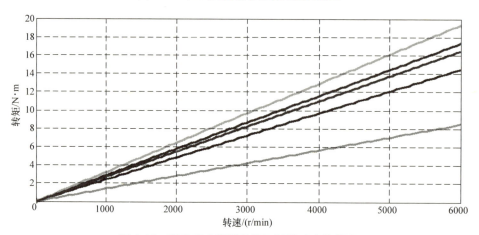

图 6-28　湿式离合器带排转矩随转速变化曲线

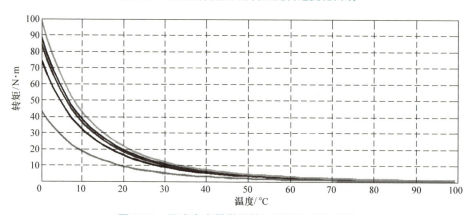

图 6-29　湿式离合器带排转矩随温度变化曲线

3）该带排转矩仿真模型未考虑摩擦片的表面形状、离合器的结构、润滑油液流量等的影响，因此仿真结果与试验结果会存在一定的偏差。但是，这种偏差仅限于数值上的误差，对于结果曲线的趋势是没有影响的，且计算快速，可批量计算，对整个系统的快速优化和优化方向具有一定的参考价值。

6.3 有动力升档控制原理分析

结合前面的论述，下面以双离合器结构形式的传动系统对有动力升档、有动力降档、无动力升档和无动力降档四种典型换档类型换档控制原理进行更加详细的分析。为了表述更清楚，后续分析中，把换档过程中要接合的离合器称为 Oncoming 离合器；把换档过程中要分离的离合器称为 Offgoing 离合器。

6.3.1 有动力升档控制基本原理

在车辆行驶过程中，自动变速器控制单元 TCU 根据驾驶人的意图和当前行驶工况执行升档操作，且在该升档过程中功率从变速器输入轴正向传递到输出轴，这种情况下的升档被称为有动力升档。有动力升档一般发生在驾驶人踩加速踏板稳定加速前进的工况下。

图 6-30 为有动力升档的分析原理图。传动比采用 8AT 的真实参数，其中低速档为 8AT 的 2 档，传动比为 2.653，高速档为 8AT 的 3 档，传动比为 1.692。图中标注的相关参数为一个典型的有动力升档工况，此时，车辆保持 2 档运行，节气门开度为 25%，对应的发动机转矩 T_e 为 100N·m，发动机转速 θ_e 为 2000r/min，以 2 档的速比可以计算出此时的输出轴转速 θ_2 为 754r/min，车速 v 为 25.7km/h（其中主减速比 i_d 为 3.56，轮胎半径 R_r 为 0.322m）。

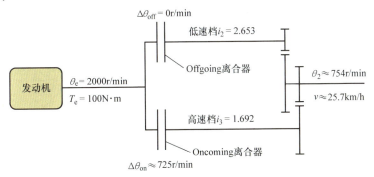

图 6-30　有动力升档分析原理图

在这一时刻，根据驾驶人命令的节气门开度可知，驾驶人的驾驶意图为车辆以中小负荷行驶，对动力性需求不强，因此此时 TCU 的控制模式应当更多地考虑发动机的燃油经济性，而此时发动机转速已经达到了 2000r/min，即将离开发动机工作的经济工作区域，因此在该工况点，按照换档 MAP 图，TCU 需要马上执行升档控制来降低发动机的转速，以使发动机持续工作在经济区域，因为此时车辆受到传动系统输出的驱动力加速前进，功率从发动机通过变速器正向传递到车轮，所以该升档为有动力 2 档升 3 档。

在该有动力升档的开始阶段，由于车辆之前一直保持 2 档运行，因此 Offgoing 离合器保持闭锁状态，滑差 $\Delta\theta_{off}$ 为 0，根据此时输出轴转速和高速档的传动比可以反算出目标发动机转速约为 1275r/min，因此可以计算出此时 Oncoming 离合器的滑差 $\Delta\theta_{on}$ 为 725r/min。

在传统装配手动档变速器或者 AMT（电控机械自动变速器）的车辆中，由于仅有一个离合器介于发动机与变速器之间，为了顺利完成此种工况的档位切换，需要首先将离合器完全打开，这样没有转矩作用在变速器的输入轴，此时可以通过同步器快速完成输入轴转速的变速过程，待同步器完成同步后，再逐渐接合离合器完成发动机的变速过程。在整个过程中，节气门开度一直为 0，待离合器完成同步后，再将节气门开度返回初始值加速车辆行驶。可以发现，在整个换档过程中存在动力中断，车辆需要经历加速、滑行、再加速三个阶段，这一点影响最大的是驾驶者和乘员的舒适性，也会对整车的动力性造成一定影响，因为在换档过程中没有动力驱动车辆，只能保持滑行。

在 AT 和 DCT 自动变速器中，由于采用双离合器或多个离合器的结构设计，在结构原理上可以实现在打开一个离合器的同时接合另外一个离合器，这让实现有动力换档成为可能。在换档过程中，可以保持节气门开度不变，让发动机持续输出动力，在逐渐打开 Offgoing 离合器时，由于此时发动机转矩通过 Offgoing 离合器传递到车轮的部分在逐渐降低，为了保持持续的动力输出，可以逐渐闭合 Oncoming 离合器，将发动机转矩通过 Offgoing 离合器传递的转矩逐渐转移到 Oncoming 离合器上，但这需要有一个前提条件，那就是此时 Oncoming 离合器具有传递正向转矩的能力（将发动机的转矩传递到车轮），通过上面计算的 Oncoming 离合器滑差 $\Delta\theta_{on}=725r/min>0$，为正向滑差，说明 Oncoming 离合器发动机侧摩擦片的转速大于车轮侧摩擦片的转速，此时在该离合器活塞缸建立油压，传递转矩的方向为发动机侧到车轮侧，因此，此时的 Oncoming 离合器具有传递正向转矩的能力。

发动机转矩从 Offgoing 离合器逐渐转移到 Oncoming 离合器的过程被称为转矩相，如图 6-31 所示。在转矩相的控制过程中，首先需要快速降低 Offgoing 离合器的转矩容量，使其达到略大于 Offgoing 离合器此时真实传递的转矩值，这一步的目的在随后的分析中会指出。然后控制 Offgoing 离合器传递转矩按照一定斜率下降，与此同时，Oncoming 离合器传

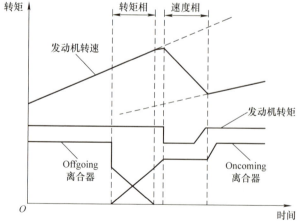

图 6-31 有动力升档离合器到离合器换档过程控制原理图

递转矩按照一定斜率上升，在 DCT 变速器中，由于 Oncoming 离合器和 Offgoing 离合器均在变速器的输入端，两个转矩系数相同，因此，Oncoming 离合器的上升斜率应与

Offgoing 离合器下降斜率相等，以此保证传递的发动机转矩总和保持不变，发动机转速在转矩相仍按照原有斜率保持上升，如图 6-31 中所示。此处需要强调一点，虽然两个离合器传递的发动机转矩总和保持不变，但此时 Oncoming 离合器对应的 3 档传动比小于 Offgoing 离合器对应的 2 档传动比，因此，在转矩相过程中，变速器的输出转矩在逐渐缩小。当发动机转矩从 Offgoing 离合器完全转移到 Oncoming 离合器时，Offgoing 离合器完全打开，转矩相结束。

在转矩相的控制过程中，若 Offgoing 离合器和 Oncoming 离合器的转矩控制不当，会发生两种现象，一种是发动机飞车（Flare），另一种是功率回流（Tie-up），这两种现象发生都会导致换档品质的下降。

图 6-32 显示的是转矩相控制不当导致的发动机飞车现象。当发动机转矩从 Offgoing 离合器转移到 Oncoming 离合器的过程中，首先假设 Oncoming 离合器传递的转矩按照图 6-31 所示斜率上升，Offgoing 离合器传递转矩以更快的速度下降，如图 6-32 中红线所示，Offgoing 离合器多下降部分转矩无法通过 Oncoming 离合器传递到车轮上，而此时发动机输出转矩保持不变，该部分转矩将被用于加速变速器输入端，由于发动机和液力变矩器的转动惯量相对较小，会导致发动机转速快速上升，发生飞车现象；同样的原理，假设 Offgoing 离合器实际传递转矩按照预期斜率下降，而 Oncoming 离合器传递转矩上升较慢，会导致本因传递到 Oncoming 离合器的部分发动机转矩用于加速发动机转速快速上升，同样会导致飞车现象，如图 6-32 中红线所示。

图 6-33 显示的是转矩相控制不当导致的发动机功率回流现象。当发动机转矩从 Offgoing 离合器转移到 Oncoming 离合器时，首先假

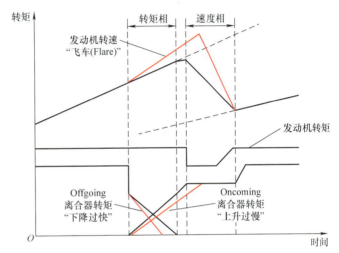

图 6-32 转矩相控制不当导致的发动机飞车现象

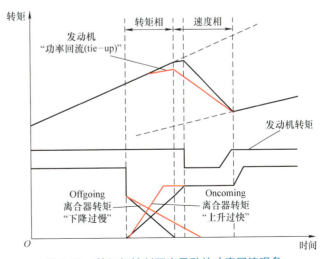

图 6-33 转矩相控制不当导致的功率回流现象

设 Offgoing 离合器传递转矩按照预期斜率下降，若此时 Oncoming 离合器传递转矩上升过快，由于此时 Offgoing 离合器处于闭合状态，其转矩容量大于实际传递的转矩，会导致 Offgoing 离合器实际传递转矩下降过快，由于此时 Oncoming 离合器处于正向打滑状态，其转矩容量与实际传递转矩相等，当 Oncoming 离合器转矩上升到足以传递全部发动机转矩时，Offgoing 离合器实际传递转矩将变为 0，随着 Oncoming 离合器传递转矩继续上升，由于此时 Offgoing 离合器的转矩容量处于下降过程中，还未达到 0，Offgoing 离合器将传递负向转矩，此时发动机传递到 Oncoming 离合器的部分功率将通过 Offgoing 离合器又反向流回到发动机，而无法传递到车轮，而该部分功率将使发动机的加速度下降，如图 6-33 中红线所示，发生功率回流现象；同样的原理，当 Oncoming 离合器传递转矩按照预期斜率上升，而 Offgoing 离合器传递转矩下降过慢时，由于 Offgoing 离合器不能即时脱离，在转矩相的后半段也将传递负向转矩，导致功率回流现象的发生。

当 Offgoing 离合器完全打开，发动机转矩从 Offgoing 离合器完全转移到 Oncoming 离合器时，转矩相结束，下一阶段为速度相，如图 6-34 所示。在该阶段需要完成变速器输入轴的调速过程。由于此时发动机还处于 2 档传动比对应的转速，为了平顺地将档位切换到目标档位 3 档，需要平稳地将发动机控制到 3 档传动比对应的转速，此时发动机转矩已经完全转移到 Oncoming 离合器上，可以通过两种方式实现发动机转速下降以完成变速。第一种是增加 Oncoming 离合器的转矩容量，因为在完成变速之前，Oncoming 离合器一直处于正向滑摩状态，其转矩容量与实际传递转矩保持相等，因此增加转矩容量可以让 Oncoming 离合器实际传递转矩大于发动机转矩，增加的部分转矩用于降低发动机转速实现变速，在此阶段 Oncoming 离合器传递的能量为发动机做的功和发动机转速的惯性能之和，因此该阶段又称为惯性相；第二种方法是降低发动机降矩控制，因为通过发动机降矩的方式同样可以实现 Oncoming 离合器传递转矩大于发动机转矩，从而实现发动机的降速过程。当 Oncoming 离合器滑差变为 0 后，速度相结束，完成档位切换。

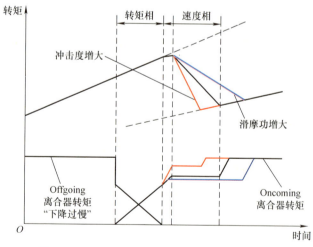

图 6-34　速度相中发动机变速过快或过慢分析

在转矩相的调速过程中，若 Oncoming 离合器传递转矩过高，如图 6-34 中红线所示，会导致发动机转速变速过快，而在速度相完成时，由于由发动机惯性而增加的驱动力会突然消失（因为完成同步后不再有惯性功率），会产生较大的冲击度；若 Oncoming 离合器传递转矩过低，如图 6-34 中蓝线所示，会导致发动机转速变速过慢，这样会导致 Oncoming 离合器在速度相期间产生较多的滑摩功（Oncoming 离合器摩擦产生的热能），影响离合器的工作寿命。

6.3.2 有动力升档不同控制方法原理

由上一节分析可知，在有动力升档的转矩相过程中，若 Offgoing 离合器和 Oncoming 离合器传递转矩变化配合不当，会导致发动机飞车或功率回流现象，这两种现象都会导致在转矩相过程中产生部分动力中断，影响换档品质。其中，发动机飞车还会导致在速度相中产生过多的滑摩功，且由于 Oncoming 离合器滑差进一步增大，需要更大的转矩克服发动机惯性，容易产生冲击；发生功率回流现象时，Oncoming 离合器会在大滑差状态下传递过高的转矩却无法使发动机变速，同样会导致 Oncoming 离合器的过度滑摩。

在早期的 AT 变速器中，由于受到电子控制技术和液压控制技术的时代局限，多采用开关电磁阀控制变速过程，很难实现对离合器传递转矩的精确控制，这也使得在转矩相过程中 Oncoming 离合器和 Offgoing 离合器传递转矩的相互配合控制变得非常不稳定，因此，在当时的自动变速器设计中使用了单向离合器，由于低档时传递的转矩较大，低档位的 Offgoing 离合器多采用单向离合器的结构设计。

单向离合器的结构特点是只能传递一个方向的转矩，这一点恰好可以辅助有动力升档时转矩相的控制。当 Offgoing 离合器转矩容量下降过慢，或 Oncoming 离合器转矩容量上升过快，或两者同时发生时，由于 Offgoing 离合器采用单向离合器的结构设计，只能传递正向转矩，当 Offgoing 离合器实际传递转矩下降到 0 后会自动脱开，不会传递负向转矩，从而避免功率回流现象的

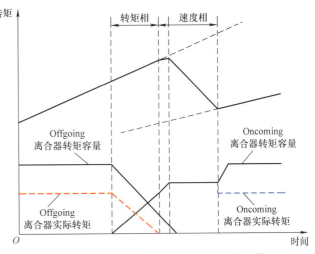

图 6-35 采用单向离合器的有动力升档控制原理

发生。因此，这种类型变速器的有动力升档控制仅需避免发动机飞车现象的发生，可以采用图 6-35 所示的控制方法，图中红色虚线为 Offgoing 离合器实际转矩，蓝色虚线为 Oncoming 离合器实际转矩。

随着电子控制和液压控制技术水平的提升，可以通过比例电磁阀实现对离合器传递转矩较为精确的控制，可以取消单向离合器的辅助设计，这也使得 DCT 变速器的广泛使用成为可能。由于没有单向离合器，在转矩相的末端需要主动控制 Offgoing 离合器打开，防止传递负向转矩，而在实际应用中，变速器控制单元无法得知 Offgoing 离合器真实传递转矩大小的情况，因此，在转矩相开始阶段需要将 Offgoing 离合器的转矩容量下降到略大于实际转矩的大小，以确保在转矩相结束时 Offgoing 离合器能完全打开。在速

度相阶段，可以通过提升 Oncoming 离合器转矩容量和发动机降矩共同作用完成变速过程，控制原理如图 6-31 所示。

由之前的分析可知，在转矩相过程中，变速器输出转矩会因为传动比变小而逐渐下降，下降的这部分转矩在原理上可以通过发动机在转矩相阶段逐渐升矩补充，同时需要增加 Oncoming 离合器转矩容量的上升斜率，以传递增加的发动机转矩，保持变速器输出转矩不变，如图 6-36 所示。从图中可以发现，虽然节气门开度保持不变，当采用这种控制方式时，换档后的发动机转矩较

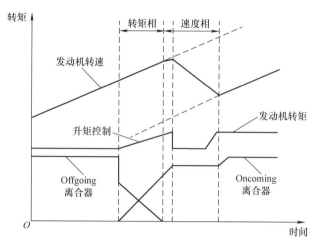

图 6-36　基于变速器输出功率的有动力升档控制

换档前增加了，若在换档结束后，将发动机转矩返回到换档前的水平，则变速器输出转矩会突然下降到 3 档对应水平，而这背离了这种控制方法的初衷。因此，当采用这种换档控制时，发动机应当采用基于变速器输出转矩的节气门开度 MAP 图，而不能采用目前广泛采用的基于发动机转矩或功率的节气门开度 MAP 图。采用该种方式时可以保持换档前和换档后车辆的加速度不变，如图中所示。虽然这种控制方式可以进一步提升换档品质，但由于目前传统燃油汽车向着多档位变速器发展，档间比较小，因此该方法提升的换档品质主观感受不明显，且该方法需要更高层次的发动机与变速器的集成控制，不利于实际应用，因此目前该方法在传统燃油汽车中还未被广泛采用。

6.3.3　8AT 中有动力升档仿真分析

以上为便于分析，采用了双离合器结构形式分析了有动力升档的控制原理。而在 8AT 变速器中，采用了行星排和定轴齿轮相结合的机械结构形式，包含五个离合器，且散布在箱体内的各个位置，因此发动机转矩并非 1:1 地通过离合器传递，各个离合器之间和相同离合器不同档位的转矩系数（离合器传递转矩的大小与输入轴转矩的比值）不同，为了便于分析 AT 变速器的换档控制方法，首先需要计算各个离合器在不同档位的转矩系数。

首先计算各个离合器在不同档位的稳态转矩系数，可以借助 8AT 机械结构动力学模型完成计算，见式（5-115）。由于 8AT 处于稳态工况，因此各个轴的角加速度为 0（$\ddot{\theta}_j=0 \quad j=1,2,\dots,10$），代入式（5-115）后可以得到式（6-54），该式 F_f 中包含 12 个未知量，但仅有 10 个线性无关方程组，因此还需要两个线性无关方程才能求解，而 8AT 为四自由度变速器，需要接合三个离合器打开两个离合器形成一个档位，忽略带排转矩，可以得到两个打开离合器传递转矩为 0 的方程。至此，可以计算出各个离合器不同档位的稳态转矩系数，通过 Matlab 中符号计算工具箱可以得到其计算公式，见式（6-55）~式（6-81）。

$$M_f F_f = T_f \quad (6\text{-}54)$$

式中

$$M_f = \begin{bmatrix} -R_{m1s}-R_{m1r} & 0 & 0 & 0 & 0 & 0 & 0 & 0 & -1 & 0 & 0 & 0 \\ 0 & -R_{m2s}-R_{m2r} & -R_{m3s}-R_{m3r} & 0 & 0 & 0 & -1 & 0 & 0 & 0 & 0 & 0 \\ R_{m1s} & 0 & 0 & 0 & 0 & 0 & 0 & -1 & 0 & 0 & 0 & 1 \\ R_{m1r} & 0 & 0 & R_4 & 0 & 0 & 0 & 0 & 0 & 0 & -1 & 0 \\ 0 & 0 & 0 & 0 & R_5 & 0 & 0 & 0 & 1 & 0 & 1 & 0 \\ 0 & 0 & 0 & 0 & 0 & R_6 & 0 & 0 & 0 & 0 & 0 & -1 \\ 0 & R_{m2s} & 0 & -R_7 & 0 & 0 & 0 & 0 & 0 & 0 & 0 & 0 \\ 0 & 0 & R_{m3s} & 0 & -R_8 & 0 & 0 & 0 & 0 & 1 & 0 & 0 \\ 0 & R_{m2r} & 0 & 0 & 0 & 0 & 0 & 0 & 0 & -1 & 0 & 0 \\ 0 & 0 & R_{m3r} & 0 & 0 & -R_{10} & 0 & 0 & 0 & 0 & 0 & 0 \end{bmatrix}$$

$$F_f = \begin{bmatrix} N_{m1} F_{m1}^* & N_{m2} F_{m2}^* & N_{m3} F_{m3}^* & F_{47}^* & F_{58}^* & F_{610}^* & T_2 & T_{B1} & T_{C1} & T_{C2} & T_{C3} & T_{C4} \end{bmatrix}^T$$

$$T_f = \begin{bmatrix} T_1 & 0 & 0 & 0 & 0 & 0 & 0 & 0 & 0 & 0 \end{bmatrix}^T$$

$$\beta_{B1R} = \frac{-R_6 R_7 R_{m1r} R_{m2r} R_{m3r} - R_4 R_{10} R_{m1s} R_{m2s} R_{m3s}}{R_4 R_{10} R_{m2s} R_{m3s} (R_{m1s} + R_{m1r})} \quad (6\text{-}55)$$

$$\beta_{C2R} = \frac{R_7 R_{m1r} R_{m2r}}{R_4 R_{m2s} (R_{m1s} + R_{m1r})} \quad (6\text{-}56)$$

$$\beta_{C4R} = \frac{-R_6 R_7 R_{m1r} R_{m2r} R_{m3r}}{R_4 R_{10} R_{m2s} R_{m3s} (R_{m1s} + R_{m1r})} \quad (6\text{-}57)$$

$$\beta_{B1D1} = \frac{R_6 R_8 R_{m3r}}{R_5 R_{10} R_{m3s}} \quad (6\text{-}58)$$

$$\beta_{C1D1} = -1 \quad (6\text{-}59)$$

$$\beta_{C4D1} = \frac{R_6 R_8 R_{m3r}}{R_5 R_{10} R_{m3s}} \quad (6\text{-}60)$$

$$\beta_{B1D2} = \frac{R_6 R_8 R_{m1r} R_{m3r} - R_5 R_{10} R_{m1s} R_{m3s}}{R_5 R_{10} R_{m3s} (R_{m1s} + R_{m1r})} \quad (6\text{-}61)$$

$$\beta_{C3D2} = \frac{-R_{m1r}}{R_{m1s} + R_{m1r}} \quad (6\text{-}62)$$

$$\beta_{C4D2} = \frac{R_6 R_8 R_{m1r} R_{m3r}}{R_5 R_{10} R_{m3s} (R_{m1s} + R_{m1r})} \quad (6\text{-}63)$$

$$\beta_{C1D3} = \frac{R_6 R_8 R_{m1r} R_{m3r} - R_5 R_{10} R_{m1s} R_{m3s}}{R_6 R_8 R_{m1s} R_{m3r} + R_5 R_{10} R_{m1s} R_{m3s}} \quad (6\text{-}64)$$

$$\beta_{\text{C3D3}} = \frac{-R_6 R_8 R_{\text{m1r}} R_{\text{m3r}}}{R_6 R_8 R_{\text{m1s}} R_{\text{m3r}} + R_5 R_{10} R_{\text{m1s}} R_{\text{m3s}}} \tag{6-65}$$

$$\beta_{\text{C4D3}} = \frac{R_6 R_8 R_{\text{m3r}}}{R_6 R_8 R_{\text{m3r}} + R_5 R_{10} R_{\text{m3s}}} \tag{6-66}$$

$$\beta_{\text{C2D4}} = \frac{R_7 R_{\text{m2r}} (R_6 R_8 R_{\text{m1r}} R_{\text{m3r}} - R_5 R_{10} R_{\text{m1s}} R_{\text{m3s}})}{R_6 R_{\text{m3r}} (R_5 R_7 R_{\text{m2r}} + R_4 R_8 R_{\text{m2s}})(R_{\text{m1s}} + R_{\text{m1r}})} \tag{6-67}$$

$$\beta_{\text{C3D4}} = \frac{-R_5 (R_6 R_7 R_{\text{m1r}} R_{\text{m2r}} R_{\text{m3r}} + R_4 R_{10} R_{\text{m1s}} R_{\text{m2s}} R_{\text{m3s}})}{R_6 R_{\text{m3r}} (R_5 R_7 R_{\text{m2r}} + R_4 R_8 R_{\text{m2s}})(R_{\text{m1s}} + R_{\text{m1r}})} \tag{6-68}$$

$$\beta_{\text{C4D4}} = \frac{R_{\text{m1s}}}{R_{\text{m1s}} + R_{\text{m1r}}} \tag{6-69}$$

$$\beta_{\text{C1D5}} = \frac{-R_5 R_6 R_7 R_{\text{m1r}} R_{\text{m2r}} R_{\text{m3r}} - R_4 R_5 R_{10} R_{\text{m1s}} R_{\text{m2s}} R_{\text{m3s}}}{R_5 R_6 R_7 R_{\text{m1r}} R_{\text{m2r}} R_{\text{m3r}} + R_4 R_5 R_{10} R_{\text{m1s}} R_{\text{m2s}} R_{\text{m3s}} + R_4 R_6 R_8 (R_{\text{m1r}} R_{\text{m2s}} R_{\text{m3r}} + R_{\text{m1s}} R_{\text{m2s}} R_{\text{m3r}})} \tag{6-70}$$

$$\beta_{\text{C2D5}} = \frac{R_6 R_7 R_8 R_{\text{m1r}} R_{\text{m2r}} R_{\text{m3r}}}{R_5 R_6 R_7 R_{\text{m1r}} R_{\text{m2r}} R_{\text{m3r}} + R_4 R_5 R_{10} R_{\text{m1s}} R_{\text{m2s}} R_{\text{m3s}} + R_4 R_6 R_8 (R_{\text{m1r}} R_{\text{m2s}} R_{\text{m3r}} + R_{\text{m1s}} R_{\text{m2s}} R_{\text{m3r}})} \tag{6-71}$$

$$\beta_{\text{C4D5}} = \frac{R_4 R_6 R_8 R_{\text{m1s}} R_{\text{m2s}} R_{\text{m3r}}}{R_5 R_6 R_7 R_{\text{m1r}} R_{\text{m2r}} R_{\text{m3r}} + R_4 R_5 R_{10} R_{\text{m1s}} R_{\text{m2s}} R_{\text{m3s}} + R_4 R_6 R_8 (R_{\text{m1r}} R_{\text{m2s}} R_{\text{m3r}} + R_{\text{m1s}} R_{\text{m2s}} R_{\text{m3r}})} \tag{6-72}$$

$$\beta_{\text{C1D6}} = -1 \tag{6-73}$$

$$\beta_{\text{C2D6}} = \frac{R_7 R_8 R_{\text{m2r}}}{R_5 R_7 R_{\text{m2r}} + R_4 R_8 R_{\text{m2s}}} \tag{6-74}$$

$$\beta_{\text{C3D6}} = \frac{R_4 R_8 R_{\text{m2s}}}{R_5 R_7 R_{\text{m2r}} + R_4 R_8 R_{\text{m2s}}} \tag{6-75}$$

$$\beta_{\text{B1D7}} = \frac{-R_4 R_8 R_{\text{m1s}} R_{\text{m2s}}}{R_5 R_7 R_{\text{m1r}} R_{\text{m2r}} + R_4 R_8 R_{\text{m1r}} R_{\text{m2s}} + R_4 R_8 R_{\text{m1s}} R_{\text{m2s}}} \tag{6-76}$$

$$\beta_{\text{C1D7}} = \frac{-R_5 R_7 R_{\text{m1r}} R_{\text{m2r}}}{R_5 R_7 R_{\text{m1r}} R_{\text{m2r}} + R_4 R_8 R_{\text{m1r}} R_{\text{m2s}} + R_4 R_8 R_{\text{m1s}} R_{\text{m2s}}} \tag{6-77}$$

$$\beta_{\text{C2D7}} = \frac{R_7 R_8 R_{\text{m1r}} R_{\text{m2r}}}{R_5 R_7 R_{\text{m1r}} R_{\text{m2r}} + R_4 R_8 R_{\text{m1r}} R_{\text{m2s}} + R_4 R_8 R_{\text{m1s}} R_{\text{m2s}}} \tag{6-78}$$

$$\beta_{\text{B1D8}} = \frac{-R_{\text{m1s}}}{R_{\text{m1s}} + R_{\text{m1r}}} \tag{6-79}$$

$$\beta_{\text{C2D8}} = \frac{R_7 R_8 R_{\text{m1r}} R_{\text{m2r}}}{(R_5 R_7 R_{\text{m2r}} + R_4 R_8 R_{\text{m2s}})(R_{\text{m1s}} + R_{\text{m1r}})} \tag{6-80}$$

$$\beta_{\text{C3D8}} = \frac{-R_5 R_7 R_{\text{m1r}} R_{\text{m2r}}}{(R_5 R_7 R_{\text{m2r}} + R_4 R_8 R_{\text{m2s}})(R_{\text{m1s}} + R_{\text{m1r}})} \tag{6-81}$$

式中，β_{mn} (m = B1,C1,C2,C3,C4; n = R, D1, D2, …, D8) 为第 m 个离合器对应第 n 个档位的稳态转矩系数。

8AT 结构参数见表 6-3。由这些结构参数可以计算出五个离合器在不同档位下对应的稳态转矩系数，见表 6-4。

表 6-3　8AT-300 结构参数　　　　　　　　　　　　　　单位：mm

半径	数值	半径	数值
R_{m1s}	63.36	R_4	131.51
R_{m1r}	110.57	R_7	132.64
R_{m2s}	58.36	R_5	132.23
R_{m2r}	114.39	R_8	132.23
R_{m3s}	35.09	R_6	83.38
R_{m3r}	111.37	R_{10}	180.43

表 6-4　8AT-300 各个离合器不同档位的稳态转矩系数

档位	B1	C1	C2	C3	C4
R	−2.208		1.257		−1.843
D1	1.467	−1			1.467
D2	0.568			−0.636	0.932
D3		0.632		−1.038	0.595
D4			0.257	−0.506	0.364
D5		−0.601	0.502		0.145
D6		−1	0.664	0.336	
D7	−0.161	−0.557	0.557		
D8	−0.364		0.422	−0.422	

由表中数据可以发现，不同离合器在相同档位和相同离合器在不同档位下的转矩系数均不相同。虽然 8AT 的所有可能出现的换档情况均为简单换档，但在换档过程控制中，由于两个闭合离合器的转矩系数变化导致其传递转矩发生变化，需要确保两个闭合离合器的转矩容量大于其实际传递转矩以确保其一直处于闭锁状态；且由于 Oncoming 离合器与 Offgoing 离合器的转矩系数不再是 1∶1 的关系，因此，在转矩相阶段，Oncoming 离合器实际传递转矩的上升斜率 k_{oc} 应与 Offgoing 离合器实际传递转矩的下降斜率 k_{og} 呈式（6-82）所示的线性关系。

$$\frac{k_{oc}}{k_{og}} = \frac{\beta_{oc}}{\beta_{og}} \tag{6-82}$$

式中，β_{oc} 为 Oncoming 离合器的转矩系数；β_{og} 为 Offgoing 离合器的转矩系数。

采用第 5 章建立的动力传动系数模型，在图 6-30 对应工况下的有动力 2 档升 3 档比较理想的离合器到离合器换档过程的仿真结果如图 6-37 所示。车辆在 12s 之前保持 2 档运行，节气门开度为 25%，发动机输出转矩为 100N·m，液力变矩器处于闭锁状态，在 12s 时输入轴转速 $\dot{\theta}_i$ 达到 2000r/min，执行 2—3 档有动力换档过程。首先将 B1 离合器转矩容量快速下降到其实际转矩的大小。根据稳态转矩系数可以计算出该值为 $\beta_{B1D2}T_e=56.8\text{N·m}$，但因为此时传动系统处于加速状态，考虑到 B1 离合器前端的转动惯量（包括发动机、液力变矩器、变速器输入轴及相关行星排的转动惯量），实际通过 B1 传递的转矩小于该值设定的转矩值，且两轴转速变化的方向相反，而轴 3 为行星排 1 的太阳轮，轴 4 为行星排 1 的齿圈，这导致了行星排 1 中行星轮转速在速度相阶段转速变化幅度过大。转矩相时间为 400ms，通过该时间计算出 B1 离合器转矩容量的下降斜率，在 12.4s 时变为 0。通过公式计算出 Oncoming 离合器转矩容量在转矩相的上升斜率，从图中可以看出变速器输出转矩 T_2 在转矩相阶段逐渐下降，这与之前的分析相符。在 12.4s 时，输入轴转速上升到 2114r/min 后开始变速，发动机转矩顺利平稳地从 Offgoing 离合器转移到 Oncoming 离合器进入速度相。在速度相阶段发动机进行降矩控制，Oncoming 离合器在速度相开始阶段略微上升以缩短变速时间，在速度相后期，发动机转矩逐渐回复到初始值，输出转矩略微上升，在 13s 时变速完成，惯性转矩消失，C1 离合器由滑摩状态变为闭锁状态，输出转矩和 C1 实际转矩快速变化到 3 档对应的水平。为了保证 C1 离合器能够一直保持闭锁状态，将其转矩容量逐渐提升到最大值，整个换档过程结束。

图 6-37 中还显示了 2—3 档换档过程中部分轴的转速变化情况。从图中可以发现，在速度相阶段轴 3 的转速 $\dot{\theta}_3$ 与轴 4 的转速 $\dot{\theta}_4$ 变化的幅度比较大，大于输入轴转速的变化幅度中可以看出该行星轮转速在变速阶段由约 –5800r/min 变化到约 1400r/min，速度变化幅度超过了 7200r/min。因此，在该换档情况下变速时间不能过短，否则很有可能在换档过程中产生噪声。

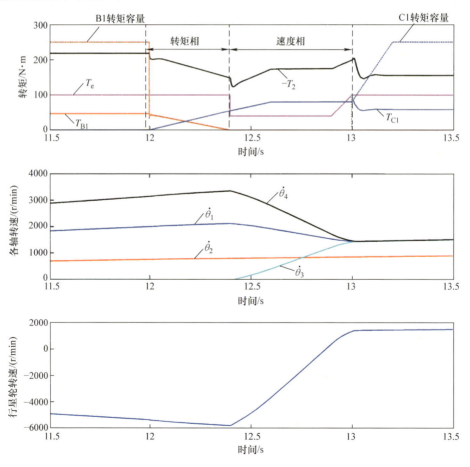

图 6-37　有动力 2—3 档比较理想的仿真结果

图 6-38 为在转矩相阶段 Offgoing 离合器传递转矩下降过快而引起的发动机飞车现象。当这种现象发生时会导致在转矩相阶段变速器输出转矩下降幅度过大,产生动力中断,影响换档品质,且发动机飞车时发动机转速快速上升会导致发动机噪声突然增大,同时会导致 Oncoming 离合器的过度滑摩,影响使用寿命。

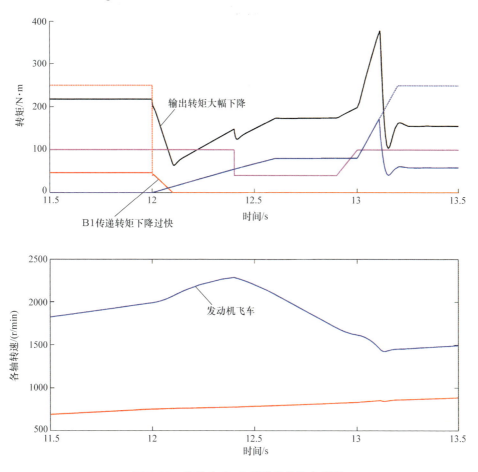

图 6-38 有动力 2—3 档发动机飞车现象

图 6-39 显示的是在该有动力升档过程中,B1 离合器转矩容量下降过慢或 C1 离合器转矩容量上升过快而产生的功率回流(tie-up)现象。从图中可以看出,在转矩相阶段的后半段,当 Oncoming 离合器已经从 Offgoing 离合器"交接"完发动机转矩后,由于 Offgoing 离合器没有即时脱开,导致其传递负向转矩,产生功率回流,同时导致变速器输出转矩进一步下降。从图中可以发现,该种情况为较严重的功率回流现象。但变速器输出转矩在转矩相阶段没有出现如发动机飞车现象时的大幅下降,虽然在换档时会产生顿挫感,但相对发动机飞车更容易让驾乘人员接受,且 Oncoming 离合器的滑摩功增加幅度不如发动机飞车现象时明显。因此,在实际控制中,需要避免发动机飞车现象的发生,可以容忍部分情况的功率回流现象。

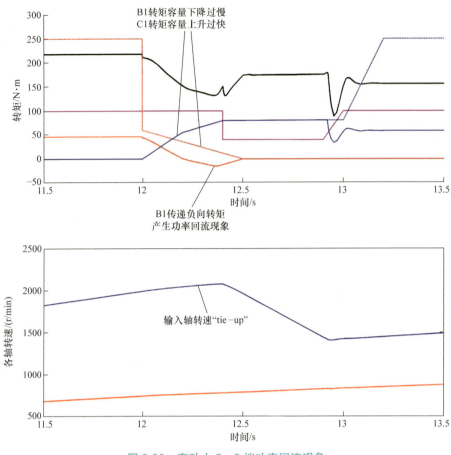

图 6-39　有动力 2—3 档功率回流现象

6.4 有动力降档控制原理分析

6.4.1 有动力降档控制基本原理

有动力降档指在换档过程中发动机功率通过变速器正向传递到车轮的降档过程，该种换档类型一般发生在这样的工况：车辆在较高档位稳定行驶时，驾驶人急踩加速踏板，意图让车辆在短时间内快速提升车速，TCU 在采集到相关信号判断出驾驶人的加速意图后，执行降档控制以快速提升动力性。

图 6-40 为有动力降档的分析原理图。传动比仍采用 8AT 的真实参数，其中低速档为 8AT 的 4 档，传动比为 1.425，高速档为 8AT 的 8 档，传动比为 0.638。图中标注的相关参数为一个典型的全节气门开度加速超车的工况，执行有动力 8 降 4 档控制。此时，车辆在换档前保持 8 档运行，节气门开度为 100%，对应的发动机转矩 T_e 为 186N·m，发动机转速 θ_e 为 1680r/min，以 8 档的速比可以计算出此时的输出轴转速 θ_2 为 2635r/min，车速 v 为 89.8km/h。

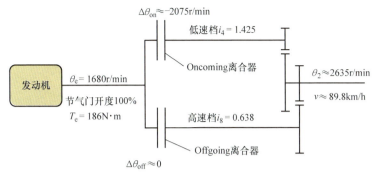

图6-40 有动力降档分析原理图

在驾驶人将加速踏板踩至100%前，车辆在高速运行。考虑到发动机的燃油经济性，TCU保持8档运行，而在这一时刻驾驶人意图超车，将加速踏板踩至最大行程。由于8档的传动比小，无法获得驾驶人意图的加速度，需要利用低档位的大传动比获得更好的加速性，TCU根据8AT换档逻辑和转速限制判断出此时可以降至的最低档位为4档，执行8—4降档控制，因为此时车辆受到传动系统输出的驱动力加速前进，功率从发动机通过变速器正向传递到车轮，所以该降档为有动力8降4档。

此时保持8档运行，Offgoing离合器的滑差为0r/min，根据传动比可以计算出Oncoming离合器的滑差为−2075r/min。由于当前Offgoing离合器将发动机转矩正向传递到车轮，若要顺利完成此降档过程，需要将Offgoing离合器传递的转矩平稳地转移到Oncoming离合器。但是此时Oncoming离合器的滑差为负值，不具备传递正向转矩的能力，因此，有动力降档的控制过程需要首先完成发动机变速，当Oncoming离合器具备传递正向转矩后再进行转矩转移的过程，所以，有动力降档与有动力升档控制过程刚好相反，先完成速度相再完成转矩相。

图6-41为有动力降档离合器到离合器换档过程控制原理图。首先进行的是速度相控制，此时发动机输出较大转矩，首先需要将Offgoing离合器的转矩容量降低到低于其当前实际传递转矩，以实现发动机的变速过程。在这个阶段，Oncoming离合器不能传递任何转矩，否则会导致功率回流现象发生，当Oncoming离合器滑差变为正值后速度相结束；进入转矩相阶段后，由于此时发动机输出转矩较大，且Offgoing离合器的转矩容量较小，Oncoming离合器转矩容量需要快速上升来接收发动机输出的转矩，以防止发动机飞车现象的发生。当Oncoming离合器能够完全传递发动机输出转矩后，Offgoing离合器需要及时脱开，否则会导致功率回流现象。在控制过程中，为了减小

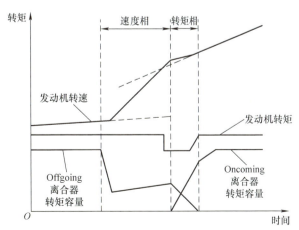

图6-41 有动力降档离合器到离合器换档过程控制原理图

在转矩相阶段Oncoming离合器的最大滑差和Oncoming离合器在滑摩过程中传递的最大转矩，需要在速度相的后期和转矩相阶段执行发动机降矩控制，这也可以防止发动机飞车现象的发生。

在速度相阶段，若Offgoing离合器传递的转矩下降过多，会导致变速器输出转矩下降过多，产生动力中断的感觉，同时会引起发动机转速上升过快，Oncoming离合器来不及"接住"发动机的转速而导致飞车现象的发生，如图6-42中红线所示；在转矩相阶段，若Oncoming离合器传递的转矩上升过慢，也会导致发动机飞车现象的发生，如图6-42中蓝线所示。

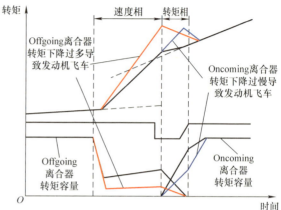

图6-42　有动力降档发动机飞车现象原理分析

在有动力降档的速度相阶段，若Offgoing离合器传递的转矩过大，会导致发动机转速的变速过程加长，会延迟动力的响应时间，也会导致Offgoing离合器的滑摩功加大。在转矩相阶段，若Oncoming离合器转矩上升过早会导致Oncoming离合器传递负向转矩，从而导致功率回流现象的发生，如图6-43中蓝线所示；若Offgoing离合器转矩下降过慢，会导致动力不足，如图6-43中红线所示。

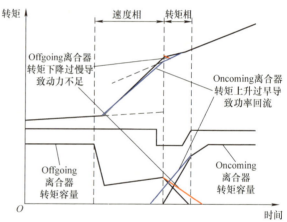

图6-43　有动力降档功率回流现象原理分析

6.4.2　有动力降档不同控制方法原理

在采用离合器到离合器换档控制方法中有动力降档控制中可以采用发动机降矩与不降矩两种控制方法。当采用降矩控制时可以降低发动机飞车的风险，也可以让变速器输出转矩变化更加平稳，提升换档舒适性；而当采用不降矩控制时，为了防止发动机飞车，Oncoming离合器转矩容量需要以更快的速度上升（图6-44），且Oncoming

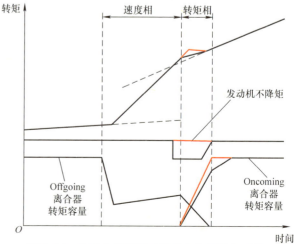

图6-44　有动力降档发动机降矩与不降矩对比

离合器需要传递更高的转矩以使其滑差同步。这种方法可以让动力提升的感觉更加明显,但也会降低换档的舒适性。

6.4.3 8AT 有动力降档仿真分析

图 6-45 为 8AT 有动力 8—4 档比较理想的仿真结果。根据表 6-4 可以查到 B1 离合器(Offgoing)在 8 档的稳态转矩系数与 C4 离合器(Oncoming)在 4 档的稳态转矩系数均为 0.364。在速度相开始时,变速器输出转矩为 186N·m,可以计算出此时 Offgoing 离合器传递的转矩约为 68N·m。在 20s 时进入速度相,将 Offgoing 离合器的转矩容量快速下降到 28N·m,低于其当前传递转矩,使发动机发生变速,由于 8 档与 4 档之间的速差较大,因此发动机变速的时间相对较长,大约在 20.9s 时变速完成,在 20.8s 进行发动机降矩控制;在转矩相阶段,控制 B1 离合器传递转矩逐渐下降,C4 离合器传递转矩以更快的速度上升,以传递更多的发动机转矩防止发动机飞车,从图 6-45 可以看出变速器输出转矩 T_2 在该阶段快速上升,当 C4 离合器快要完成速度同步时,发动机逐渐解除降矩控制,最后 C4 完成速度同步,B1 离合器转矩容量降低至 0,转矩相

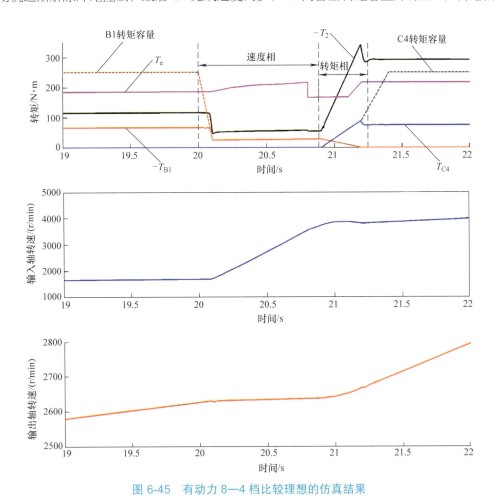

图 6-45 有动力 8—4 档比较理想的仿真结果

结束。在整个换档过程中，变速器输出转矩在速度相阶段下降，在转矩相阶段平稳过渡到目标值，输入轴转速没有发生飞车现象，换档过程较为理想，但由于速差过大，从输出轴转速可以看出在驾驶人将加速踏板踩至 100% 后，需要约 1s 的时间才能感受到动力的快速提升。

图 6-46 所示为在有动力降档过程中，不采用发动机降矩控制的仿真结果。从结果中可以看出变速器输出转矩在转矩相阶段会出现"驼峰"现象，这可以短暂地提升动力性，与驾驶人意图相符。但从输出轴转速可以看出这种现象会在 Oncoming 离合器同步时产生顿挫感，且会增加 Oncoming 离合器的滑摩功。从输入轴转速可以看出，采用这种方法时，发动机在转矩相达到的最大转速大于采用降矩控制时的最大转速，这也就意味着 Oncoming 离合器的最大滑差要大一些，容易导致发动机飞车现象的发生，增加 Oncoming 离合器的磨损。

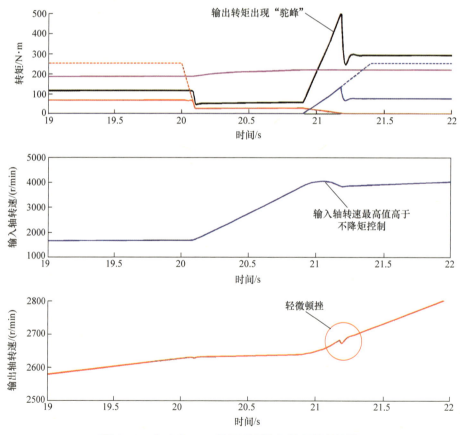

图 6-46　有动力 8—4 档不采用降矩控制仿真结果

图 6-47 所示为在有动力降档过程中 Oncoming 离合器转矩容量提前 100ms 上升的仿真结果。从图中可以看出，Oncoming 离合器的转矩容量在转矩相之前提前上升，使得 Oncoming 离合器传递负向转矩，导致功率回流现象的发生，同时引起变速器输出转矩大幅"掉坑"，从输出轴转速可以看出换档过程有顿挫感。因为 Oncoming 离合器的

转矩容量在转矩相阶段一直大于其实际传递转矩,所以从输入轴转速可以发现在转矩相阶段无任何飞车现象的发生,Oncoming 离合器一直处于闭锁状态,由于在转矩相阶段 Offgoing 离合器的转矩容量还在按照原定轨迹保持下降,未能即时脱开,从变速器输出转矩可以看出,在转矩相阶段会感觉到动力不足。

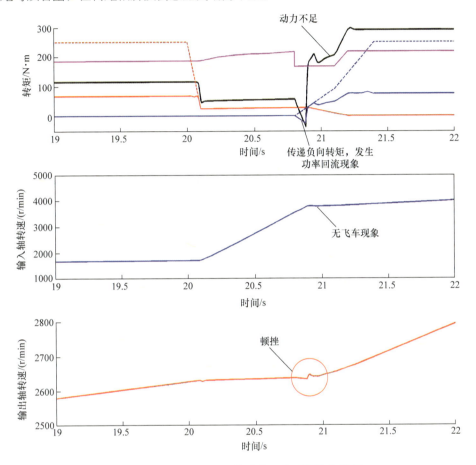

图 6-47　有动力 8—4 档功率回流现象仿真结果

6.5　无动力升档控制原理分析

6.5.1　无动力升档控制基本原理

无动力升档指在换档过程中功率从车轮通过变速器逆向传递到发动机的升档过程,该换档类型一般发生在这样的工况:车辆在大节气门开度急加速行驶时,驾驶人松掉加速踏板,意图让车辆停止加速。由于在松掉加速踏板之前,车辆为了获得较高加速度,变速器在较低档位运行,发动机转速也较高,在松掉加速踏板之后,驾驶人的加速意图已经取消,变速器需要尽快升档,以降低发动机转速,减小发动机的倒拖功率,获得较高的燃油经济性。

图 6-48 所示为无动力升档的分析原理图。传动比仍采用 8AT 的真实参数，其中低速档为 8AT 的 4 档，高速档为 8AT 的 8 档。图 6-48 中标注的相关参数为一个典型的全节气门开度加速超车完成后松开加速踏板停止加速的工况，执行无动力 4 升 8 档控制。此时，车辆在换档前保持 4 档运行，节气门开度为 0，此时发动机处于断油状态，为倒拖转矩，发动机转矩为 $-51\mathrm{N\cdot m}$，发动机转速 θ_e 为 3880r/min，以 4 档的速比可以计算出此时的输出轴转速 θ_2 为 2723r/min，车速 v 为 92.8km/h。

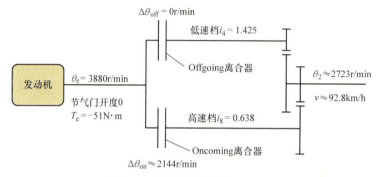

图 6-48 无动力升档分析原理图

由于在执行升档之前车辆保持 4 档运行，发动机转速较高，且为断油状态，发动机输出较大的倒拖转矩，此时 Offgoing 离合器传递负向转矩，功率从车轮通过变速器逆向传递到发动机，发动机对车辆起到制动作用，因此，在无动力升档过程中需要将 Offgoing 离合器传递的负向转矩平稳地转移到 Oncoming 离合器上。而由图 6-48 中可知，Oncoming 离合器在换档开始时的滑差为正值，说明 Oncoming 离合器在不具备传递负向转矩的能力，因此在无动力升档控制中，首先经历的是速度相，当 Oncoming 离合器的转矩由正值变为负值后再完成转矩相。

图 6-49 所示为无动力升档离合器到离合器换档过程控制原理图。首先经历的是速度相阶段，需要逐渐降低 Offgoing 离合器的转矩容量，以实现输入轴转速的变速，但由于该无动力升档速差较大，即使 Offgoing 离合器完全打开，发动机仅依靠自身的倒拖转矩变速仍然较慢，而此时 Oncoming 离合器具有传递正向转矩的能力，可以借助 Oncoming 离合器加速输入轴转速的变速过程，当速度相快要结束时，需要降低 Oncoming 离合器的转矩容量，以减小由 Oncoming 离合器传递转矩变向而产生的冲击，当 Oncoming 离合器滑差由正值变为负值时速度相结束；由于在无

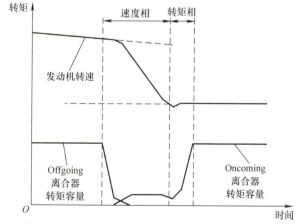

图 6-49 无动力升档离合器到离合器换档过程控制原理图

动力升档过程中，Oncoming 离合器需要传递的转矩比较小，且 Oncoming 离合器的滑差一般也较小，因此，无动力升档的转矩相非常短暂，当 Oncoming 离合器的滑差变为 0 时，转矩相结束。

在无动力升档的控制过程中，若在速度相阶段，通过降低 Offgoing 离合器的转矩容量或仅依靠发动机自身的倒拖转矩完成变速过程，会导致速度相阶段持续时间过长，不利于缩短变速时间；而当 Oncoming 离合器传递的正向转矩过大时，会导致变速器输入轴转速变化加快，且由于当 Oncoming 离合器滑差由正值变为 0 时，其传递的转矩会产生较大的突变，将会由正向转矩变为负向转矩，因此在速度相结束时会产生较大的冲击，影响换档品质。需要注意的是，在无动力升档之前变速器逆向传递功率，而采用通过 Oncoming 离合器帮助完成变速时，在速度相阶段变速器正向传递功率，若 Oncoming 离合器传递转矩较大，会让驾乘人员有"悠车"感，降低驾驶体验。因此，在实车的无动力升档标定中，需要在换档时间与换档品质之前取得平衡，在保证换档品质的前提下尽量缩短换档时间。图 6-50 所示为无动力升档控制过程中 Oncoming 离合器传递转矩上升过大导致变速过快的原理分析图。

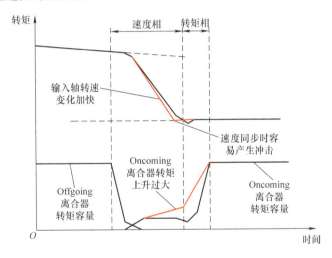

图 6-50　无动力升档变速过快原理分析图

6.5.2　无动力升档不同控制方法原理

图 6-51 所示对比了两种无动力升档的控制方法，图中黑线表示的是在速度相阶段借助 Oncoming 离合器帮助完成变速过程的方法，红线表示的是在速度相阶段仅依靠发动机自身倒拖转矩完成变速过程的方法。通过与图 6-41 对比可以发现，红线方法中 Offgoing 离合器和 Oncoming 离合器的转矩容量在换档过程中的变化情况与有动力降档基本相同。这是因为从功率传递的角度分析，无动力升档可以视为有动力降档的逆过程。因为功率传递的方向不同，所以两种换档类型经历阶段的顺序相同，只是无动力升档的数值整体偏低，其原因为发动机的倒拖转矩相对于有动力降档时输出的大转矩较小。从图 6-51 可以发现，红线方法的变速时间较长，且对离合器转矩的控制精度要求

较高，若 Oncoming 离合器传递转矩上升滞后，会导致发动机转速下降过低而恢复供油，牺牲燃油经济性。

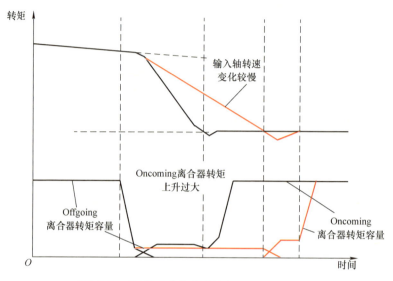

图 6-51　两种无动力升档控制方法原理对比

6.5.3　8AT 无动力升档仿真分析

图 6-52 所示为采用通过借助 Oncoming 离合器在速度相阶段辅助变速的无动力升档仿真结果。在 23s 时刻进行无动力 4—8 换档过程控制，首先开始的是速度相阶段，此时发动机倒拖转矩为 −51N·m，通过 C4 离合器 4 档的稳态转矩系数可以计算出 Offgoing 离合器传递的转矩约为 −18N·m。为了缩短变速时间，首先将 Offgoing 离合器的转矩容量迅速下降到其当前实际传递转矩值大小，然后按照标定斜率逐渐下降，发动机逐渐开始变速，Oncoming 离合器转矩容量逐渐上升到一定值，加速发动机变速过程。从仿真结果可以看出，当 Oncoming 离合器转矩容量上升时，变速器输出转矩 T_2 逐渐变小然后改变传递方向，然后当速度相结束时，输出转矩又会再次改变传递方向，若 Oncoming 离合器转矩容量上升过高会导致变速器输出转矩变化幅值加大，导致换档冲击；速度相在约 24.05s 时结束，由于采用该种控制方法时，Oncoming 离合器在转矩相之前具有一定转矩容量，因此在转矩相阶段，发动机转速下降的幅度很小或不继续下降，因此转矩相阶段比较短暂，虽然 Oncoming 离合器需要传递的转矩较小，但由于传递转矩在转矩相需要经历变化方向的过程，容易产生换档顿挫。因此，在速度相后期，可以适当降低 Oncoming 离合器的转矩容量，以降低 Oncoming 离合器在转矩相开始阶段传递转矩变化的幅值，降低换档冲击，在 24.5s 时 Oncoming 离合器转矩容量上升到最大值，整个换档过程结束。

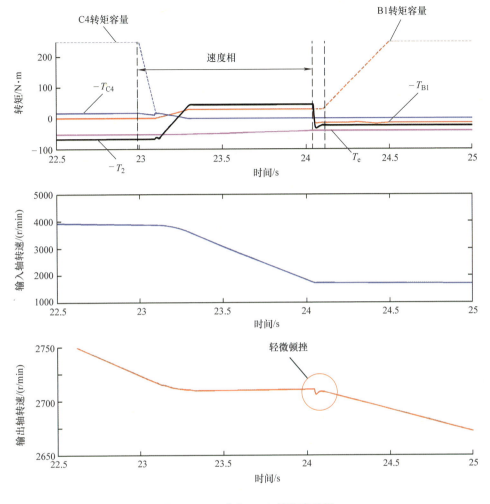

图 6-52　无动力 4—8 档仿真结果

6.6 无动力降档控制原理分析

6.6.1 无动力降档控制基本原理

无动力降档指在换档过程中功率从车轮通过变速器逆向传递到发动机的降档过程。该换档类型一般发生在这样的工况：驾驶人意图车辆减慢行驶速度，松掉加速踏板，让车辆滑行减速或制动减速。由于车辆在减速过程中，发动机及变速器输入轴转速逐渐降低，为了充分利用发动机制动、延长发动机断油时间、为车辆再加速做准备等，当输入轴转速降低到一定程度后需要做降档控制。

图 6-53 所示为无动力降档的分析原理图。传动比仍采用 8AT 的真实参数，其中低速档为 8AT 的 5 档，高速档为 8AT 的 6 档。图 6-53 中标注的相关参数为一个典型的车辆滑行减速的工况，执行无动力 6 降 5 档控制。此时，车辆在换档前保持 6 档运行，加

速踏板和制动踏板开度均为 0，此时发动机处于断油状态，为倒拖转矩，发动机转矩为 $-49\mathrm{N\cdot m}$，发动机转速 θ_e 为 1294r/min，以 6 档的速比可以计算出此时的输出轴转速 θ_2 为 1511r/min，车速 v 约为 44km/h。

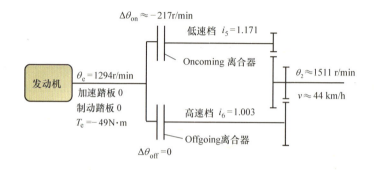

图 6-53　无动力降档分析原理图

在车辆滑行减速的过程中，发动机转速会逐渐降低，当液力变矩器处于闭锁或滑摩控制时，为了利用发动机制动和降低油耗，发动机处于断油状态，而当发动机转速降低到一定限制后，为了防止发动机熄火情况的发生，发动机会恢复供油，因此，在这种工况下变速器需要执行降档控制，提升发动机的转速，尽量让发动机在更长的时间范围内处于断油状态。在该无动力降档之前，发动机不输出动力，功率从车轮通过变速器逆向传递到发动机，此时 Offgoing 离合器传递负向转矩，在无动力降档的过程中，需要将 Offgoing 离合器传递的负向转矩平稳地转移到 Oncoming 离合器，而根据图 6-53 对应的工况下可以计算出此时 Oncoming 离合器的滑差 $\Delta\theta_{on}$ 为 $-217\mathrm{r/min}<0$，Oncoming 离合器在此刻具有传递负向转矩的能力，因此，在无动力降档的控制过程中，先经过转矩相，完成负向转矩从 Offgoing 离合器到 Oncoming 离合器的转移，再通过 Oncoming 离合器完成速度相的控制。

图 6-54 所示为无动力降档离合器到离合器换档过程控制原理图。首先经历的是转矩相阶段，先将 Offgoing 离合器的转矩容量快速下降到略高于其实际传递转矩值，为转矩交换做好准备，然后 Oncoming 离合器的转矩容量逐渐上升，Offgoing 离合器的转矩容量逐渐下降，Offgoing 离合器传递的负向转矩逐渐转移到

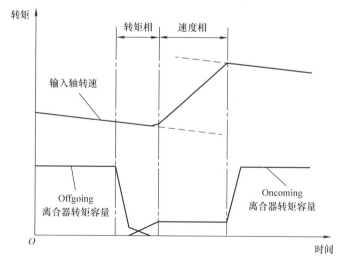

图 6-54　无动力降档离合器到离合器换档过程控制原理图

Oncoming 离合器,当 Offgoing 离合器传递转矩降低至 0 且 Oncoming 离合器传递的转矩足以使输入轴发生变速时,转矩相结束。在速度相阶段,通过 Oncoming 离合器带动输入轴转速逐渐上升,当 Oncoming 离合器完成速度同步后,速度相结束。通过与图 6-30 对比可以发现,无动力降档的控制方法与有动力升档有一定的相似性,由于无动力情况下离合器需要传递的转矩较小,Oncoming 和 Offgoing 离合器转矩容量在换档过程中整体偏低,但变化趋势相同。

在无动力降档控制过程中的转矩相阶段,若 Offgoing 离合器的转矩容量过大,当负向转矩已经从 Offgoing 离合器完全转移到 Oncoming 离合器时,会导致 Offgoing 离合器不能及时脱开,从而产生功率回流现象,导致输入轴转速变速发生的时刻推迟,如图 6-55 中红线所示,但由于无动力降档过程中传递的转矩较小,当产生功率回流现象时对换档品质影响不大,但会导致 Oncoming 离合器的滑摩功增加。在速度相阶段,当速度相完成时,由于 Oncoming 离合器用于拖动输入轴变速的惯性转矩会在短时间内消失,若 Oncoming 离合器传递的转矩在速度相期间上升过大,会导致该惯性转矩增加,当速度相结束时容易产生换档顿挫,Oncoming 离合器传递转矩的增加也会导致输入轴转速的变速过程加快,如图 6-55 中蓝线所示。

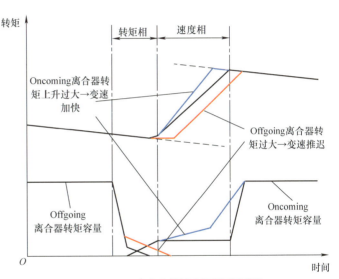

图 6-55 无动力降档控制不当分析图

6.6.2 无动力降档不同控制方法原理

在无动力降档的控制过程中,还可以通过图 6-56 所示的方法完成。在该方法中,首先快速打开 Offgoing 离合器,使变速器快速处于空档状态,然后自动变速器控制单元(TCU)请求发动机进行升矩控制,通过增加发动机输出转矩的方式完成

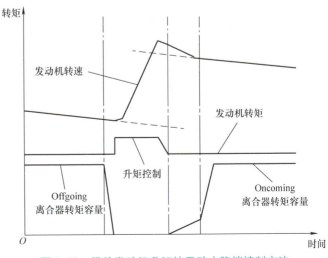

图 6-56 借助发动机升矩的无动力降档控制方法

发动机转速的变速过程，当发动机转速上升到一定值后，取消升矩控制，Oncoming 离合器逐渐开始传递转矩，完成同步过程。通过这种方法可以借助发动机升矩快速完成变速过程，且当 Oncoming 离合器开始接合时，其滑差已经较小，因此 Oncoming 离合器同步所需的惯性转矩较小，不容易造成换档冲击，所以对 Oncoming 离合器转矩控制精度的要求可以降低。但在这种控制方法中，Oncoming 和 Offgoing 离合器在一段时间内都不传递转矩，处于动力中断状态，无法利用发动机制动；且由于需要发动机升矩完成速度同步，不利于燃油经济性；若发动机升矩控制不当，容易造成发动机转速上升过快，产生明显的噪声。在实际情况中，在处理某些特殊工况的无动力降档时，采用正常控制方法无法达到较好的换档品质时可以采用这种控制方法。

6.6.3 8AT 无动力降档仿真分析

图 6-57 所示为无动力 6—5 档比较理想的仿真到结果。该无动力降档在 30s 时开始，对应图 6-53 所示的工况。首先根据表 6-4 查到 8AT 中 6—5 档时 Offgoing 离合器（C3）和 Oncoming 离合器（C4）的稳态转矩系数分别为 0.336 和 0.145，可以计算出

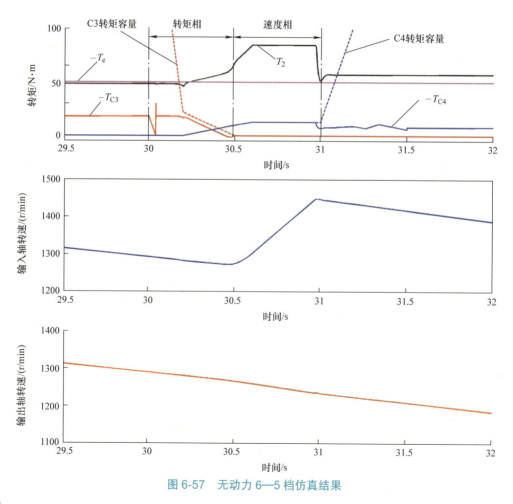

图 6-57 无动力 6—5 档仿真结果

此刻 Offgoing 离合器实际传递转矩约为 −17N·m。将 Offgoing 离合器的转矩容量在 200ms 内快速下降到略大于该值，从 30.2s 开始，Oncoming 离合器转矩容量逐渐上升，Offgoing 离合器转矩容量逐渐下降，负向转矩逐渐从 Offgoing 离合器转移到 Oncoming 离合器，且由于 5 档对应传动比大于 6 档传动比，变速器输出转矩 T_2 在转矩相阶段逐渐上升，当 Offgoing 离合器的转矩容量和其实际传递转矩 T_{C3} 逐渐变为 0 后，在 30.5s 时输入轴转速开始变速，速度相开始。在速度相开始阶段，Oncoming 离合器转矩容量适当上升以缩短变速时间，由于需要 Oncoming 离合器在速度相阶段提供惯性转矩拖动输入轴转速完成变速过程，在图中变速器输出转矩和 Oncoming 离合器实际传递转矩 T_{C4} 的曲线可以看到"驼峰"现象，在约 31s 时，速度同步完成，换档过程结束。从输入轴转速和输出轴转速可以看出，整个降档过程变化平稳，无换档顿挫发生。

由于该无动力降档 Oncoming 离合器的稳态转矩系数非常小，仅为 0.145，Oncoming 离合器传递转矩出现波动后容易导致变速器输出转矩出现大幅的波动，从而导致换档冲击。图 6-58 所示为该无动力 6—5 档控制不当的仿真结果。该图的控制方法

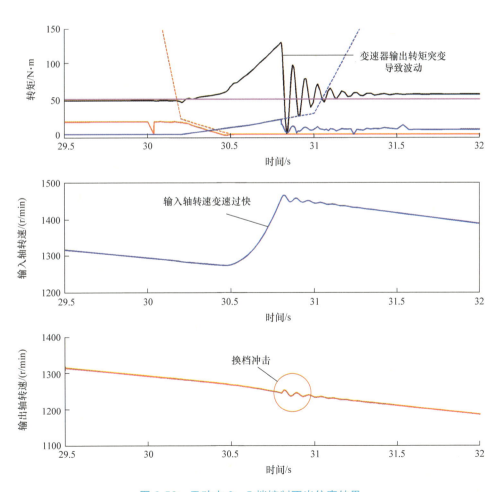

图 6-58　无动力 6—5 档控制不当仿真结果

与图 6-57 的不同之处在于速度相阶段 Oncoming 离合器传递转矩一直以一个小斜率保持上升。对比两图可以发现，Oncoming 离合器传递转矩仅多上升了 8N·m，却导致了变速器输出转矩在速度相结束后出现了大幅的波动，从输入轴和输出轴转速可以看出发生了换档冲击，换档品质受到较大的影响。在实际运用中，这样的换档冲击是需要尽量避免的，因此这种小转矩系数的离合器到离合器换档控制对 TCU 控制软件的自适应功能和标定工作提出了更高的要求。

6.7 本章小结

1）本章基于离合器接合过程数学模型，分析了离合器接合过程中的关键控制参数。针对有动力升档、有动力降档、无动力升档和无动力降档不同工况，建立了离合器接合控制方法，并根据离合器位置等效迁移，运用 PID 适应性滑差控制方法，提出了针对快速充油、转矩相和速度交换阶段的离合器控制策略。

2）建立了自动变速器换档离合器的动力学分析模型，并对换档过程中的充油阶段、转矩交换阶段、转速同步阶段、完全分离阶段的转矩、转速、冲击度等动力学特性进行了分析。对每个阶段的离合器动力学特性进行了仿真计算，通过对仿真计算结果的分析得出了湿式离合器在不同换档阶段的动力学特点及其动态控制的要求。

3）针对离合器到离合器换档过程控制的四种基本换档类型，以两个离合器结构形式的传动系统对四种基本换档类型控制方法进行了原理分析，讨论了不同换档类型的控制原理图，论述了换档过程控制不当的原因及可能出现的现象，分析了四种基本换档类型的不同控制方法的原理及优缺点，结合搭载 8AT 车辆的传动系统动力学模型分别仿真分析了四种基本换档类型的控制过程。

第 7 章 离合器到离合器换档过程基本控制策略

在车辆的实际使用中，自动变速器可能出现的换档工况复杂多变，为了满足客户需求和对变速器自身的保护，TCU 中的控制软件需要在各种工况下都能保证一定的换档品质，因此，在制订的换档过程控制策略中需要考虑不同节气门开度、不同制动强度、不同温度、不同行驶环境等因素对换档品质的影响。而在实际的 TCU 控制软件的开发过程中，一般先制订四种基本换档类型的基本控制策略，然后再在此基本控制策略的基础上进一步拓展延伸，针对不同换档类型可能出现的工况进一步细化控制策略。

7.1 有动力升档控制策略

从表 2-2、表 2-3 和图 2-4 中可以看出，8AT 中满足简单换档条件的升档有以下 18 种情况：1—2、1—3、1—5、1—7、2—3、2—4、2—8、3—4、3—5、3—6、4—5、4—6、4—8、5—6、5—7、6—7、6—8 和 7—8。而其中的 1—5、1—7 和 2—8 这三种换档由于档间比太大，超过了一般乘用车发动机的转速变化范围，不会有这三种档位切换的需求，可能出现的升档仍然剩下 15 种情况。在设计离合器到离合器换档过程控制算法时，为了减少代码量和 TCU 的运算负荷，针对同一换档类型，一般不会为不同档位切换而单独设计控制算法，而是采用一样的控制策略，可以通过采用不同的标定量将不同档位切换区分开来。本文设计的有动力升档控制策略分为四个阶段：换档准备阶段（PNUP1）、转矩相阶段（PNUP2）、速度相阶段（PNUP3）和换档结束阶段（PNUP4）。

7.1.1 换档准备阶段控制策略

在第 6 章的原理分析中，通过控制离合器的转矩容量的方式可以将有动力升档控制分为转矩相和速度相。而在实际的产品设计中，需要通过间接的方式来实现对离合器转矩容量的控制。

图 7-1 所示为 8AT 的液压系统原理图。液压系统首先通过控制 7 个比例电磁阀的电流实现对图中的 5 个换档离合器油压、液力变矩器闭锁离合器油压和主油路油压的控制，从而实现对各离合器转矩容量的控制。油泵是该液压系统的压力源，其出口压力经主油压控制阀调整后为各个油路提供主油路油压，如图中 Ⅲ 所示。在 TCU 中集成了控制各个电磁阀电流的驱动电路，因此，上层控制软件最终输出的是各个电磁阀控制电流，而 8AT 中所采用的比例电磁阀能够通过的流量有限，不能直接将主油路油压转换为各个离合器油缸的控制油压，需要通过先导控制的方式控制压力控制阀，压力控制阀

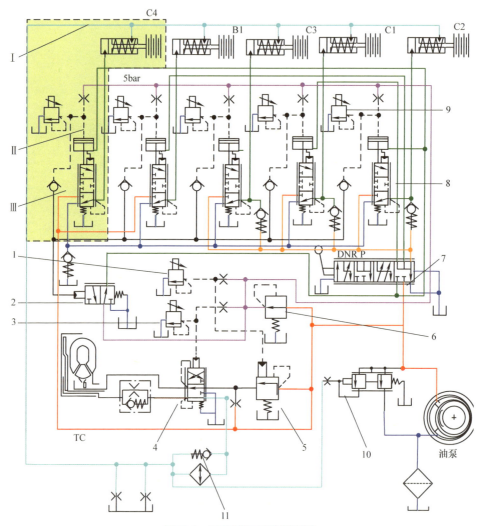

图 7-1　8AT 液压系统原理图

Ⅰ—润滑压力　Ⅱ—离合器先导压力　Ⅲ—主油路压力
1—主油路先导电磁阀　2—跛行回家阀　3—液力变矩器闭锁先导电磁阀
4—液力变矩器控制阀　5—主油路压力控制阀　6—压力调节阀　7—手动阀
8—离合器压力控制阀　9—离合器先导电磁阀　10—系统流量控制阀　11—旁通阀
注：本图由作者团队自主研发的软件系统导出，有与国标不符之处请读者自行核对。

再将主油路比例阀连通到各个离合器的油缸,如图中Ⅱ所示。当离合器油缸中建立起油压后,推动油缸中的活塞,活塞在克服回位弹簧的预紧力和消除空行程后,压紧离合器的钢片和摩擦片才能建立起转矩容量。

TCU 可以通过 CAN 通信从发动机管理单元(EMS)实时获取当前发动机的输出转矩,因此,TCU 中的上层控制软件可以计算出变速器输入转矩,离合器到离合器换档控制策略先根据当前所处的工况计算出各个离合器应该具有的转矩容量;再根据各个离合器的几何尺寸、摩擦片的 $\mu\text{-}v$ 特性(摩擦系数与滑差的对应关系)、摩擦面数量等因素计算出离合器油缸中需要建立的控制油压;而在 8AT 的下线测试(EOL)中要检测各个离合器油压与控制的电流的对应关系,并将相关数据存储到与变速器集成在一起的 Subrom 控制器里,TCU 在通电后可以直接获取到这些数据,最后,上层控制软件修正这些数据后将控制油压转换为各个电磁阀的控制电流。从以上的分析中可以看出,在自动变速器的控制回路中存在如图 7-2 所示的转换关系,其中相关缩写的含义如下。

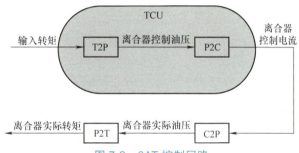

图 7-2　8AT 控制回路

T2P:离合器转矩容量到控制油压的转换。

P2C:控制油压到控制电流的转换。

C2P:实际电流到实际油压的转换。

P2T:实际油压到实际转矩容量的转换。

通过第 6 章的原理分析可知,有动力升档首先需要通过转矩相控制,将 Offgoing 离合器传递的转矩平稳地转移到 Oncoming 离合器。由于 Oncoming 离合器在换档之前处于完全打开状态,在实际的物理过程中,需要先填充 Oncoming 离合器油路,并克服回位弹簧作用在 Oncoming 离合器摩擦片上的预紧力,当摩擦片与钢片接触后,Oncoming 离合器才能建立起转矩容量。因此,在实际的有动力升档控制中,Oncoming 离合器的第一阶段是充油控制,需要快速平稳地将 Oncoming 离合器控制到 Kisspoint 点(摩擦片与钢片刚好接触点)。

Oncoming 离合器的充油控制采用如图 7-3 所示的矩形充油方法。其中,P_f 为快速充油油压;P_k 为离合器 Kisspoint 油压;T_f 为离合器快速充油时间;T_P 为离合器 Kisspoint 充油时间。在充油控制的第一阶段为快速充油阶段,该阶段的主要目的是通过提高控制油压来快速填充离合器油路中的间隙。为了控制制造成本,一般在 AT 的离合器油路中不安装压力传感器,而在 EOL 中检测的 P2C 为在特定稳态工况下获取的,在实际的动态过程中存在偏差,需要对快速充油油压进行补偿,由于油泵由液力变矩器泵轮驱动,主油路油压受到发动机转速的影响,且油路填充的速度受到液压油(ATF)黏

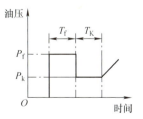

图 7-3　矩形充油控制

度的影响，而黏度受温度的影响较大，在 8AT 的液压阀板中装有温度传感器，TCU 能够获取当前 ATF 的工作温度。因此，快速充油油压由式（7-1）所示的三部分组成，其中，P_{fb} 为快速充油基础油压；P_{fsc} 为输入轴转速补偿油压；P_{ftc} 为温度补偿油压。

$$P_f = P_{fb} + P_{fsc} + P_{ftc} \qquad (7\text{-}1)$$

当离合器油路中的间隙填满后，控制油压需要进入第二阶段的 Kisspoint 充油控制。该阶段的主要目的是克服回位弹簧的预紧力，消除空行程，让离合器处于 Kisspoint 点附近。Kisspoint 油压 P_k 主要由回位弹簧的预紧力决定。由于上述相关参数与电磁、机械、液压等多学科耦合，很难通过测量得到，在实际运用中，需要由经验丰富的工程师实车标定得到合理取值。

为了避免在转矩相出现"tie-up（开始锁止）"现象，在 Oncoming 离合器处于充油控制的同时，Offgoing 离合器可以利用这段时间将转矩容量下降到略高于其实际传递转矩值。采用式（7-2）计算 Offgoing 离合器在换档准备阶段（PNUP1）的控制油压，其中，P_{OG} 为 Offgoing 离合器的实时控制油压；P_0 为 Offgoing 离合器在进入该阶段时的初始控制油压；P_1 为在该阶段的最终目标油压，在控制软件中首先通过发动机转矩和液力变矩器变矩系数估算出离合器实际传递转矩大小，再通过离合器稳态转矩系数和离合器特性参数计算得到该值；α_{OG} 为 Offgoing 离合器的油压变化速度系数，调整该值可以改变控制油压在 PNUP1 阶段的下降速度；t 为 PNUP1 阶段持续的时间。Offgoing 离合器油压在 PNUP1 阶段的变化轨迹如图 7-4 所示。

$$P_{OG} = (P_0 - P_1)e^{-\alpha_{OG} t} + P_1 \qquad (7\text{-}2)$$

7.1.2 转矩相阶段控制策略

经过 PNUP1 阶段的控制，Oncoming 离合器到达 Kisspoint 点附近，已经具备了马上建立转矩容量的能力，而 Offgoing 离合器也已经将转矩容量下降到略大于其实际传递转矩，因此，在转矩相阶段（PNUP2）需要完成转矩相控制。该阶段的控制目标是将 Offgoing 离合器传递的转矩平稳地转移到 Oncoming 离合器。

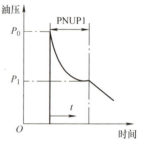

图 7-4　PNUP1 阶段 Offgoing 离合器油压控制轨迹

该阶段的控制方法与第 3 章中原理分析的控制方法略有不同，Offgoing 离合器控制油压按照一定斜率保持下降，Oncoming 离合器控制油压由式（7-3）计算得到。其中，P_{OC} 为 Oncoming 离合器的实时控制油压；P_2 为 Oncoming 离合器在转矩相阶段的目标油压，该值由变速器输入转矩、Oncoming 离合器转矩系数和摩擦片特性计算得到；α_{OC} 为 Oncoming 离合器的油压变化速度系数，在实际过程中，为了提高 Oncoming 离合器油压的响应性，可以通过调整该参数增大 Oncoming 离合器在转矩相阶段油压建立的速度；t 为 PNUP2 阶段持续的时间。Oncoming 和

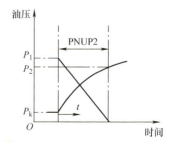

图 7-5　PNUP2 阶段油压控制轨迹

Offgoing 离合器控制油压在 PNUP2 阶段的变化轨迹如图 7-5 所示。TCU 通过变速器输入轴和输出轴转速传感器可以计算当前档位和目标档位输入轴转速,当 Oncoming 离合器的转矩容量上升到一定程度后,TCU 判断出输入轴转速变速开始时,该阶段结束。

$$P_{\text{OC}} = (P_k - P_2)e^{-\alpha_{\text{OC}}t} + P_2 \quad (7-3)$$

7.1.3 速度相阶段控制策略

速度相阶段的控制目标是将变速器输入轴转速从当前档位平稳快速地变化到目标档位。在该阶段采用基于输入轴转速变化轨迹的 PI 控制、基于变速器输入转矩的前馈控制(FF 控制)和发动机降矩控制三种方法共同作用。

基于输入轴转速变化轨迹的 PI 控制的基础计算公式见式(7-4)~ 式(7-7)。

$$\Delta n = n_{\text{in}} - n_{\text{tgt}} \quad (7-4)$$

$$P_{\text{P}} = \max\left[P_{\text{Pl}}, \min(P_{\text{Ph}}, \Delta n \beta_{\text{P}})\right] \quad (7-5)$$

$$P_{\text{I}}(N) = \max(P_{\text{Il}}, \min(P_{\text{Ih}}, (\Delta n \beta_{\text{I}} + P_{\text{I}}(N-1)))) \quad P_{\text{I}}(0) = 0 \quad (7-6)$$

$$P_{\text{PI}} = P_{\text{P}} + P_{\text{I}}(N) \quad (7-7)$$

式中,n_{in} 为实际输入轴转速;n_{tgt} 为目标输入轴转速;Δn 为输入轴转速偏差;P_{P} 为 P 项油压;β_{P} 为 P 项增益系数;P_{Pl} 和 P_{Ph} 分别为 P 项油压的下限值和上限值;P_{I} 为 I 项油压;β_{I} 为 I 项增益系数;P_{Il} 和 P_{Ih} 分别为 I 项油压的下限值和上限值;P_{PI} 为 PI 控制油压。

基于变速器输入转矩的前馈控制油压由公式(7-8)计算得到。

$$P_{\text{FF}}(N) = P_{\text{FF}}(N-1) + \max(P_{\text{FFl}}, \min(P_{\text{FFh}}, (P_{\text{FF}}(T_{\text{in}}) - P_{\text{FF}}(N-1)))) \quad (7-8)$$

式中,P_{FF} 为前馈控制油压;$P_{\text{FF}}(T_{\text{in}})$ 为根据当前输入转矩得到的目标前馈油压;P_{FFl} 和 P_{FFh} 分别为前馈控制油压变化速率的最大下限值和最大上限值。

在速度相阶段,Oncoming 离合器的控制油压由公式(7-9)计算得到。

$$P_{\text{OC}} = P_{\text{PI}} + P_{\text{FF}} \quad (7-9)$$

TCU 通过 CAN 总线与 EMS 实现通信,EMS 为 TCU 提供了降矩控制、升矩控制和限矩控制接口。根据第 3 章的原理分析可知,TCU 可以在速度相阶段通过 CAN 通信请求发动机进行降矩控制,以加速换档过程和减少 Oncoming 离合器的滑摩。转矩降通过式(7-10)计算得出。

$$\Delta T = \min\left[K_{\text{PNU}}(I_e + I_1)\ddot{\theta}_{\text{et}}, K_{\text{PNU}}\Delta n_{\text{t}}\right] \quad (7-10)$$

式中,ΔT 为转矩降;K_{PNU} 为降矩转动惯量修正系数;$\ddot{\theta}_{\text{et}}$ 为发动机转速目标加速度;Δn_{t} 为目标档位滑差;K_{PNU} 为目标档位滑差降矩增益系数。

7.1.4 换档结束阶段控制策略

为了缓解变速完成时由于 Oncoming 离合器传递转矩的突变带来的冲击,在速度相后期,变速完成之前,进入换档结束阶段(PNUP4)控制。该阶段由两个子阶段组成。第一个子阶段的控制目的是在确保 Oncoming 离合器能够完成速度同步的前提下适当降低其转矩容量。第二个子阶段的控制目的是确保 Oncoming 离合器在任何工况下均能处于闭锁状态。

在第一个子阶段采用 PI 控制方法,仍然采用式 (7-4)~式 (7-7) 的形式计算 Oncoming 离合器在该阶段的控制油压,但采用不同的标定参数,设定的目标输入轴转速同步轨迹在该阶段更为平滑。若检测到实际输入轴转速同步速度大于设定的目标同步轨迹,则表明 Oncoming 离合器传递转矩较大,通过 PI 控制的方式既可以降低其转矩容量,也可以确保其转矩容量能完成速度同步。在第二个子阶段采用式 (7-11) 计算。

$$P_{OC}(N) = \min\{P_3, [P_{OC}(N-1) + \Delta P]\} \tag{7-11}$$

式中,ΔP 为 Oncoming 离合器控制油压在该阶段每步长的上升速度;P_3 为 Oncoming 离合器能够一直保持闭锁状态的安全油压。

7.1.5 有动力升档控制策略实车测试

图 7-6 所示为通过 CANape 标定软件在某车型上采集的 30% 节气门开度有动力 2—3 档的实车数据。换档在约 6.1s 时刻开始,此时的工况为液力变矩器离合器处于打开状态,发动机转速 2474r/min,输入轴转速 2165r/min,输出轴转速 816r/min(对应车速为 30km/h),发动机转矩 195N·m。在该有动力升档过程中,依次执行以上的四阶段控制策略,如图 7-6 所示。

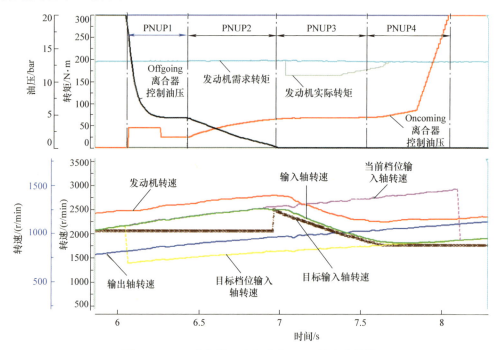

图 7-6 30% 节气门开度有动力 2—3 档实车数据

在 PNUP1 阶段,Oncoming 离合器依次执行快速充油控制和 Kisspoint 充油控制,Offgoing 离合器将控制油压快速下降到约 5bar 左右,从图 7-6 中可以发现在该阶段输入轴转速与当前档位输入轴转速完全贴合,且没有出现明显的波动,说明没有出现过充油现象,且 Offgoing 离合器转矩容量仍然高于其实际传递转矩。在 PNUP2 阶段,Offgoing 离合器控制油压逐渐下降,Oncoming 离合器控制油压逐渐上升,输出轴转速在该阶段平稳上升,没有出现明显的波动，说明在该阶段转矩从 Offgoing 离合器到 Oncoming 离合器的转矩转移过程平稳，没有导致飞车现象或明显的功率回流现象发生。在 7s 左右输入轴转速逐渐开始变速，说明转矩相结束，速度相开始。在 PNUP3 阶段，Oncoming 离合器控制油压由 PI 控制和 FF 控制两部分组成，且执行发动机降矩控制。从图中可以看出，在该阶段输入轴转速的变速过程基本符合预期，与目标输入轴转速基本贴合，变速过程平稳。在 PNUP4 阶段，输入轴转速平滑地变化到目标档位转速，未发生明显的离合器同步冲击，同步完成后，Oncoming 离合器控制油压快速上升，确保始终处于闭锁状态，没有出现离合器打滑现象。

图 7-7 所示为采用有动力升档四阶段控制策略的在不同节气门开度情况下的有动力 2—3 档的实车采集数据。从图中可以看出，在不同节气门开度情况下，采用该控制策略均能实现平稳的档位切换，变速器输入轴转速和输出轴转速在换档过程中变化平稳，没有出现明显的飞车或功率回流现象。

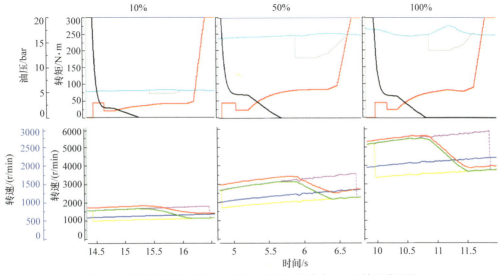

图 7-7　节气门开度 10%、50%、100% 有动力 2—3 档实车数据

图 7-8 所示为在 20% 节气门开度情况下，有动力 3—4、4—5 和 5—6 档的实车采集数据。其中在有动力 3—4 档过程中的同时，液力变矩器离合器进行闭锁控制，在有动力 4—5 和 5—6 档过程中，液力变矩器离合器一直处于闭锁状态。从图中可以看出，变速器输出轴转速在换档过程中均变化平稳，没有出现换档冲击，输入轴转速变速过程与目标轨迹基本相符，变速过程平稳迅速，说明该有动力升档控制策略具有一定的通用性。

在该有动力升档控制策略中，很多参数需要通过实车标定得到。以速度相阶段的 PI 参数标定为例，图 7-9 为 70% 节气门开度有动力 3—4 档，两组数据中都可以发现，在速度相阶段输入轴转速都明显快于目标转速，说明变速过快，在第一组数据中，速度相结束时，输入轴转速和输出轴转速都出现了明显的波动，根据第 3 章的原理分析可知，该波动是因为 Oncoming 离合器的转矩容量过大，由离合器转速同步引起的转矩突变引起。为了改善该种情况下的换档品质，在第二组数据中，增加了 PI 控制的 P 项和 I 项增益系数，进一步降低了 Oncoming 离合器在速度同步时的转矩容量，从图中可以看出，转速波动基本消失。

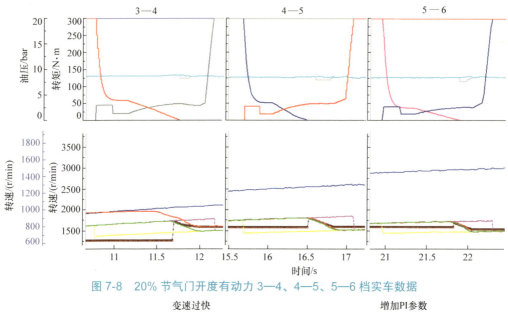

图 7-8 20% 节气门开度有动力 3—4、4—5、5—6 档实车数据

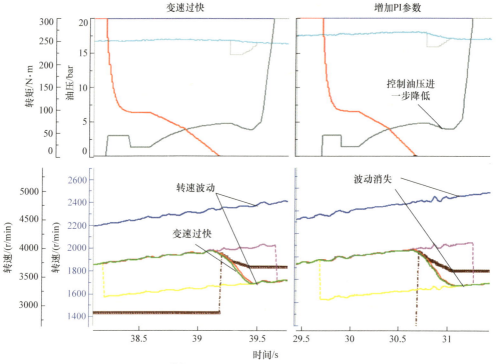

图 7-9 70% 节气门开度有动力 3—4 档 PI 参数标定分析

7.2 有动力降档控制策略

如前所述,8AT 中满足简单换档条件的降档与升档相同,一共有 18 种组合,排除档间比非常大的三种情况（5—1、7—1 和 8—2）,还剩下以下 15 种情况:2—1、3—1、3—2、4—2、4—3、5—3、5—4、6—3、6—4、6—5、7—5、7—6、8—4、8—6 和 8—7。与有动力升

档控制策略的思路相同，采用一样的有动力降档策略控制这15种情况的降档。本书提出的有动力降档控制策略将有动力降档控制分为三个阶段：换档准备阶段（PNDP1）、速度相阶段（PNDP2）和转矩相阶段（PNDP3）。

7.2.1 换档准备阶段控制策略

由第6章中关于有动力降档的原理分析可知，由于在换档开始时Oncoming离合器滑差为负值，不具备传递正向转矩的能力，因此，有动力降档首先完成速度相，主要通过降低Offgoing离合器的转矩容量来实现输入轴转速的变速过程。由于在发生换档之前，为了防止出现离合器打滑的情况发生，Offgoing离合器的转矩容量远高于其实际传递转矩，为了能平稳地进入速度相阶段控制，需要PNDP1阶段将Offgoing离合器的转矩容量快速平稳地下降到低于其实际传递转矩，Oncoming离合器则可以利用这段时间进行充油控制。

在PNDP1有动力降档换档准备阶段，同样采用式（7-2）计算Offgoing离合器的控制油压，与PNUP1有动力升档换档准备阶段不同，为了提高有动力降档工况下动力的响应速度，Offgoing离合器在此阶段的控制油压低于其实际传递转矩对应的油压，通过式（7-12）计算得到，其中 $\ddot{\theta}_{et}$ 为在速度相阶段发动机转速的目标加速度。

$$P_1 = P_{OG}\left[T_{in} - (I_e + I_1)\ddot{\theta}_{et}\right] \qquad (7\text{-}12)$$

Oncoming离合器在此阶段充油控制方法与PNUP1阶段基本相同，由快速充油控制和Kisspoint充油控制两部分组成，由于在速度相阶段不要求Oncoming离合器马上具备传递转矩的能力，因此，在此阶段可以适当降低其充油强度，以防止出现过充油现象。

7.2.2 速度相阶段控制策略

在速度相阶段，Offgoing离合器采用PI控制+FF控制的方式实现输入轴转速平稳的变速过程。为了尽可能节省控制算法占用TCU的片上资源，基于模块化编程思想，同样采用式（7-4）~式（7-7）计算Offgoing离合器的PI控制油压，采用式（7-8）计算FF控制油压。Offgoing离合器的控制油压由式（7-13）计算。

$$P_{OG} = P_{PI} + P_{FF} \qquad (7\text{-}13)$$

由于有动力降档出现的工况一般为大节气门开度加速的情况，发动机输出转矩较大，若在转矩相阶段Oncoming离合器油压上升不及时，会导致发动机飞车现象的发生，而由于发动机输出转矩较大，Oncoming离合器在滑摩过程中会产生较大的滑摩功，容易导致摩擦片烧损，为了避免这种现象的发生，可以在速度相阶段适当提升Oncoming离合器的控制油压，这虽然会导致轻微的功率回流，但对换档品质不会产生较大影响。Oncoming离合器在该阶段的控制油压由式（7-14）计算。

$$P_{OC}(N) = \min\{P_4, [P_{OC}(N-1) + \Delta P_2]\} \qquad (7\text{-}14)$$

式中，P_4 为Oncoming离合器在PNDP2阶段的目标油压；ΔP_2 为其油压在PNDP2阶段的上升速度。

7.2.3 转矩相阶段控制策略

当变速器输入轴转速基本到达目标档位转速时，速度相结束，转矩相开始。与有动力升档的转矩相阶段不同,有动力降档的转矩相阶段需要非常快速地完成,一方面可以快速提升变速器输出转矩,以响应驾驶人的动力需求,另一方面也可以尽量避免发动机飞车现象的发生。为了进一步防止飞车现象的发生,提升动力响应的平顺性,在该阶段执行发动机降矩控制。

Oncoming 离合器在该阶段的控制油压由式(7-15)计算得到。

$$P_{\text{OC}}(N) = P_4 + N\Delta P_3 \qquad (7\text{-}15)$$

式中,ΔP_3 为 Oncoming 离合器油压在 PNDP3 阶段的上升速度。

Offgoing 离合器在该阶段控制油压由式(7-16)计算得到。

$$P_{\text{OG}}(N) = P_{\text{OG}}(N-1) - \Delta P_4 \qquad (7\text{-}16)$$

式中,ΔP_4 为 Offgoing 离合器油压在 PNDP3 阶段的下降速度。

发动机降扭值通过式(7-17)计算得到。

$$\Delta T = \min\left[K_{\text{PND}}(I_{\text{e}} + I_1)\ddot{\theta}_{\text{et}}, K_{\text{PND}}(t_1 - t)\right] \qquad (7\text{-}17)$$

式中,K_{PNDI} 为降矩转动惯量修正系数;K_{PNDT} 为基于时间的降矩增益系数;t_1 为目标降矩持续时间。

7.2.4 有动力降档控制策略实车测试

图 7-10 所示为约 80% 节气门开度有动力 6—4 档的实车数据。换档在约 1m5.3s 时刻开始,此时的工况是液力变矩器离合器处于打开状态,发动机转速 2036r/min,输入轴转速 1536r/min,输出轴转速 1533r/min(对应车速为 57.7km/h),发动机转矩 166N·m。在该有动力降档过程中,依次执行以上的三阶段控制策略,策略时序如图 7-10 所示。

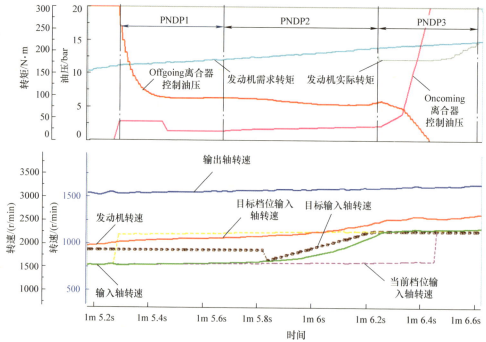

图 7-10　80% 节气门开度有动力 6—4 档实车数据

在 PNDP1 阶段，Offgoing 离合器的控制油压快速下降到目标点，而油路的实际油压需要一定时间过后才能到达目标点，因此，输入轴转速没有在该阶段很快发生变速过程，Oncoming 离合器在该阶段依次执行快速充油控制和 Kisspoint 充油控制，因为 Offgoing 离合器的实际转矩容量仍大于其实际传递转矩，Oncoming 离合器还没有传递任何转矩，所以在该阶段输入轴转速与当前档位输入轴转速相同，变速器仍以 6 档传动比工作，此时虽然发动机输出转矩较高，但驾驶人在该阶段感受不到动力有明显的提升。在 PNDP2 阶段，随着 Offgoing 离合器转矩容量的下降，输入轴转速开始发生变速过程，在变速开始阶段，输入轴转速的变化速度明显低于目标输入轴转速，通过 PI 控制调整 Offgoing 离合器的控制油压，输入轴转速的变速过程逐渐加快，为了防止发动机飞车现象的发生，在该阶段适当提升 Oncoming 离合器的控制油压，由于在该阶段变速器输出转矩来自 Offgoing 离合器，Oncoming 离合器还不具备传递正向转矩的能力，因此，驾驶人仍然感受不到动力的提升。当输入轴转速达到目标档位输入轴转速后，进入 PNDP3 阶段，此时 Oncoming 离合器具备传递正向转矩的能力，为了快速提高变速器输出转矩和防止发动机飞车现象的发生，Oncoming 离合器的控制油压快速上升，Offgoing 离合器的控制油压快速下降，并适当降低发动机输出转矩，在该阶段输出轴转速加快上升，驾驶人开始明显感受到有动力的提升，当 Oncoming 离合器的转矩容量已高于其实际传递转矩后，发动机输出转矩逐渐恢复，换档过程结束。整个换档过程，没有发生发动机飞车现象，输入轴转速变速过程平稳，输出轴转速没有出现明显波动，换档品质较高。

图 7-11 所示为不同节气门开度情况下的有动力 3—2 档的实车采集数据。从图中可以发现，虽然节气门开度不同，但发动机输出转矩基本相同，因此控制曲线也基本相同。在这三组测试数据中，均没有出现发动机飞车现象，但在 60% 和 80% 节气门开度情况下，变速完成后，输出轴转速出现了小幅的波动，同时发动机转速出现了较大幅度的下降，分析得出这是由于发动机转矩下降过大所致；在 100% 节气门开度情况下，缩小了发动机降矩幅度，波动消失，换档品质提升。

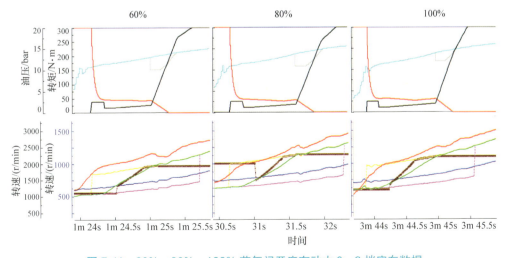

图 7-11 60%、80%、100% 节气门开度有动力 3—2 档实车数据

有动力降档发生在驾驶人需要动力快速提升的工况，换档控制策略需要根据驾驶意图选择合适的降档策略。图 7-12 所示为车辆在 4 档行驶时的两种有动力降档控制策略，两种工况均采用本文提出的三阶段有动力降档控制策略。第一组数据的工况是：车辆在 4 档正常行驶时，驾驶人将加速踏板快速踩至 100%。第二组数据的工况是：车辆在 4 档正常行驶时，驾驶人将加速踏板逐渐增加至 100%。对于第一种工况，直接执行有动力 4—2 档控制，以满足快速响应驾驶人快速提升动力的需求。对于第二种工况，执行有动力 4—3—2 档顺序降档控制，虽然动力响应时间延长，但可以获得更加平滑的动力输出。

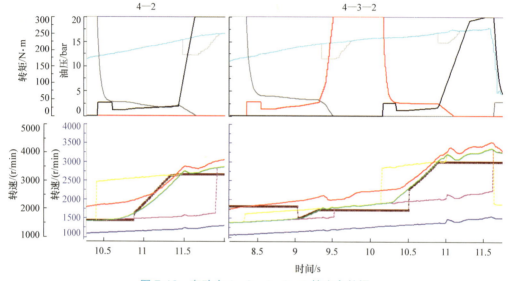

图 7-12　有动力 4—2、4—3—2 档实车数据

图 7-13 所示为 100% 节气门开度情况下的有动力跳降档实车测试数据，均采用三阶段有动力降档控制策略，换档过程中没有出现明显的冲击，输入轴转速的变速过程平

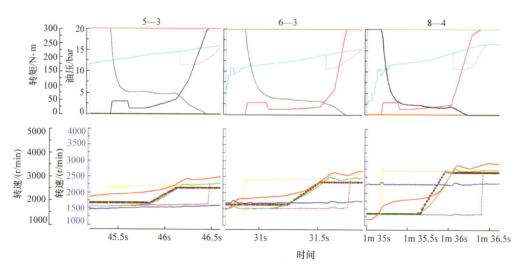

图 7-13　100% 节气门开度有动力 5—3、6—3、8—4 档实车数据

稳，与原理分析基本相符。从以上结果可以看出，本书提出的有动力降档控制策略能实现各种工况下的有动力降档控制，具有一定的通用性。

7.3 无动力升档控制策略

无动力升档一般发生在驾驶人大节气门开度急加速后，松开加速踏板取消加速意图的工况，为了减小发动机倒拖转矩对车速的影响，执行无动力升档控制。在有动力升档的情况下，为了减小由于传动比的缩小对加速性的影响，一般只执行顺序升档，而在无动力升档的情况下，变速器仅传递较小的发动机倒拖转矩，传动比的减小对驾驶舒适性的影响非常小，因此可以采用两步换档或多步换档控制。本书提出的无动力升档控制策略将无动力升档控制分为三个阶段：换档准备阶段（PFUP1）、速度相阶段（PFUP2）和转矩相阶段（PFUP3）。采用该换档过程控制策略，在 8AT 中可以实现满足简单换档条件的 15 种无动力升档控制。

7.3.1 换档准备阶段控制策略

由原理分析可知，在无动力升档的开始阶段 Oncoming 离合器为正向滑差，因此，Oncoming 离合器不具备传递负向转矩的能力，而在无动力的情况下，需要变速器传递负向转矩，所以，在无动力升档控制过程中首先应该进行速度相控制，当 Oncoming 离合器具有传递负向转矩能力后再进行转矩相控制。在无动力升档开始阶段，变速器输入轴转速较高，此时可以通过两种方式实现输入轴转速的变速过程：一种是通过降低 Offgoing 离合器的转矩容量或完全打开，仅利用发动机自身的倒拖转矩实现变速过程；另一种是通过接合 Oncoming 离合器的方式降低输入轴转速。本书提出的控制策略采用这两种方式共同作用实现输入轴转速的变速过程。为了平顺地进入速度相阶段控制，首先需要进行换档准备阶段控制。

在 PFUP1 阶段，为了缩短换档时间，尽快进入变速阶段，需要让 Offgoing 离合器的转矩容量快速下降到略高于其实际传递转矩值，同样采用式（7-2）计算 Offgoing 离合器的控制油压。Oncoming 离合器在此阶段充油控制方法与 PNUP1 阶段基本相同，由快速充油控制和 Kisspoint 充油控制两部分组成。由于在速度相阶段 Oncoming 离合器不具备传递负向转矩的能力，若 Oncoming 离合器转矩容量过大，会在速度相结束时产生冲击，因此，在充油阶段需要适当降低充油强度以防止 Oncoming 离合器充油过度的现象发生。

7.3.2 速度相阶段控制策略

在进入 PFUP2 阶段时，输入轴转速刚开始发生变速过程或还未发生变速，由于 Offgoing 离合器实际传递的转矩较小，考虑到实际液压系统的控制精度和响应迟滞性，采用开环的方式控制 Offgoing 离合器的控制油压，控制油压利用式（7-18）计算得到。在该阶段，若 Offgoing 离合器控制油压的下降斜率过小，会导致变速时间加长，不利于缩短换档时间；若控制油压的下降斜率过大，会导致变速器输出的负向转矩迅速降低，产生轻微的顿挫感。

$$P_{\mathrm{OG}}(N) = \max[(P_5 - N\Delta P_5), 0] \quad (7\text{-}18)$$

式中，P_5 为 Offgoing 离合器控制油压在进入 PFUP2 阶段的初始油压；ΔP_5 为 Offgoing 离合器控制油压在 PFUP2 阶段的下降速度。

在无动力升档的速度相阶段，当转矩容量大于 0 时，Oncoming 离合器传递正向转矩，该正向转矩可以帮助输入轴转速完成变速过程。但由于变速结束后 Oncoming 离合器实际传递转矩需要变换方向，若在速度相阶段 Oncoming 离合器转矩容量过大会导致换档冲击，因此，在该阶段 Oncoming 离合器的控制油压采用式（7-19）计算，其中的油压上限值 P_6 需要通过标定得到。

$$P_{\mathrm{OC}}(N) = \min[P_6, (P_{\mathrm{OC}}(N-1) + \Delta P_6)] \quad (7\text{-}19)$$

式中，P_6 为 Oncoming 离合器控制油压在 PFUP2 阶段的上限值；ΔP_6 为 Oncoming 离合器控制油压在 PFUP2 阶段的上升速度。

7.3.3 转矩相阶段控制策略

当输入轴转速小于或等于目标档位输入轴转速时，PFUP2 阶段完成，PFUP3 阶段开始。在该阶段，Offgoing 离合器早已不再传递转矩，其控制油压保持为 0；Oncoming 离合器的控制分为两个子阶段，第一个子阶段的控制目的是让 Oncoming 离合器从滑摩到闭锁状态的转换；第二个子阶段的控制目的是确保 Oncoming 离合器一直处于闭锁状态。

在第一个子阶段 Oncoming 离合器的控制油压通过式（7-20）计算得到，在该阶段，Oncoming 离合器开始具备传递负向转矩的能力，若 Oncoming 离合器不能即时开始传递负向转矩，输入轴转速会继续保持下降，导致 Oncoming 离合器滑差增大，再接合 Oncoming 离合器时存在换档冲击的风险，且会导致滑摩功的增加；由于实际液压系统的响应存在迟滞性，若 Oncoming 离合器控制油压上升过快，而此时 Oncoming 离合器存在一定滑差时，会产生换档冲击。

$$P_{\mathrm{OC}}(N) = P_{\mathrm{OC}}(N-1) + \Delta P_7 \quad (7\text{-}20)$$

式中，ΔP_7 为 Oncoming 离合器控制油压在 PFUP3 第一子阶段的上升速度。

在第二个子阶段 Oncoming 离合器的控制油压通过式（7-21）计算得到，在该阶段 Oncoming 离合器的控制油压快速上升以确保其始终处于闭锁状态。

$$P_{\mathrm{OC}}(N) = \min[P_7, (P_{\mathrm{OC}}(N-1) + \Delta P_8)] \quad (7\text{-}21)$$

式中，P_7 为 Oncoming 离合器控制油压的上限值；ΔP_8 为 Oncoming 离合器控制油压在 PFUP3 第二子阶段的上升速度。

7.3.4 无动力升档控制策略实车测试

图 7-14 所示为 0 节气门开度无动力 4—8 档的实车数据。换档在约 1m14.4s 时刻开始，此时的工况为车辆在 4 档急加速完毕后，节气门开度变为 0，制动踏板开度也为 0，液力变矩器离合器处于打开状态，发动机转速 3497r/min，输入轴转速 3488r/min，输出

轴转速 2450r/min（对应车速为 92.9km/h），发动机转矩 19.5N·m（不包含倒拖转矩）。在该无动力升档过程中，依次执行以上的三阶段控制策略，策略时序如图 7-14 所示。

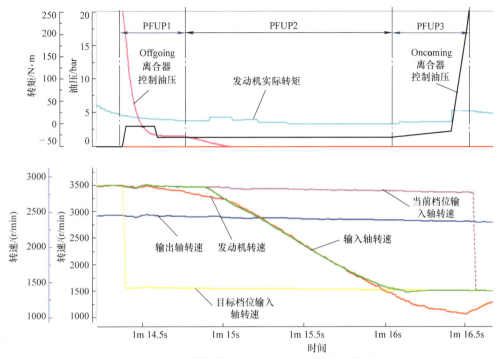

图 7-14　0 节气门开度无动力 4—8 档实车数据

在 PFUP1 阶段，Offgoing 离合器控制油压快速下降到 1.55bar，略高于其 Kisspoint 点，Oncoming 离合器依次执行快速充油控制和 Kisspoint 充油控制，在该阶段输入轴转速没有发生变速，说明 Offgoing 离合器的转矩容量仍高于其实际传递转矩值，输出轴转速没有出现明显的波动，说明没有发生过充油现象。在 PFUP2 阶段，随着 Offgoing 离合器控制油压的下降，输入轴转速逐渐开始变速，从图中可以发现在变速阶段输入轴转速的变速过程略快于发动机转速的变速过程，说明 Oncoming 离合器此时在传递正向转矩帮助完成输入轴转速的变速过程。在 PFUP3 阶段，输入轴转速开始低于目标档位输入轴转速，Oncoming 离合器的控制油压逐渐上升，直至 Oncoming 离合器处于闭锁状态，最后 Oncoming 离合器控制油压快速上升到最大值确保其处于闭锁状态。在整个无动力升档过程中，输出轴转速没有出现明显波动，输入轴转速变速过程平稳，符合控制预期，换档品质较高。

图 7-15 所示为无动力 1—2 和 1—3 档两组实车采集数据，在执行换档之前，车辆均保持在 1 档大节气门开度行驶，当驾驶人松开加速踏板取消加速意图后，执行无动力升档控制，在第一组数据中车速较低（约为 20.9km/h），执行无动力 1—2 档，在第二组数据中车速较高（约为 38.53km/h），执行无动力 1—3 档。换档完成后，输入轴转速均在 1200~2000r/min 之间，发动机在该转速范围内工作具有较高的燃油经济性。从图中可以发现，在无动力 1—2 档过程中，变速结束时输出轴转速出现了小幅的波动，说

明 Oncoming 离合器在 PFUP2 阶段的控制油压略高，但该波动对换档品质影响不明显，属于可以接受的范畴；在无动力 1—3 档过程中，在 PFUP2 阶段结束时，输出轴转速没有出现波动，输入轴转速在达到目标档位输入轴转速后小幅下降，在 PFUP3 阶段，Oncoming 离合器控制油压逐渐上升直至转速同步，整个换档过程输出轴转速变化平稳，没有出现波动和冲击，换档品质较高。

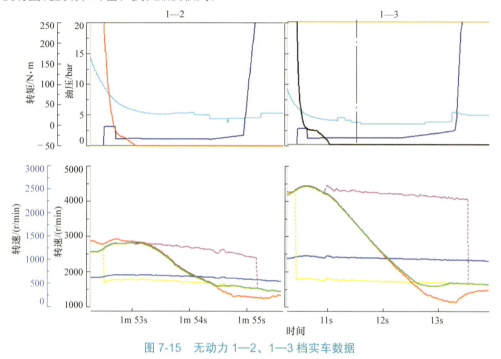

图 7-15　无动力 1—2、1—3 档实车数据

图 7-16 所示为两组无动力 2—3 档的实车采集数据，均采用三阶段无动力升档控制策略。在第一组数据中，Oncoming 离合器在 PFUP2 阶段的控制油压较低，从图中可以看出发动机转速的下降过程明显快于输入轴转速的下降过程，说明在输入轴转速主要靠发动机的倒拖转矩实现变速过程，Oncoming 离合器在该阶段不传递转矩或传递转矩非常小。在 PFUP3 阶段，由于 Oncoming 离合器的转矩容量较低，输入轴转速继续保持下降，当 Oncoming 离合器传递的转矩足以克服发动机的倒拖转矩后输入轴转速开始上升直至闭锁。在第二组数据中，在 PFUP2 阶段，发动机转速和输入轴转速的下降过程没有太大差异，说明输入轴转速借助发动机的倒拖转矩和 Oncoming 离合器实现变速过程，在 PFUP3 阶段，Oncoming 离合器没有出现负滑差的情况。在两组数据中，输出轴转速均没有出现任何波动，换档平顺性都非常好，但第一组数据的输入轴转速变速时间较长（约为 1800ms），第二组数据的变速时间较短（约为 1000ms）。

图 7-17 所示为无动力 4—5、3—5、3—6 档的实车采集数据，均采用三阶段无动力升档控制策略。从以上结果可以看出，本书提出的无动力升档控制策略支持满足简单换档条件的单步换档、两步换档、三步换档和四步换档，采用适当的标定参数可以实现换档品质较高的无动力升档控制，具有一定的通用性。

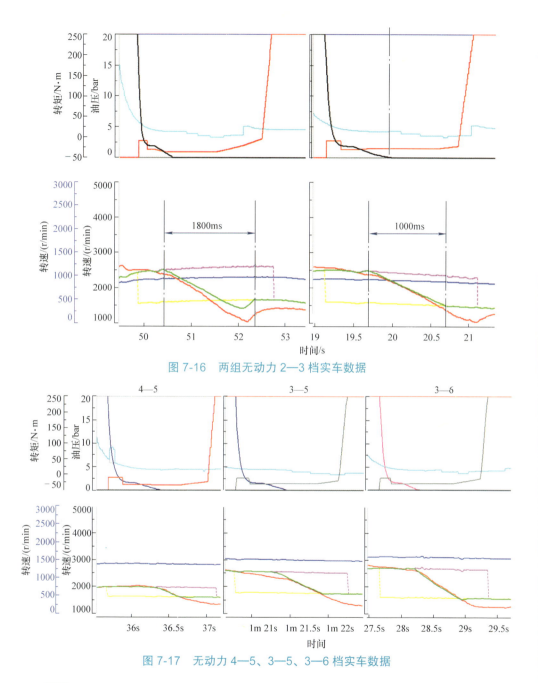

图 7-16　两组无动力 2—3 档实车数据

图 7-17　无动力 4—5、3—5、3—6 档实车数据

7.4 无动力降档控制策略

当驾驶人松开加速踏板，意图让车辆减速时，随着车速的降低，输入轴转速和发动机转速也随之降低，为了让输入轴转速和发动机转速一直处在合适的工作区间（有以下几个目的：①可以避免发动机熄火；②当液力变矩器离合器处于闭锁或滑摩状态时，可以让发动机一直处于断油状态，降低油耗；③合理利用发动机制动；④为车辆再次加速做好准备），

执行无动力降档控制以提升输入轴和发动机转速。当车辆的减速度较低时，一般执行单步无动力降档；当车辆的减速度较大时，可以根据实际工况执行两步或多步无动力降档。本文提出的无动力降档控制策略将无动力降档控制分为四个阶段：换档准备阶段（PFDP1）、转矩相阶段（PFDP2）、速度相阶段（PFDP3）和换档结束阶段（PFDP4）。采用该换档过程控制策略，在8AT中可以实现满足简单换档条件的15种无动力降档控制。

7.4.1 换档准备阶段控制策略

由原理分析可知，在执行无动力降档控制的开始时刻，Oncoming离合器为负向滑差，说明Oncoming离合器具有传递负向转矩的能力，因此无动力降档与有动力升档相同，首先完成的是转矩相过程，因此，在PFDP1阶段需要控制Oncoming和Offgoing离合器为转矩交换提前做好准备工作。

Oncoming离合器在此阶段充油控制方法与PNUP1阶段基本相同，由快速充油控制和Kisspoint充油控制两部分组成，由于在无动力降档过程中，需要离合器传递的转矩很小，若Oncoming离合器在PFDP1阶段出现过充油容易导致在PFDP2阶段出现"tie-up"现象；与之相反，若Oncoming离合器充油不足，容易导致在PFDP2阶段出现输入轴转速过度下降现象。因此，Oncoming离合器的充油控制相关量需要通过精细标定和自适应控制得到；Offgoing离合器的转矩容量快速下降到略高于其实际传递转矩值，采用式（7-2）计算Offgoing离合器的控制油压。

7.4.2 转矩相阶段控制策略

该阶段的目的是将Offgoing离合器传递的负向转矩平稳地转移到Oncoming离合器。由于此时变速器输入转矩为负值且较小，与有动力升档的转矩相控制过程不同，若Offgoing离合器的等效下降速度略快于Oncoming离合器，不会导致发动机发生飞车现象，但会让输入轴转速的下降速度适当加快，对换档品质的影响不明显。因此，在该阶段将Offgoing离合器的控制分为两个子阶段，其控制油压的计算分别见式（7-22）和式（7-23），第二个子阶段的下降斜率快于第一个子阶段，以加快Offgoing离合器的打开速度。

$$P_{OG}(N) = P_{OG}(N-1) - \Delta P_9 \quad (7\text{-}22)$$

$$P_{OG}(N) = \max\{[P_{OG}(N-1) - \Delta P_{10}], 0\} \quad (7\text{-}23)$$

式中，ΔP_9和ΔP_{10}分别为Offgoing离合器控制油压在PFDP2阶段中两个子阶段的下降斜率。

Oncoming离合器的控制油压通过式（7-24）计算得到。

$$P_{OC}(N) = \min\{[P_{OC}(N-1) + \Delta P_{11}], P_8\} \quad (7\text{-}24)$$

式中，ΔP_{11}和P_8分别为Oncoming离合器控制油压在PFDP2阶段的上升斜率和上限值。

7.4.3 速度相阶段控制策略

与有动力升档不同，在无动力降档的速度相阶段不能通过发动机降矩控制辅助变速过程，因此，PFDP3阶段的目的是通过控制Oncoming离合器的油压实现输入轴转速平稳地变速。由于Oncoming离合器需要传递的转矩较小，在变速过程中产生的滑摩功也比较小，因此对变速过程的时间要求不高，且在小油压区域离合器油压控制存在较大的迟滞，因此，在该阶段Oncoming离合器仅采用前馈控制，不采用PI控制，其控制油压通过式（7-25）和式（7-26）计算得出。

$$P_{FF}(N) = P_{FF}(N-1) + \max(P_{FF1}, \min(P_{FFh}, (P_{FF}(T_{in}) - P_{FF}(N-1)))) \quad (7-25)$$

$$P_{OC}(N) = \min[P_{FF}(N), P_9] \quad (7-26)$$

式中，P_9为Oncoming离合器控制油压在PFDP3阶段的上限值。

7.4.4 换档结束阶段控制策略

当输入轴转速快要完成速度同步时，进入PFDP4阶段。在该阶段，Oncoming离合器的控制分为两个子阶段，第一个子阶段的控制目的是让Oncoming离合器完成从滑摩到闭锁状态的转换；第二个子阶段的控制目的是确保Oncoming离合器一直处于闭锁状态。

为了确保Oncoming离合器能够顺利到达闭锁状态，需要让Oncoming离合器控制油压按照一定速度保持上升，但由于当速度同步完成时，Oncoming离合器传递的惯性转矩会消失，为了减小惯性转矩，需要限制Oncoming离合器在速度同步之前传递的转矩大小，因此，在第一个子阶段Oncoming离合器的控制油压通过式（7-27）计算得到。

$$P_{OC}(N) = \min\{[P_{OC}(N-1) + \Delta P_{11}], P_{10}\} \quad (7-27)$$

式中，ΔP_{11}和P_{10}分别为Oncoming离合器控制油压在PFDP4第一子阶段的上升速度和上限值。

在第二个子阶段Oncoming离合器的控制油压通过式（7-28）计算得到，在该阶段Oncoming离合器的控制油压快速上升以确保其始终处于闭锁状态。

$$P_{OC}(N) = \min\{P_{11}, [P_{OC}(N-1) + \Delta P_{12}]\} \quad (7-28)$$

式中，ΔP_{12}和P_{11}分别为Oncoming离合器控制油压在PFDP4第二子阶段的上升速度和上限值。

7.4.5 无动力降档控制策略实车测试

图7-18为0制动踏板开度的无动力7—6档的实车数据。换档在约45.8s时刻开始，此时的工况为车辆在7档减速滑行，节气门开度为0，制动踏板开度也为0，液力变矩器离合器处于闭锁状态，发动机转速1397r/min，输入轴转速1400r/min，输出轴转速1667r/min（对应车速为64.8km/h），发动机转矩为0（处于断油状态）。

在PFDP1阶段，Offgoing离合器控制油压快速下降，Oncoming离合器执行快速充油和Kisspoint充油控制，在该阶段，输入轴转速与当前档位输入轴转速相同，且没有出现波动，说明Offgoing离合器转矩容量仍高于其实际传递转矩，Oncoming离合器也没有出现过充油现象。在PFDP2阶段，Offgoing离合器的控制油压逐渐下降，Oncoming离合器的控制油压逐渐小幅上升，负向转矩逐渐从Offgoing离合器转移到Oncoming离合器，在约46.6s时刻，输入轴转速开始发生变速，说明转矩转移过程已经结束，Oncoming离合器实际传递转矩已足以拖动输入轴发生变速，随后进入下一阶段控制。在PFDP3阶段，Oncoming离合器的控制油压基本保持不变，输入轴转速和发动机转速在 Oncoming 离合器的拖动下逐渐向目标档位输入轴转速靠近，变速过程平稳，当变速接近完成时进入下一阶段控制。在 PFDP4 阶段，Oncoming 离合器控制油压开始以小斜率上升，当 Oncoming 离合器完成从滑摩到闭锁过程的转换后，再以大斜率快速上升到最终目标油压，以确保其始终处于闭锁状态。在整个换档过程中，输出轴转速没有出现任何波动，输入轴转速也没有出现过度下降的现象，换档品质较高。

图 7-19 为两组无动力 8—7 档实车数据，两组数据均采用上文中的四阶段无动力降档

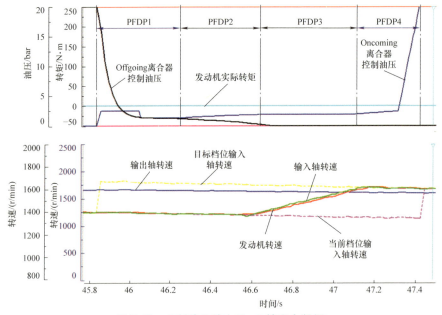

图 7-18　0 制动无动力 7—6 档实车数据

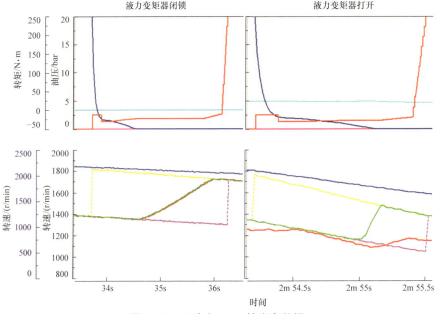

图 7-19　无动力 8—7 档实车数据

控制策略。在第一组数据中，液力变矩器离合器一直处于闭锁状态，由于发动机基本处于断油状态，Oncoming 离合器在速度相阶段传递的转矩需要拖动输入轴和发动机曲轴同时完成变速过程，因此变速过程较长。在第二组数据中，液力变矩器离合器一直处于打开状态，发动机转速已经下降到断油复归区间。为了防止发动机熄火现象的发生，发动机输出转矩较高，Oncoming 离合器在速度相阶段传递的转矩仅需拖动输入轴完成变速过程，因此变速过程较快，且在变速结束时，输入轴转速出现了小幅的波动，但由于液力变矩器处于打开状态，具有吸振的能力，因此，输出轴转速没有出现波动，换档品质未受影响。

图 7-20 为无动力 5—4—3 与 5—3 档实车数据。在换档之前，车辆均保持 5 档行驶，当车辆受到的制动强度较小时，车速降低较慢，采用无动力顺序降档，依次执行无动力 5—4、4—3 档控制；当车辆受到的制动强度较大时，车速降低较快，为了快速将档位切换到目标档位和减少换档次数，执行无动力 5—3 档控制。在三个换档过程中，输出轴转速均未出现波动，换档品质较高。

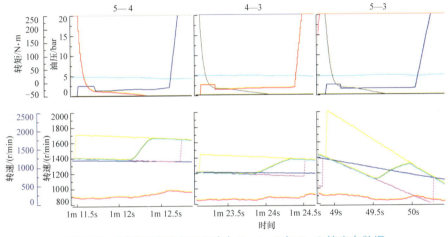

图 7-20 不同制动强度下无动力 5—4—3 与 5—3 档实车数据

从以上实车数据可以看出，采用本书提出的四阶段无动力降档控制策略，可以实现液力变矩器闭锁、液力变矩器打开、单步换档和多步换档的无动力降档控制，具有一定的通用性。

7.5 本章小结

本章针对离合器到离合器换档过程控制的四种基本换档类型（有动力升档、有动力降档、无动力升档和无动力降档），结合第 6 章的原理分析，根据不同换档类型的特点，分别提出了不同换档类型的分阶段控制策略，并提供各个阶段的控制算法。控制策略在搭载 8AT 的某车型上完成了测试工作，结合实车数据，分析了各个换档类型在不同控制阶段的动态变化过程，对换档控制策略正确性进行了验证。根据在不同工况下（不同节气门开度、不同制动强度、单步换档、多步换档、液力变矩器解闭锁等）的实车数据可知，本书提出的四种基本类型的换档控制策略具有一定的通用性，为下一步变工况的换档过程控制策略的提出打下了基础。

第 8 章

换档过程中改变驾驶意图控制策略

第 7 章介绍了在稳态情况下,四种典型换档类型的控制策略。在实际行驶中,驾驶人需要根据实际行驶环境,实时动态地调整加速踏板和制动踏板的开度,并可能随时改变驾驶意图,而这将导致自动变速器的输入转矩和输出转矩在短时间内发生变化。若驾驶人在离合器到离合器换档过程中改变驾驶意图,仍然采用稳态下的换档过程控制策略会影响换档品质,甚至导致换档冲击。驾驶人改变驾驶意图的情况非常多样,可能发生在任何换档类型下的任意阶段。为了满足客户的需求,需要保证任何可能出现的换档情况都具有一定的换档品质,这给换档过程控制策略提出了非常高的要求。在实际的自动变速器控制软件的开发和标定过程中,针对改变驾驶意图的换档过程控制需要完成大量的工作。

8.1 改变驾驶意图控制策略总述

8.1.1 改变驾驶意图控制架构

改变驾驶意图控制架构如图 8-1 所示。在第 7 章中分别提出了有动力升档、有动力降档、无动力升档和无动力降档的分阶段换档过程控制策略,而在每个控制子阶段中最终的控制对象分别是 Oncoming 离合器控制油压(以下简称 OC 控制油压)、Offgoing 离合器控制油压(以下简称 OG 控制油压)、发动机降矩值和发动机限矩值。在离合器到离合器换档过程基本控制策略执行过程中,改变驾驶意图控制模块同步检测节气门开度的变化情况,分别通过油门 Tip-in 识别和油门 Tip-out⊖识别功能模块判断是否有改变驾驶意图的情况发生。当综合判断出改变驾驶意图后,根据当前的换档类型和控制阶段执行对应的改变驾驶意图控制策略。在换档过程基本控制策略的基础之上,对 OC 控制油

⊖ 工程实践中常常用"油门 Tip-in"表示轻踩加速踏板,用"油门 Tip-out"表示轻松加速踏板。为表述简法方便,后文均用 Tip-in 替代油门 Tip-in,用 Tip-out 替代油门 Tip-out。

压、OG 控制油压、发动机降矩值和发动机限矩值进行补偿或修正。

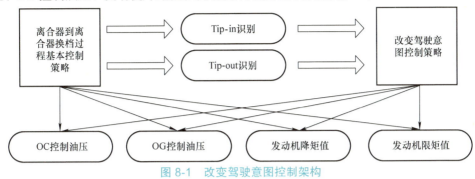

图 8-1 改变驾驶意图控制架构

8.1.2 Tip-in 及 Tip-out 识别方法

发动机控制单元（EMS）通过 CAN 线以电信号的方式将节气门开度信号传输到 TCU，TCU 中的底层软件将电信号转化后通过接口函数传递给应用层软件。在信号的传输中容易受到外部干扰而产生噪声，且当节气门开度在极短时间内大幅来回变化时无须触发改变驾驶意图控制策略，因此需要对节气门开度信号滤波处理。本文采用一维数字滤波器滤波，其算法如下：

$$Y_n = b_1 X_n + b_2 X_{n-1} + ... + b_{nb-1} X_{n-nb} - a_2 Y_{n-1} - ... - a_{na-1} Y_{n-na} \quad (8\text{-}1)$$

式中，X_i 为滤波前的节气门开度；Y_i 为滤波后的节气门开度；$n-1$ 为滤波器的阶次；na 为滤波器的反馈阶次；nb 为滤波器的前馈阶次。

在时域内，该滤波器在采样点 m 下的差分计算公式如下：

$$Y_m = b_1 X_m + z_{m-1}^1 \quad (8\text{-}2)$$

$$z_m^1 = b_2 X_m + z_{m-1}^2 - a_2 Y_m \quad (8\text{-}3)$$

$$z_m^{n-2} = b_{n-1} X_m + z_{m-1}^{n-1} - a_{n-1} Y_m \quad (8\text{-}4)$$

$$z_m^{n-1} = b_n X_m - a_n Y_m \quad (8\text{-}5)$$

采用 z 变换，其输入输出传递函数为

$$Y_z = \frac{b_1 + b_2 z^{-1} + ... + b(nb+1) z^{-nb}}{1 + a_2 z^{-1} + ... + a(na+1) z^{-na}} X_z \quad (8\text{-}6)$$

在不同换档类型的不同控制子阶段，Tip-in 和 Tip-out 识别模块需要采用不同的 b_i、nb、a_i 和 na 值，其具体的取值需要根据实车标定数据最终确定。

基于滤波过后的节气门开度信号 Y_i，通过式（8-7）计算节气门开度在一个换档周期内的偏差变化量 ΔY_i，其中 m 的大小与档位和换档类型相关，由实车标定确定，当换档结束时需要将 ΔY_i 重置。当式（8-8）成立时，判定为 Tip-in 情况发生，触发相关的改变驾驶意图控制策略。

$$\Delta Y_i = \begin{cases} Y_i - Y_0 & i = 1, 2, ..., m \\ Y_i - Y_{i-m} & i > m \end{cases} \quad (8\text{-}7)$$

$$\frac{\sum_{i=j}^{j+k}\Delta Y_i}{k+1} > \Delta Y_{\text{Tip-in}} \tag{8-8}$$

式中，$\Delta Y_{\text{Tip-in}}$ 为 Tip-in 判定门限值。

当式（8-8）成立时，判定为 Tip-out 情况发生，其中 ΔY_i 仍然由式（8-7）计算得到，但 m 的取值与 Tip-in 不同。

$$\frac{\sum_{i=j}^{j+k}\Delta Y_i}{k+1} < \Delta Y_{\text{tip-out}} \tag{8-9}$$

式中，$\Delta Y_{\text{Tip-out}}$ 为 Tip-out 判定门限值。

8.2 有动力升档改变驾驶意图控制策略

8.2.1 变速之前 Tip-in 控制策略

图 8-2 所示为在有动力升档过程中，输入轴转速变速之前，Tip-in 控制策略的流程图。在第 7 章制定的有动力升档控制策略中将有动力升档的控制过程分成了四个阶段，分别为 PNUP1 阶段、PNUP2 阶段、PNUP3 阶段和 PNUP4 阶段。在 PNUP1 阶段和 PNUP2 阶段中，输入轴转速还未开始变速过程。

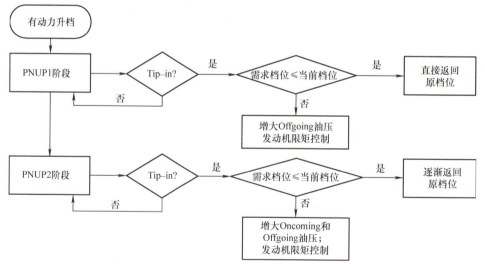

图 8-2 有动力升档变速之前 Tip-in 控制策略流程图

在 PNUP1 阶段，Oncoming 离合器正在进行充油控制，Offgoing 离合器正在快速降低其转矩容量，若在此阶段驾驶人加大加速踏板开度（Tip-in），会导致发动机输出转矩增加，变速器输入转矩也会随之增加，若此时不采取相应的控制手段，很有可能导致发动机飞车现象的发生，影响换档品质。因此，在此阶段需要监控是否有 Tip-in 的情况发生，当控制程序监测到该情况发生时，启用 Tip-in 控制策略。在 Tip-in 控制策略中，判断驾驶人的需求档位是否已经小于或等于当前档位。若满足此条件，则执行直接撤销换档控制，直接回到当前档位；若不满足，则进行执行该有动力升档，但同时执行增大Offgoing离合器油压控制和发动机限矩控制。

在PNUP2阶段，Oncoming离合器的控制油压逐渐上升，Offgoing离合器的控制油压逐渐下降，转矩逐渐从Offgoing离合器转移到Oncoming离合器。若在此阶段发生Tip-in，则同样可能导致发动机发生飞车现象。若在此阶段监测到发生Tip-in情况，则首先判断驾驶人的需求档位是否已经小于或等于当前档位。若满足此条件，则执行逐渐撤销换档控制，Offgoing离合器的控制油压逐渐增加，Oncoming离合器的控制油压逐渐降低，完成转矩交换的逆过程以回到当前档位；若条件不满足，则执行同时增加Oncoming和Offgoing离合器油压控制，以及发动机限矩控制。

在图8-3中，在2m52.8s时刻，执行10%节气门开度的有动力2—3档控制，此时的需求档位为3档，当前档位为2档。首先进入PNUP1阶段，Offgoing离合器控制油压快速下降，Oncoming离合器执行充油控制，在约2m53.1s时刻，驾驶人改变驾驶意图，Tip-in至100%开度，此时有动力升档过程还处于PNUP1阶段，输入轴转速变速还未开始，Oncoming离合器还未开始传递转矩，由于节气门开度突然增大，驾驶人的需求档位由3档变为2档，满足小于或等于当前档位条件，执行直接撤销换档控制，Offgoing离合器控制油压快速上升，Oncoming离合器控制油压直接为0，直接返回2档。从图8-3可以看出，在整个过程中输出轴转速、输入轴转速和发动机转速变化平稳，没有产生任何换档冲击。

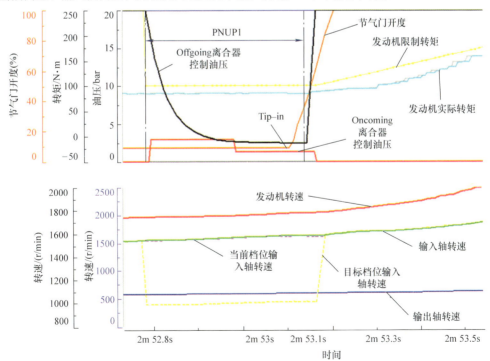

图8-3 PNUP1阶段Tip-in直接撤销档位控制

图8-4所示为在10%节气门开度有动力2—3档过程中的PNUP2阶段Tip-in的工况，驾驶人在约5m42.1s时刻Tip-in至100%，驾驶人需求档位小于或等于当前档位条件成

立，而此时正在进行转矩交换过程，Oncoming 离合器已经传递部分转矩，因此执行逐渐撤销换档控制，Offgoing 离合器控制油压在此控制阶段逐渐上升，直至返回当前档位。

图 8-5 所示为在有动力 2—3 档的 PNUP2 阶段 Tip-in 工况，但与图 8-4 不同，驾驶人

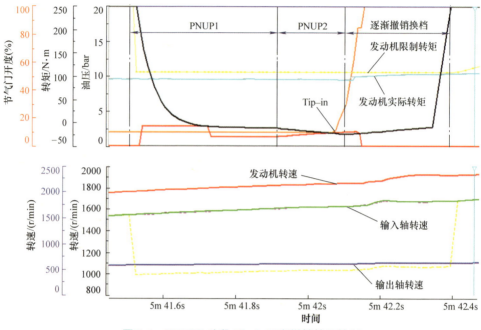

图 8-4　PNUP2 阶段 Tip-in 逐渐撤销档位控制

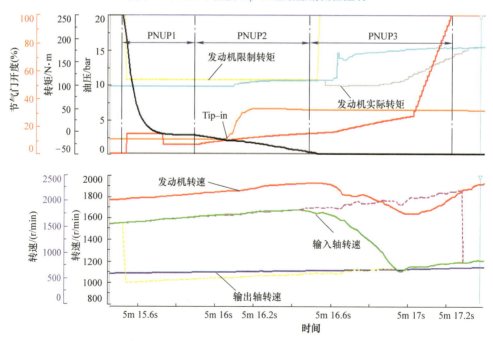

图 8-5　PNUP2 阶段 Tip-in 保持换档控制

在约 5m16.1s 时刻仅将 Tip-in 至 30% 开度。根据换档逻辑，此时的驾驶人需求档位仍为 3 档，不满足逐渐撤销换档条件，因此，继续执行有动力 2—3 档控制，但为了确保一定的换档品质，同时执行发动机限矩控制，发动机转矩被限制到 110N·m，并适当增加 Oncoming 和 Offgoing 离合器的控制油压。在整个换档过程中，输出轴转速变化平稳，发动机转速轻微上扬，但未发生发动机飞车现象，未发生换档冲击。

8.2.2 变速之前 Tip-out 控制策略

图 8-6 所示为在有动力升档控制过程中，输入轴转速变速之前，Tip-out 控制策略的流程图。

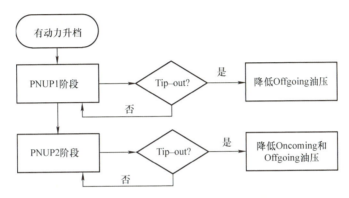

图 8-6 有动力升档变速之前 Tip-out 控制策略流程图

在 PNUP1 阶段，Offgoing 离合器控制油压快速下降到其实际传递转矩值，Oncoming 离合器执行充油控制。若驾驶人在该阶段改变驾驶意图，松开加速踏板（Tip-out），会导致发动机输出转矩迅速降低，同时导致 Offgoing 离合器实际传递转矩值降低，因此，当控制软件检测到 Tip-out 情况发生后，执行降低 Offgoing 离合器油压控制。

在 PNUP2 阶段，Offgoing 和 Oncoming 离合器均传递转矩，若在此阶段发生 Tip-out 情况，当变速器输入转矩下降后，若 Offgoing 和 Oncoming 离合器油压控制仍然保持，会导致功率回流现象发生，因此，当该情况发生时需要适当降低两个离合器的控制油压，以平稳地完成转矩交换过程。

图 8-7 所示为在 20% 节气门开度的有动力 2—3 档过程中，在 PNUP1 阶段 Tip-out 的工况。驾驶人在约 1m56.3s 时刻改变驾驶意图，突然完全松开加速踏板，因此导致发动机实际转矩和发动机转速快速下降，控制软件通过 Tip-out 算法模块判断出 Tip-out 情况发生，执行降低 Offgoing 离合器控制油压，Offgoing 离合器控制油压继续保持下降到其当前实际传递转矩值。从图中可以看出，Offgoing 离合器控制油压的下降未导致发生发动机飞车现象，整个换档过程中，输出轴转速变化平稳，未发生换档冲击。

图 8-8 所示为在 20% 节气门开度的有动力 2—3 档过程中，在 PNUP2 阶段 Tip-out 的工况，驾驶人在约 1m38.9s 时刻改变驾驶意图，突然完全松开加速踏板。从图中可以看出发动机实际转矩突然大幅下降，为了减小功率回流程度，Offgoing 离合器控制油压以更快的速度下降，Oncoming 离合器控制油压上升速度明显降低，从输入轴转速可以

看出变速过程适当提前，输出轴转速未出现较大幅度的波动，换档品质处于能够接受的范围之内。

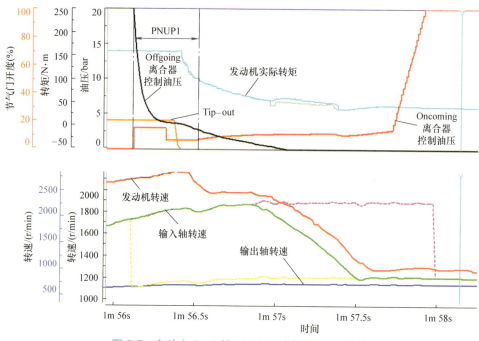

图 8-7　有动力 2—3 档 PNUP1 阶段 Tip-out 控制

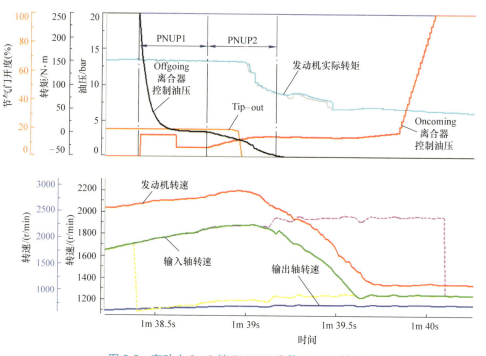

图 8-8　有动力 2—3 档 PNUP2 阶段 Tip-out 控制

8.2.3 变速过程中 Tip-in 控制策略

图 8-9 所示为在有动力升档变速过程中 Tip-in 的控制策略流程图，由有动力升档基本控制策略可知，在 PNUP3 阶段需要执行发动机降矩控制。若在此阶段仍然保持 Tip-in 之前的发动机转矩控制，则发动机不会响应驾驶人的节气门开度请求，这虽然对换档品质不会造成影响，但会导致比较差的驾驶体验，因为发动机转矩由于受到 TCU 降矩控制的限制，不会响应驾驶人的节气门开度请求。因此，当控制软件监测到发生 Tip-in 情况后需要执行发动机降矩逐渐打开控制，逐步释放发动机实际输出转矩，同时执行增加 Oncoming 离合器油压控制。若 Oncoming 离合器控制油压上升过快，可能发生输入轴转速变速过快，当转速同步时容易产生换档冲击，因此，当监测到 Oncoming 离合器油压上升过快后启用油压上升速度限制功能。

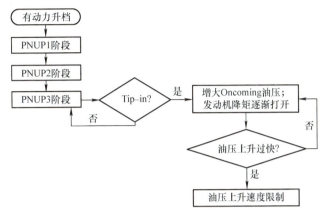

图 8-9 有动力升档变速过程中 Tip-in 控制策略流程图

图 8-10 所示为在 10% 节气门开度有动力 2—3 档在变速过程中 Tip-in 的工况，驾驶人在约 6min15.8s 时刻改变驾驶意图，突然将加速踏板踩至 100%，由于此时正在执行

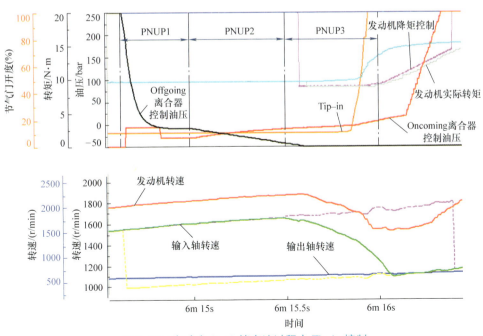

图 8-10 有动力 2—3 档变速过程中 Tip-in 控制

发动机降矩控制，发动机实际转矩没有随着节气门开度快速变化而突然增加，为了适当响应驾驶人的转矩请求，执行发动机降矩逐渐打开控制，发动机实际转矩也随之逐渐增加。Oncoming 离合器控制油压在 Tip-in 后加大了上升速度，以确保 Oncoming 离合器实际传递转矩足以使输入轴保持一定速度的变速过程，从图中可以看出，Oncoming 离合器控制油压在 Tip-in 后的上升速度基本保持一致，说明控制软件已经监测到 Oncoming 离合器油压上升速度过快，启用了油压上升速度限制功能。在 Tip-in 后，输入轴转速的变速过程没有明显加快，发动机也没有发生飞车现象，输出轴转速没有出现较大幅度的波动，整个换档过程的换档品质在可以接受的范围之内。

8.2.4 变速过程中 Tip-out 控制策略

图 8-11 所示为在有动力升档变速过程中 Tip-out 的控制策略流程图，处于 PNUP3 控制阶段。在此阶段，若发生 Tip-out 情况，会导致发动机实际输出转矩快速下降，若 Oncoming 离合器传递转矩保持不变，发动机下降的部分转矩会用于加速输入轴转速的同步过程，增大惯性转矩，当同步完成时容易产生换档冲击。为了避免这种情况的发生，需要降低 Oncoming 离合器的控制油压以降低惯性转矩，但若 Oncoming 离合器控制油压下降过快，则可能导致输入轴转速无法完成同步，因此，当检测到 Oncoming 离合器油压下降过快时，启用油压下降速度限制功能。

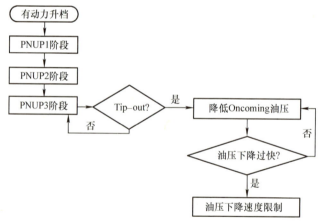

图 8-11　有动力升档变速过程中 Tip-out 控制策略流程图

图 8-12 所示为在 20% 节气门开度有动力 2—3 档在变速过程中 Tip-out 的工况，驾驶人在约 9s 时刻突然完全松开加速踏板，导致发动机实际转矩在短时间内快速下降。此时输入轴转速已经完成 1/3 的变速过程，当检测到发生 Tip-out 的情况后，为了平稳地完成剩下的变速过程，Oncoming 离合器的控制油压从逐渐上升转为逐渐下降。从图中可以看出，Oncoming 离合器控制油压下降的速度基本保持不变，表明控制软件检测到 Oncoming 离合器油压下降速度过快，启用了油压下降速度限制功能，在余下的变速过程中，输入轴转速的变化速度未明显加快，输出轴转速变化平稳，无换档冲击现象发生。

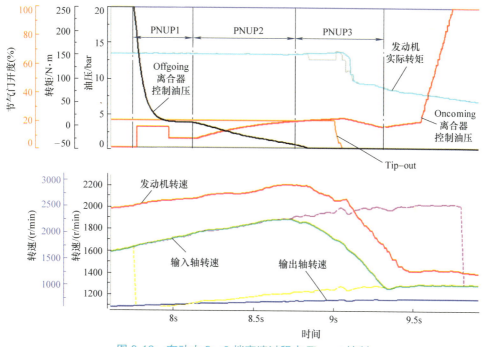

图 8-12 有动力 2—3 档变速过程中 Tip-out 控制

8.3 有动力降档改变驾驶意图控制策略

8.3.1 变速之前 Tip-out 控制策略

有动力降档一般发生在驾驶人在短时间内加大加速踏板深度行驶的工况，在这种情况下，认为驾驶人有强烈的加速意图，动力性比经济性显得更为重要。为了在短时间内快速提升车辆的动力性，执行有动力降档控制，有效地利用发动机高转速高功率的优点。而在有动力降档的控制过程中，驾驶人可能根据实际情况减小或取消加速意愿，执行 Tip-out 操作。当在有动力降档过程中，输入轴转速变速之前时处于 Tip-out 工况，采用图 8-13 所示的控制策略流程图。在第 7 章制订的有动力降档基本控制策略中，将有动力降档的控制过程分为三个阶段，分别为 PNDP1 阶段、PNDP2 阶段和 PNDP3 阶段，其中在 PNDP1 阶段和 PNDP2 阶段的前期输入轴转速可能还未发生变速过程。

在 PNDP1 阶段，Oncoming 离合器执行充油控制，Offgoing 离合器快速降低其控制油压，控制 Offgoing 离合器转矩容量小于其实际传递转矩，以实现输入轴转速变速的目的。当在该过程中发生 Tip-out 后，首先需要判断当前驾驶意图需求档位是否满足大于或等于当前档位的条件。如果该条件满足，说明驾驶人的加速意图已经取消，无须再执行降档控制来提高整车的动力性，而此时输入轴转速还未开始变速过程，可以执行直接返回原档位控制，快速回到当前档位，让车辆保持在经济模式下行驶。若驾驶人仅小幅地执行 Tip-out 操作，节气门开度不为 0，则可能不满足撤销档位控制的条件，需要继续保持执行该有动力降档控制，由于 Tip-out 会导致发动机实际转矩降低，因此需要执行降低 Offgoing

离合器油压控制，以保证输入轴转速平稳的变速过程。

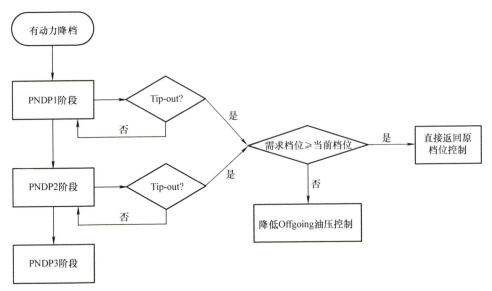

图 8-13　有动力降档变速之前 Tip-out 控制策略流程图

在 PNDP2 阶段的前期，输入轴转速可能还未开始变速过程，与在 PNDP1 阶段原理相同，在这种情况发生 Tip-out 后，采用与 PNDP1 阶段相同的控制策略。

在图 8-14 中，驾驶人将节气门开度控制到 70% 左右，在 19m13.6s 左右，执行有动力 4—3 档控制，Offgoing 离合器控制油压快速下降，Oncoming 离合器执行快速充油和

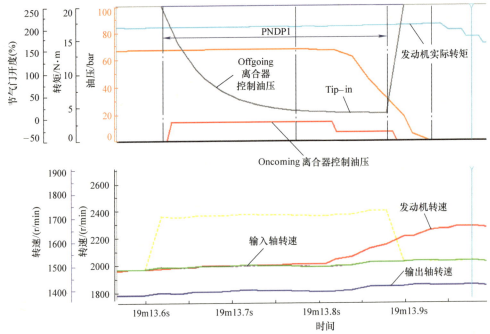

图 8-14　有动力 4—3 档变速之前 PNDP1 阶段 Tip-out 控制

Kisspoint 充油控制。在约 19m13.8s 时刻，驾驶人突然执行 Tip-out 操作，松开加速踏板完全取消加速意图，此时驾驶意图需求档位已由 3 档重新返回 4 档，满足大于或等于当前档位的条件，而 Offgoing 离合器转矩容量仍高于其实际传递转矩，输入轴转速还未开始变速过程，执行直接返回原档位控制，Oncoming 离合器控制油压快速下降到 0，Offgoing 离合器控制油压快速上升，快速返回当前档位 4 档。在此过程中，由于液力变矩器离合器处于打开状态，发动机转速增加，可以通过液力变矩器增矩的特性小幅提高动力性，输入轴转速一直保持 4 档对应转速运行，输出轴转速未出现大幅波动，换档过程平稳。

图 8-15 仍然为有动力 4—3 档 Tip-out 工况，车辆在约 19m17.8s 时刻以 97% 的节气门开度进入有动力 4—3 档过程，在约 19m18.4s 时刻发生 Tip-out。此时降档已处于 PNDP2 阶段，Oncoming 离合器控制油压小幅上升，但输入轴转速还未发生变速，仍然采用直接返回原档位控制策略，在快速返回当前档位后，输入轴和输出轴转速变化正常，无换档冲击现象。

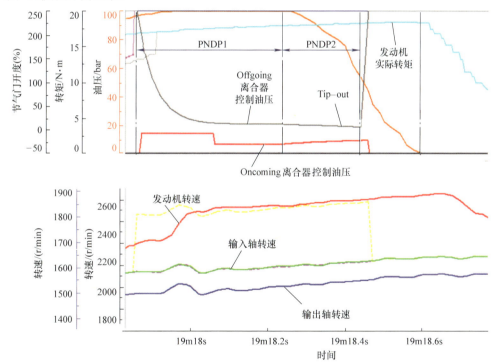

图 8-15 有动力 4—3 档变速之前 PNDP2 阶段 Tip-out 控制

8.3.2 变速过程中 Tip-out 控制策略

图 8-16 所示为在有动力降档过程中，输入轴转速处于变速阶段的 Tip-out 控制策略流程图，一般发生在 PNDP2 阶段。当控制软件监测到 Tip-out 情况发生时，首先仍然需要判断驾驶意图需求档位是否满足大于或等于当前档位的条件。若该条件不满足，则需要执行该降档过程，从有动力降档过程原理分析可知，输入轴转速依靠变速器输入转

矩与离合器实际转矩的差值实现变速过程，而当发生 Tip-out 后，变速器输入转矩会随着发动机实际转矩降低而降低。为了平稳地完成变速过程，需要随着发动机实际转矩的降低逐渐降低 Offgoing 离合器的控制油压，同时可以适当逐渐增加 Oncoming 离合器油压，借助 Oncoming 离合器传递转矩辅助完成变速过程。若满足该条件，则通过逐渐增加 Offgoing 离合器控制油压的方式逐渐返回原档位。

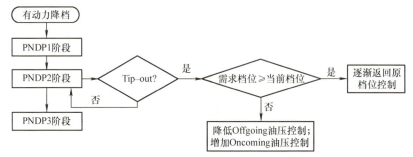

图 8-16　有动力降档变速过程中 Tip-out 控制策略流程图

在图 8-17 中，约 23m29.9s 时刻，车辆以 55% 的节气门开度进入有动力 5—4 档控制过程，在进入 PNDP2 阶段后，输入轴转速逐渐开始变速过程，在约 23m30.6s 时刻，驾驶人突然改变驾驶意图，将节气门开度逐渐"Tip-out"至 0，而在 Tip-out 的过程中，进入 PNDP3 阶段之前，驾驶意图需求档位仍为 4 档，不满足大于或等于当前档位（5 档）的条件，继续保持执行该降档控制过程，同时执行适当降低 Offgoing 离合器控制油压和增加 Oncoming 离合器控制油压。从图中可以看出，在发生 Tip-out 后，输入轴转速仍平稳地完成了变速过程，输出轴转速未出现明显的波动，无换档冲击发生。

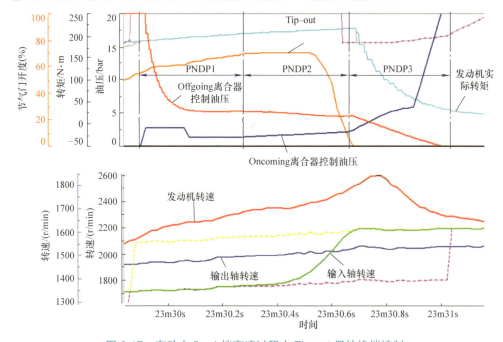

图 8-17　有动力 5—4 档变速过程中 Tip-out 保持换档控制

在图 8-18 中，约 22m22.6s 时刻，车辆以 96% 的节气门开度进入有动力 4—2 档的控制过程，驾驶人在约 22m22.9s 时刻进入 Tip-out，当前驾驶意图需求档位已经由 2 档变为 4 档，满足小于或等于当前档位（4 档）的条件，此时已经进入 PNDP2 阶段，且输入轴转速也已开始变速过程。由于 Offgoing 离合器滑差已经处于滑摩状态，若采用直接返回原档位控制会导致换档冲击发生，而如果继续执行该降档过程，很有可能导致不平顺的换档，且会使发动机在非经济区域工作一定时间，降低燃油经济性。因此，采用逐渐增加 Offgoing 离合器控制油压的方式实现逐步增加 Offgoing 离合器实际传递转矩的过程，直至 Offgoing 离合器重新回到闭锁状态，由于 Oncoming 离合器控制油压还处于 Kisspoint 点附近，还未传递加大转矩，可以快速将其打开。在整个换档过程中，输入轴转速经历了从开始变速到变速返回的过程，但变化过程较为平滑，输出轴转速在该过程未发生明显的波动，没有产生换档冲击。

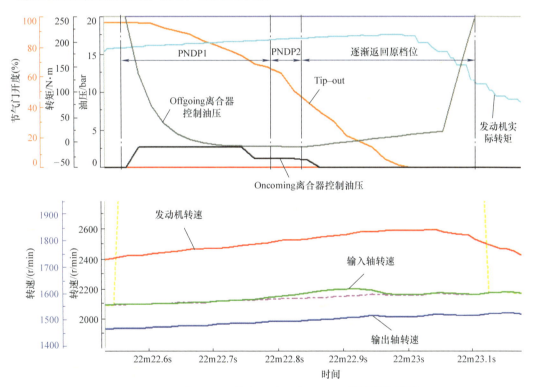

图 8-18 有动力 4—2 档变速过程中 Tip-out 撤销换档控制

8.4 无动力升档改变驾驶意图控制策略

8.4.1 变速之前 Tip-in 控制策略

无动力升档一般发生在驾驶人进入 Tip-out 之后，节气门开度为 0，为了提高燃油经济性，执行升档控制，让发动机转速维持在经济区域工作。而在无动力升档的过程中，驾驶人可能根据实际行驶路况执行 Tip-in 控制，希望车辆再次加速行驶。当在无动力升档控制过程中，输入轴转速变速之前 Tip-in 时，采用图 8-19 所示的控制策略流程图。在第 4 章中制订的无动力升档基本控制策略中，将无动力升档控制分成了三个阶段，分别为 PFUP1 阶段、PFUP2 阶段和 PFUP3 阶段，在整个 PFUP1 阶段和 PFUP2 阶段的初期输入轴转速还未发生变速过程。

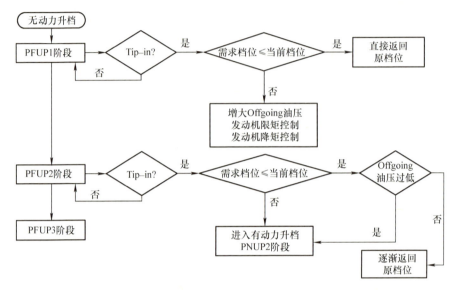

图 8-19 无动力升档变速之前 Tip-in 控制策略流程图

在 PFUP1 阶段，Oncoming 离合器正在进行充油控制，Offgoing 离合器正在快速降低其转矩容量。由于此时发动机输出倒拖转矩，当 Offgoing 离合器传递的转矩不足以维持发动机高转速运转时，输入轴将开始发生变速过程。若在此阶段 Tip-in，将导致发动机从输出负向转矩转为输出正向转矩，而 Offgoing 离合器转矩容量的降低反而会促使输入轴转速进一步升高，发生发动机飞车现象，且由于发动机输出转矩无法通过变速器传递到车轮，车辆在短时间内无法按照驾驶人的预期加速行驶，导致驾驶体验较差。为解决上述问题，在 PFUP1 阶段，控制软件实时监控是否发生 Tip-in 的情况。若发生 Tip-in，则首先判断当前驾驶意图的需求档位是否小于或等于当前档位。若该条件成立，说明驾驶人的加速意图强烈，无须继续执行该升档控制，直接返回原较低档位，车辆可以在最短的时间内加速行驶。若该条件不成立，说明驾驶人只希望让车辆提升较小的动力，可以继续执行该升档控制，为了平顺地完成该换档过程，且在此过程中适当地输出动力，需要同时执行以下控制：增大 Offgoing 离合器油压控制、发动机限矩控制和发动机降矩控制。

在 PNUP2 阶段，输入轴转速变速之前，当控制软件检测到 Tip-in 工况时，仍然首先判断驾驶意图需求档位是否小于或等于当前档位。若该条件成立，还需进一步判断 Offgoing 离合器油压是否过低，若该条件不成立，才执行逐渐返回原档位控制。若 Offgoing 离合器油压过低，则不具备返回原档位条件，仍然执行进入有动力升档 PNUP2 阶段的控制过程，后续控制过程参见有动力升档基本控制策略。

图 8-20 中，在约 13.05s 时刻进入无动力 3—4 档控制，在 PFUP1 阶段约 13.3s 时刻，驾驶人改变驾驶意图，突然执行 Tip-in 操作至 100%，此时驾驶意图需求档位为 2 档，已经满足小于当前档位 3 档的条件，执行直接返回原档位控制，Offgoing 离合器控制油压快速上升，Oncoming 离合器控制油压快速下降，当返回到当前档位后，发动机限矩控制逐渐释放，以减缓发动机转矩突然增加带来的冲击。在整个换档过程中，由于输入轴还未发生变速过程，从输入轴和输出轴转速看不出任何换档迹象，也没有发生换档冲击。

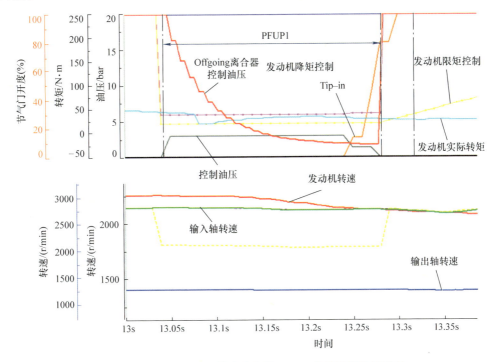

图 8-20　无动力 3—4 档变速之前 Tip-in 直接撤销换档控制

在图 8-21 中，约 16.8s 时刻进入无动力 1—3 档控制，在刚进入 PFUP2 阶段约 17.2s 时刻，驾驶人改变驾驶意图，突然执行 Tip-in 操作至 100%，而此时根据换档规律判断，驾驶意图需求档位由 3 档变为 2 档，不满足需求档位小于或等于当前档位的条件，而由于 1—3 档时的 Oncoming 和 Offgoing 离合器分别为 C3 和 B1，而 1—2 档的 Oncoming 和 Offgoing 离合器分别为 C3 和 C1，1—3 档和 1—2 档的 Offgoing 离合器不同，很难实现完成从 1—3 档过程中直接切换到 1—2 档过程，因此，在这种情况下需要继续执行 1—3 档控制。而此时由于发动机实际传递转矩已经由负值变为正值，且较大，为了平顺地完成此换档过程，需要进入 PNUP2 阶段实现从无动力升档控制转为有动力升档控制，通过逐渐增加 Offgoing 离合器控制油压的方式实现从 PFUP2 阶段到 PNUP2 阶段的过渡过程，进入 PNUP2 阶段后还需逐渐释放发动机降矩控制值，以逐步提高发动机输出转矩，让驾驶人感受到动力的提升。

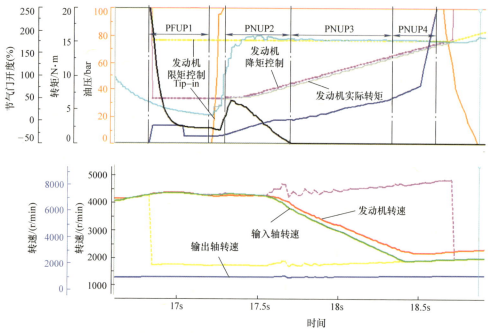

图 8-21　无动力 1—3 档变速之前 Tip-in 保持换档控制

8.4.2　变速过程中 Tip-in 控制策略

图 8-22 所示为无动力升档变速过程中 Tip-in 的控制策略流程图，处于 PFUP2 阶段或 PFUP3 阶段。在无动力升档的基本控制策略中，由于 Oncoming 离合器在输入轴转速变速过程中的滑差为正值，不具备传递负向转矩的能力，因此，在 PFUP2 阶段中需要尽量依靠发动机自身的倒拖转矩完成变速过程。而当 Tip-in 情况发生后，发动机不再输出负向转矩，根据驾驶意图也需要变速器在此时传递正向转矩，而 Oncoming 离合器正好具备传递正向转矩的能力，因此，当控制软件监测到 Tip-in 后，执行 Oncoming 离合器油压逐渐上升控制，若在此过程中不干预发动机转矩控制，发动机实际输出转矩会在短时间内快速上升，而为了避免换档冲击，Oncoming 离合器控制油压不会在短时间内快速提升，这将导致发生发动机飞车现象，致使 Oncoming 离合器的过度滑摩。为了避

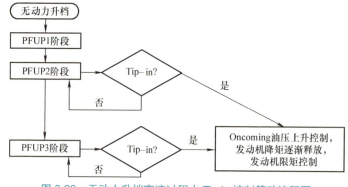

图 8-22　无动力升档变速过程中 Tip-in 控制策略流程图

免上述情况的发生，需要同时执行发动机限矩控制和发动机降矩控制。为了响应驾驶人的转矩请求，需要配合 Oncoming 离合器控制油压的上升逐渐增加发动机降矩值，若 Oncoming 离合器控制油压上升过快而发动机降矩值增加缓慢，会导致明显的换档冲击；反之则可能导致发动机飞车且驾驶人在 Tip-in 后感受不到动力的提升。

在图 8-23 中，约 52.1s 时刻进入无动力 4—8 档控制，驾驶人在 PFUP2 阶段，约 53.1s 时刻执行 Tip-in 操作至 100%，虽然此时驾驶意图需求档位又重新回到 4 档，但由于此时 Offgoing 离合器已经完全打开，已经不具备返回当前档位的条件，需要继续执行 4—8 档，当控制软件监测到 Tip-in 之后，Oncoming 离合器控制油压逐渐开始上升，从发动机和输入轴转速可以看出，在 Tip-in 后的初始阶段，转速有上升的趋势，但受到发动机降矩控制和 Oncoming 离合器控制油压上升的共同作用，输入轴转速在短暂的停留之后又继续进入下降的轨迹，顺利完成变速过程，输出轴转速在该过程中变化平稳，没有发生换档冲击。

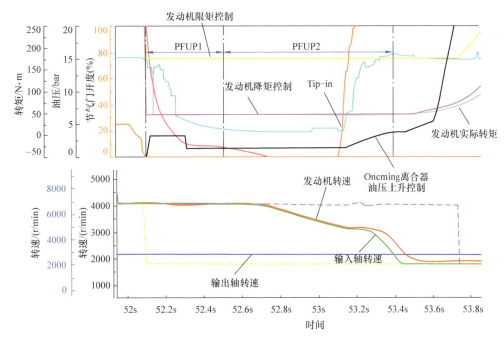

图 8-23　无动力 4—8 档变速过程中 Tip-in 保持换档控制

8.5　无动力降档改变驾驶意图控制策略

8.5.1　变速之前 Tip-in 控制策略

在车辆滑行或制动减速过程中，为了合理利用发动机倒拖转矩制动和避免发生发动机熄火，执行无动力降档控制，但驾驶人可能在无动力降档过程中的任意阶段执行 Tip-in 操作，期望车辆重新加速行驶。当在无动力降档过程中，输入轴转速变速之前发生 Tip-in 情况时，执行图 8-24 所示的改变驾驶意图控制策略流程图。在无动力降档基本控制策略中，将无动力降档控制过程分为 PFDP1 阶段、PFDP2 阶段和 PFDP3 阶段，其中在 PFDP1 阶段和 PFDP2 阶段中输入轴转速还未发生变速。

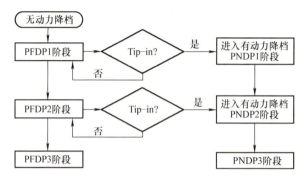

图 8-24　无动力降档变速之前 Tip-in 控制策略流程图

在 PFDP1 阶段，Offgoing 离合器控制油压快速下降，但始终高于其实际传递转矩值，Oncoming 离合器执行充油控制，由于在无动力降档过程中，需要变速器传递负向转矩，而 Oncoming 离合器为负向滑差，具备传递负向转矩的能力，因此，在 PFDP2 阶段进行的是转矩相过程。而在 PFDP1 阶段发生 Tip-in 后，发动机输出转矩由负值变为正值，不再需要变速器传递负向转矩，且 Tip-in 表明驾驶人有加速意图，无须撤销该换档过程，该工况与有动力降档基本相同，此时 Offgoing 离合器还处于闭锁状态，Oncoming 离合器还未开始传递转矩，可以直接进入 PNDP1 阶段，转入有动力降档基本控制策略的控制流程。

在 PFDP2 阶段，执行从 Offgoing 离合器到 Oncoming 离合器的负向转矩转移过程，若在该阶段发生 Tip-in 情况，由于 Oncoming 离合器不具备传递负向转矩的能力，若通过增加 Oncoming 离合器控制油压的方式吸收发动机增加的输出转矩会导致换档冲击，因此，只能通过 Offgoing 离合器来传递增加的这部分发动机转矩。在 PFDP2 阶段，Offgoing 离合器仍然传递部分转矩，可以直接进入 PNDP2 阶段，转入有动力降档基本控制策略的控制流程。

在图 8-25 中，约 12m35s 时刻，节气门开度为 0，液力变矩器离合器处于闭锁状态，发动机转速为 1407r/min，车辆处于滑行减速过程，执行无动力 7—6 档控制。首先进入 PFDP1 阶段控制，Offgoing 离合器控制油压快速下降，Oncoming 离合器执行充油控制，在约 12m35.05s 时刻，驾驶人执行 Tip-in 操作，为了缓和发动机转矩快速上升造成的冲击，控制软件在监测到 Tip-in 之后立刻执行发动机降矩控制，限制发动机实际转矩的上升速度，但由于处于 Tip-in 时刻，液力变矩器离合器处于闭锁状态，Tip-in 后还是造成了一定程度的转速波动。在 Tip-in 时刻，输入轴转速还未开始变速过程，直接转入有动力 7—6 档控制流程，Offgoing 离合器控制油压适当上升，以传递部分发动机增加的转矩，Oncoming 离合器继续执行充油控制。后续控制过程与有动力降档基本控制策略完全相同。在整个换档过程中，在 Tip-in 时刻产生了一定程度的转速波动,可以通过液力变矩器离合器滑摩控制进行优化,但该部分内容超出了本文的研究内容,不做进一步讨论。在其他阶段,输入轴转速变速过程平稳,输出轴转速未见明显波动,无换档冲击产生。

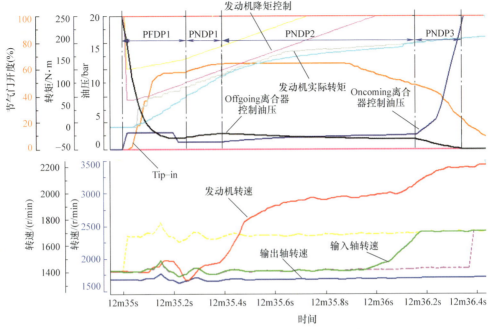

图 8-25 无动力 7—6 档 PFDP1 阶段 Tip-in 控制

在图 8-26 中,约 5m32.6s 时刻,车辆滑行减速,发动机转速为 1252r/min,液力变矩器离合器处于打开状态,执行无动力 6—5 档控制。在 PFDP2 阶段驾驶人执行 Tip-in 操作,此时正在完成转矩交换过程,当控制软件监测到 Tip-in 之后,直接转入 PNDP2 阶段,同时执行发动机降矩控制限制发动机实际转矩的上升速度。从图 8-26 中可以看出,输入轴转速在变速过程后半程的上升速度放缓,说明 Offgoing 离合器回升的控制油压有点过量,还可以适当降低,但对换档品质未造成较大影响,输入轴和输出轴转速在换档过程中均无明显波动。

8.5.2 变速过程中 Tip-in 控制策略

图 8-27 为无动力降档在变速过程中发生 Tip-in 的控制策略流程图,变速过程发生在 PFDP3 阶段。在此阶段 Offgoing 离合器已经完全脱离,通过 Oncoming 离合器传递负向转矩实现输入轴转速的变速过程。若在该阶段发生 Tip-in 情况,由于 Oncoming 离合器仍然不具备传递正向转矩的能力,为了避免换档冲击,只能通过发动机转矩控制限制发动机转矩快速上升,同时可以适当增加 Oncoming 离合器的控制油压。由于在该种工况下,输入轴转速的变速过程持续时间一般较短,因此,对动力性的影响相对较小。

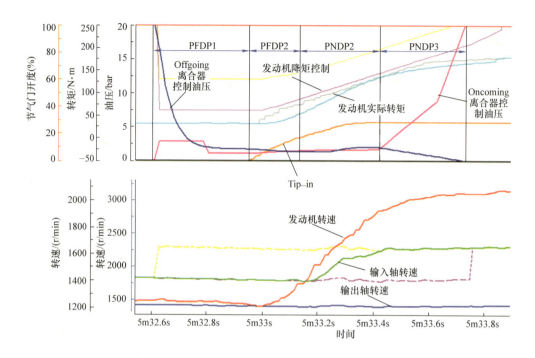

图 8-26　无动力 6—5 档 PFDP2 阶段 Tip-in 控制

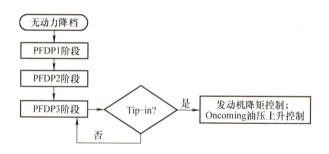

图 8-27　无动力降档变速过程中 Tip-in 控制策略流程图

在图 8-28 中，约 2m0.4s 时刻，车辆处于滑行减速过程中，车速为 31.8km/h，发动机转速为 969r/min，执行无动力 4—3 档控制，依次经过了 PFDP1 阶段、PFDP2 阶段和 PFDP3 阶段，在约 2m1.16s 时刻，驾驶人执行 Tip-in 操作，此时输入轴转速处于变速过程中，控制软件监测到该工况后，执行发动机降矩控制，仅允许发动机实际转矩小幅上升，Oncoming 离合器控制油压也随之小幅上升。在整个换档过程中，输入轴变速过程平稳，输出轴转速也未见明显波动，换档品质较高。

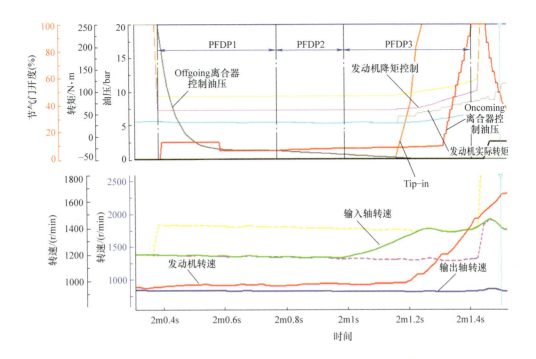

图 8-28　无动力 4—3 档 PFDP3 阶段 Tip-in 控制

8.6　本章小结

在离合器到离合器换档过程中包含四种基本换档类型（有动力升档、有动力降档、无动力升档和无动力降档），在第 7 章分别提出了这四种基本换档类型的控制策略，而在实际运用中，驾驶人可能在任何换档类型的任何控制阶段改变驾驶意图。为了制订出更符合实际的离合器到离合器换档过程控制策略，本章首先分别提出了基于四种基本换档类型控制策略在不同控制阶段的改变驾驶意图控制策略，分析了改变驾驶意图控制策略的理论原理；控制策略在搭载盛瑞 8AT 的某车型上完成测试工作，最后结合实车数据，分析了各个换档类型在不同控制阶段改变驾驶意图的动态变化过程，对改变驾驶意图控制策略的正确性进行了验证。

第 9 章

自动变速器自适应控制

　　自动变速器自适应控制策略是自动变速器控制单元软件的核心组成部分，其目的是保证单一版本的 TCU 控制软件能够覆盖来自发动机转矩差异、变速器零部件制造和装配不一致造成的性能差异、里程累积后的变速器性能衰减，从而使得所有批量整车在整个产品生命周期内都具有较好的换档品质和驾驶性能。因此，这就要求自适应控制不但能够根据 TCU 采集的信号及其转化的信号判断换档品质，而且能够对控制参数进行实时调整并起到改善换档品质的目的。

　　国内对于自动变速器换档控制和参数自适应策略的研究，主要针对电控机械自动变速器和双离合自动变速器展开。由于此类变速器不装备液力变矩器，无法利用其变矩特性以及离合器对开始传递转矩的起始点油压更为敏感，因此研究多集中于某一特定领域，如起步控制、离合器油压曲线学习、电液比例电磁阀动态响应和调整、起步及滑摩结束阶段控制等。由于双离合自动变速器离合器标配有压力传感器，因此，基于压力反馈信号采取的参数识别、自适应策略普遍无法应用到量产液力自动变速器车型。

　　国外对液力自动变速器在换档过程自适应控制策略研究较早，而且绝大多数以专利的形式进行了知识产权保护。[参考文献 14—15] 分别提出了换档离合器降档自学习控制算法和适应性算法，但对控制程序流程等技术细节进行了规避和模糊处理。国内对 AT 的自适应研究多针对自动变速器油温、电磁阀迟滞特性、反馈压力跟随性和转矩阶段开环控制的自适应调整上，严格意义上说，更侧重于研究温度补偿、迟滞补偿和压力修正方法，未涉及复杂的针对换档时间、换档品质的调整策略。随着工程上通过区分换档时序对离合器进行控制，许多文献针对离合器充油阶段、速度阶段或转矩阶段提出了基于涡轮加速度、转矩估计的换档品质识别和参数自适应方法，这些方法或只针对换档某个阶段，或依赖于纵向加速度信号判断换档品质，或对发动机转矩精度要求较高,导致其作为量产策略发布或匹配国内中低端自主品牌车型时,存在一定的困难。

自动控制系统要能正常工作,必须首先是一个稳定的系统。系统的稳定性是指系统在受到外界干扰后,系统状态变量或输出变量的偏差量(被调量偏离平衡位置的数值)过渡过程的收敛性,用数学方法可以表示为

$$\lim_{t \to \infty} |\Delta x(t)| \leq \varepsilon \tag{9-1}$$

式中,$\Delta x(t)$为系统被调量偏离其平衡位置的变化量;ε为任意小规定量。现代控制系统的结构比较复杂,大都存在非线性或时变因素,即使是系统结构本身,往往也需要根据性能指标的要求而加以改变,才能适应新的情况,保证系统的正常或最佳运行状态。在解决这类复杂系统的稳定性问题时,最通常的方法是基于李雅普诺夫第二定律而得到的稳定性理论。即通过定义李雅普诺夫标量函数,直接分析、判断系统的稳定性[73-75]。

9.1 自适应控制理论

9.1.1 自适应系统控制目标

如图9-1所示,在有动力升档过程中,基于换档过程中传动比的变化,换档过程包括充油、转矩相和惯性相三个过程。在转矩相阶段,仍然保持原有档位的传动比数值;而在惯性相,随着发动机转速的跃迁,传动比切换到目标档位的数值。在换档过程中,过短的换档时间将导致涡轮加速度过大并造成换档冲击;过长的换档时间会造成离合器过度磨损。因此,在换档控制中必须有效地平衡冲击和磨损之间的关系。

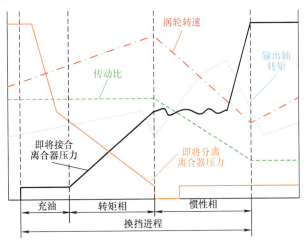

图9-1 有动力升档过程

由第6章的分析可知,在速度交换阶段,通过滑差控制即将接合离合器的控制电流,来调节输出轴或输入轴转速的变化率,即保持涡轮加速度恒定地维持在某一个合理的目标值,可以显著地减小换档冲击。因此,换档品质的优化中,可以使用速度交换阶段的涡轮加速度作为控制目标和评判标准。基于牛顿第二定律,速度交换阶段的涡轮加速度a_t可以表示为

$$\frac{\mathrm{d}}{\mathrm{d}t}\omega_t = a_t = \alpha_1 T_t + \alpha_2 T_c \tag{9-2}$$

式中，T_t 为涡轮转矩；T_c 为即将接合离合器的摩擦转矩；a_1、a_2 为式（9-2）的系数。离合器控制电流 i_c 与控制压力 P_c 之间的关系可以表示为

$$P_c = \beta_1 i_c + \beta_2 \tag{9-3}$$

式中，β_1、β_2 为式（9-3）的系数。离合器摩擦转矩与离合器控制压力的关系如下所示：

$$T_c = \lambda_1 P_c + \lambda_2 \tag{9-4}$$

式中，λ_1 为与离合器接触面积、摩擦副数、有效半径和摩擦因数有关的系数；λ_2 为由回位弹簧力引起的补偿量。

由式（9-2）可得：

$$\frac{d}{dt}\begin{bmatrix} \omega_t \\ a_t \end{bmatrix} = \begin{bmatrix} a_t \\ 0 \end{bmatrix} \tag{9-5}$$

由文献可知，涡轮加速度估计值可计算如下：

$$\frac{d}{dt}\begin{bmatrix} \hat{\omega}_t \\ \hat{a}_t \end{bmatrix} = \begin{bmatrix} \hat{a}_t \\ 0 \end{bmatrix} - L(\omega_t - \hat{\omega}_t) = \begin{bmatrix} 0 & 1 \\ 0 & 0 \end{bmatrix}\begin{bmatrix} \hat{\omega}_t \\ \hat{a}_t \end{bmatrix} - L[1 \ 0]\begin{bmatrix} \omega_t - \hat{\omega}_t \\ a_t - \hat{a}_t \end{bmatrix} \tag{9-6}$$

式中，ω_t、$\hat{\omega}_t$ 分别为涡轮转速的实际值和估计值；$\hat{a}_t$ 为涡轮加速度的估计值。如图 9-2 所示，有动力升档和无动力升档过程中，由于发动机转速在速度交换阶段下降，因此涡轮加速度为负值；有动力降档和无动力降档过程中，由于发动机转速上升，涡轮加速度为正值。涡轮加速度的估计值与实际值相吻合，系统可以计算精确的实时涡轮加速度信息用于优化控制[73,76,77]。

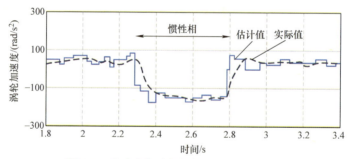

图 9-2 速度交换阶段涡轮加速度变化规律

9.1.2 自适应系统控制参数

由于自动变速器系统结构复杂并具有时变特性，在控制过程中需要处理已知和未知的系统变化。一方面，如式（9-2）所示，涡轮转矩对即将接合离合器的摩擦转矩影响很大，但是涡轮转矩可以根据发动机转速和液力变矩器工作状态进行估算，离合器摩擦转矩也可以通过电流的精确控制来实现调节，所以这些变化尚在可控范围。另一方面，由于变速器在制造和装配过程中存在差异性，离合器间隙、回位弹簧力等很难通过精确测量得到，属于不可控变化。因此，需要通过估计涡轮转矩，计算离合器需求转矩和控制压力，并在线实时自学习离合器开环控制压力，消除由于系统未知变化对换档控制带来的影响。

为了深入分析涡轮转矩对换档控制的影响，将式（9-4）代入式（9-2），可得：

$$\frac{\mathrm{d}}{\mathrm{d}t}\omega_t = \alpha_1 T_t + \alpha_2(\lambda_1 P_c + \lambda_2) \tag{9-7}$$

假设涡轮加速度能够达到目标控制值，式（9-7）可以改写为

$$P_c = \frac{-\alpha_1 T_t - \alpha_2 \lambda_2 + (\mathrm{d}/\mathrm{d}t)\omega_t}{\alpha_2 \lambda_1} = \theta_1 T_t + \theta_2 \tag{9-8}$$

式中，换档控制策略可以通过在速度交换阶段调整控制参数 θ_1、θ_2 来消除涡轮转矩变化带来的负面影响。对于式（9-8）的开环控制策略来说，最困难的问题是由于式（9-7）、式（9-8）中 α_1、α_2、λ_1、λ_2 的影响，控制参数 θ_1、θ_2 具有不确定性和时变性。通过离合器控制的自适应策略，控制参数 θ_1、θ_2 经过在线自学习之后，能够消除由于变速器不一致性造成的系统未知变化对换档品质控制的影响。

9.1.3 自适应系统控制方法

基于前面的讨论，自适应系统的控制目标是通过调整控制参数，使速度交换阶段的涡轮加速度不断逼近理想的控制水平，以提升换档品质的。假设理想的涡轮加速度区间上下限为 $\bar{a}_u$、$\bar{a}_l$，则

$$\bar{a}_l \leq |a_t| \leq \bar{a}_u \tag{9-9}$$

设定理想的涡轮加速度区间来代替最优涡轮加速度，可以有效地避免不必要的自学习，以及在逼近最优解时可能引起的控制参数震颤和系统性能下降。根据李雅普诺夫稳定性第二定理，李雅普诺夫候选函数可以表示为

$$V(e) = e^2/2 = (|a_t| - \bar{a}_u)^2/2, \quad |a_t| < \bar{a}_l \tag{9-10}$$

$$V(e) = e^2/2 = (|a_t| - \bar{a}_l)^2/2, \quad |a_t| > \bar{a}_u \tag{9-11}$$

式中，e 为式（9-10）、式（9-11）中定义的加速度误差。$V(e)$ 本身为正定函数，其导函数为

$$\dot{V}(e) = e\dot{e} = e\frac{\partial e}{\partial a_t}\frac{\partial a_t}{\partial T_c}\frac{\partial T_c}{\partial P_c}\frac{\partial P_c}{\partial \theta}\dot{\theta} \tag{9-12}$$

式中，$\theta = \begin{bmatrix} \theta_1 & \theta_2 \end{bmatrix}^T$。

基于式（9-2）~式（9-4），改写式（9-12）可得：

$$\dot{V}(e) = e\dot{e} = -\alpha_2 \lambda_1 e \begin{bmatrix} T_t & 1 \end{bmatrix} \begin{bmatrix} \dot{\theta}_1 \\ \dot{\theta}_2 \end{bmatrix} = -\gamma e(\dot{\theta}_1 T_t + \dot{\theta}_2) \tag{9-13}$$

式中，$\alpha_2 < 0$，$\lambda_1 > 0$。

因此，自适应法则如下所示：

$$\dot{\theta}_1 = \gamma_1 e, \qquad \dot{\theta}_2 = \gamma_2 e \tag{9-14}$$

式中，γ_1 和 γ_2 为正自适应增益。则

$$\dot{V}(e) = -\gamma e(\dot{\theta}_1 T_t + \dot{\theta}_2) = -\gamma(\gamma_1 T_t + \gamma_2)e^2 = -\bar{\gamma}e^2 < 0 \quad (9\text{-}15)$$

由此可知，导函数 $\dot{V}(e)$ 为负定函数，即当 $t \to \infty$ 时，自适应系统在 $e = 0$ 附近渐近稳定。

自适应系统控制策略程序框图如图 9-3 所示。由此可见，当涡轮加速度太小导致速度交换阶段太长，即 $|a_t| < \bar{a}_t$ 时，由式（9-10）可知 $e = |a_t| - \bar{a}_u < 0$。此时 $\dot{\theta}_1 < 0$，$\dot{\theta}_2 < 0$，所以在下一次速度交换阶段的换档控制时，控制参数向负方向调整，即增大离合器控制压力，以保证下一次换档时涡轮加速度增大；当涡轮加速度太大导致速度交换阶段太短，即 $|a_t| > \bar{a}_u$ 时，由式（9-11）可知 $|a_t| - \bar{a}_l > 0$。此时 $\dot{\theta}_1 > 0$，$\dot{\theta}_2 < 0$，所以在下一次速度交换阶段的换档控制时，控制参数向正方向调整，即减小离合器控制压力，以保证下一次换档时涡轮加速度减小[78]。

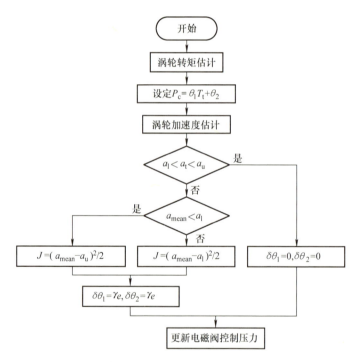

图 9-3 离合器特性曲线自适应控制程序框图

9.2 自适应控制策略

9.2.1 有动力升档自适应策略

换档时间是反映自动变速器控制性能的重要指标，影响到整车动力性和变速器换档寿命。换档时间过长不仅会造成整车动力性下降、加速无力，还会因为离合器滑摩时间过长，产生的热能无法及时散出；而换档时间过短容易造成换档冲击。换档时间的控制主要与离合器的速度阶段控制相关，理论上如图9-4所示，通过对速度阶段的涡轮目标转速与实际转速的差值进行PI闭环控制便可以保证换档时间在预定目标范围附近。但实际上由于整个速度阶段的时间很短，而液压系统响应存在迟滞，所以通过PI控制很难完全保证换档时间的控制要求。因此，最有效的方式是通过自适应策略，根据当前换档时间结果调整离合器的控制参数，保证下一次换档时间接近控制目标范围。

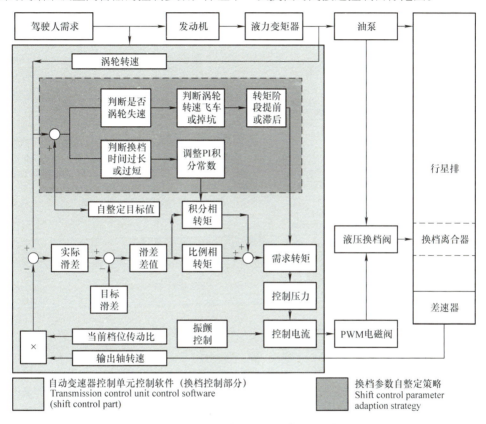

图9-4　换档控制参数自适应策略控制框图

在速度阶段，自适应软件会根据当前节气门开度和当前涡轮转速定义目标涡轮转速。为了稳定地识别真实的换档时间，换档时间的监控是从目标涡轮转速与当前涡轮转速之间的差值积分结果进行间接判断，而不是从速度阶段开始到结束进行计数来直接判断的，如图9-5所示。如果换档控制参数不匹配，则会出现换档时间过短（涡轮转速目标值与当前值的差值积分如 S_{T1} 所示）或换档时间过长（涡轮转速目标值与当前值的差值积分如 S_{T2} 所示）的现象。针对两种不同情形，自适应控制策略选择在下一次换档时，对应地调整PI控制器中的积分常数 f_{K1_adap1} 和 f_{K1_adap2}，以减少或增加接合离合器控制压力，进而延长或缩短换档时间。

图9-6为基于换档时间的自适应控制流程图。在设计自适应控制策略时，首先需要定义基本的自适应程序入口条件，即允许学习的自动变速器油温区间、节气门开度及其变化率、转速变化率等限制。保证自动变速器在常用温度区间、稳态工况下进行参数自适

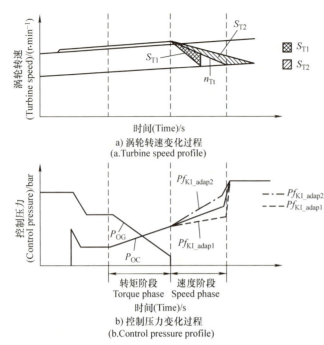

图 9-5 基于换档时间的自适应控制原理

注：S_{T1} 为涡轮转速目标与当前值的差值积分（换档时间过短）；S_{T2} 为涡轮转速目标与当前值的差值积分（换档时间过长）；n_{Tt} 为目标涡轮转速基准线，单位为 r/min；P_{OC} 为接合离合器初始控制压力，单位为 bar；P_{OG} 为分离离合器初始控制压力，单位为 bar；Pf_{K1_adap1} 为识别到 S_{T1}，调整 PI 控制器积分常数 f_{K1_adap1} 后，更新的接合离合器控制压力，单位为 bar；Pf_{K1_adap2} 为识别到 S_{T2}，调整 PI 控制器积分常数 f_{K1_adap2} 后，更新的接合离合器控制压力，单位为 bar。

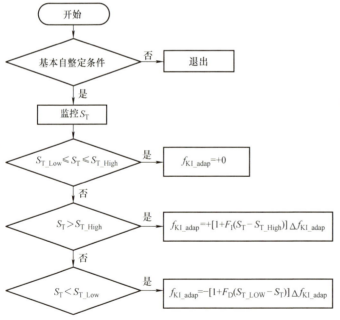

图 9-6 基于换档时间的自适应控制流程图

注：S_{T_High} 为软件认为换档时间正常的上限值，S_T 大于该值将正向自适应调整；S_{T_Low} 为软件认为换档时间正常的下限值，S_T 小于该值将负向自适应调整；F_I 为基于涡轮转速与目标值偏离程度的正向学习系数；F_D 为基于涡轮转速与目标值偏离程度的负向学习系数；Δf_{K1_adap} 为参数自适应的基础调整步长。

应判断和识别，是 TCU 软件正确学习的基本前提。如果不满足设定的基本自适应条件，程序将直接退出。在基于换档时间的自适应逻辑中，S_T 为目标涡轮转速与当前涡轮转速的差值积分，反映了当前涡轮转速与理想值的偏移程度，但并不是识别到微小差别就必须进行调整。自适应策略是否进行自学习，依赖于当前 S_T 与学习门限值 S_{T_Low} 和 S_{T_High} 的比较。同时，整车测试时发现，单纯通过门限值上下限的调整难以覆盖所有工况，而涡轮转速高低对面积 S_T 的影响也非常大。因此，软件根据不同涡轮转速水平，设定了多组不同的门限值 S_{T_Low} 和 S_{T_High}。当 $S_T > S_{T\_High}$ 时，表示换档时间过长，需要增加 PI 控制中的积分常数，以提高接合离合器控制压力，加快变速过程；当 $S_T < S_{T\_Low}$，则表示换档时间过短，需要减小积分常数。通常来说，软件将针对换档时间偏离理想值的严重程度不同，设计快慢不同的学习逻辑，使得积分常数的调整步长与超出限制值的大小相关。

根据 8 档自动变速器换档逻辑图，5 个换档离合器中的 3 个同时接合时，将形成 1～8 档及倒档。换档过程中，将要脱开的离合器称之为分离离合器，将要接合的离合器称之为接合离合器。

在有动力升档控制中，根据节气门开度和发动机转速可以定义当前档位下的目标涡轮转速下降斜率（等价于换档时间），通过 PI 控制器对当前涡轮转速与目标转速的差值进行闭环控制，并通过当前的变速器输入轴转矩进行前馈控制，最终实现离合器速度的同步。如图 9-7 所示为有动力 6 档升 7 档过程中，基于换档时间的自适应测试结果。根据图 9-6 所示换档逻辑，此过程中 B1 为接合离合器，C3 为分离离合器。由图 9-7 可知，

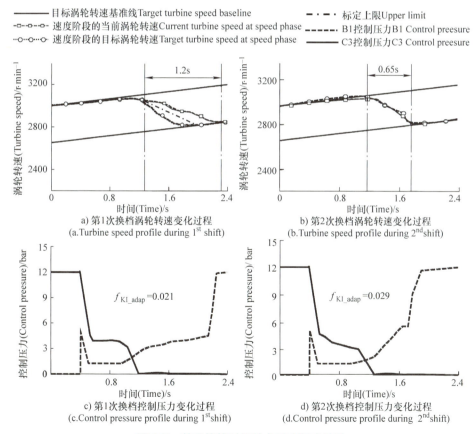

图 9-7 基于换档时间的自适应测试结果

注：此时换档离合器 B1 为接合离合器，换档离合器 C3 为分离离合器。f_{KI_adap2} 为换档时间过长、监测到 S_{T2} 时，PI 控制器中调整的积分常数。

在第 1 次换档时，换档时间为 1.2s，比目标换档时间长 0.5s，由于当前涡轮转速曲线在涡轮转速标定上限值的右侧，因此当前涡轮转速与目标涡轮转速差值积分所形成的面积 S_T 比自适应的标定上限值 S_{T_High} 明显要大，会触发自适应学习。根据图 9-5 的自适应逻辑，PI 控制器中的积分常数 f_{KI_adap2} 将会增加，由 0.021 增加到 0.029，增量结果为 0.008。这表示在速度阶段，接合离合器 B1 控制压力增加的速率会随着当前涡轮转速与目标涡轮转速之间积分差值的增加而增加得更快。这样发动机所承受的负载将增加得更快，涡轮转速下降的速率随之加快，换档时间缩短，目标涡轮转速能够很好地跟随涡轮转速，保证换档时间在设定的目标范围 0.7s 以内。

9.2.2 有动力降档自适应策略

有动力降档主要发生在驾驶人通过加大加速踏板开度来实现降档提速的过程，这时也最容易发生发动机飞车、涡轮失速现象。由于此时离合器工作在大负荷、大滑差状态下，瞬间产生的热量最多，因此这种情况容易对离合器摩擦片寿命造成大的影响。接合离合器充油不足、响应迟滞或发动机转矩精度等问题，都会造成这种现象。因此，基于涡轮失速的有动力降档自适应控制是非常必要的。在有动力降档过程中，离合器的速度阶段发生在转矩阶段之前，即在转矩交换前接合离合器已完成速度同步。如果在转矩阶段离合器滑差大于一定值即可定义为失速，进而通过监控转矩阶段当前涡轮转速与目标值之间的差值来定义失速的程度。图 9-8 所示为基于涡轮失速的自适应控制原理，利用涡轮转速 n_T 作为监控对象，当涡轮转速差值的最值大于标定上限时，即认为涡轮失速，软件将需要根据涡轮失速的严重程度，通过调整转矩阶段提前时间参数 T_{flare_adap1} 来完成自学习；反之，涡轮转速差值的最值小于标定下限时，通过调整转矩阶段滞后时间参数 T_{flare_adap2} 来延缓进入转矩阶段的时机，避免涡轮转速掉坑。

图 9-9 为基于涡轮失速的自适应控制流程图。由于监控

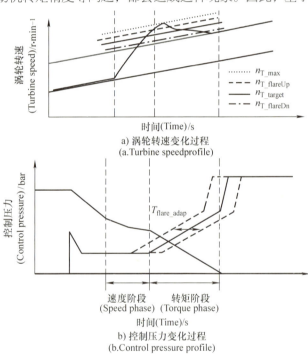

图 9-8 基于涡轮失速的有动力降档自适应原理

注：n_{T_max} 为涡轮转速的最大值，单位为 r/min；$n_{T\_flareUp}$ 为软件认为涡轮转速正常的上限值，单位为 r/min；n_{T_target} 为目标涡轮转速，单位为 r/min；$n_{T\_flareDn}$ 为软件认为涡轮转速正常的下限值，单位为 r/min；PT_{flare_adap1} 为涡轮转速 n_T 高于 $n_{T\_flareUp}$，调整转矩阶段提前时间参数 T_{flare_adap1} 后，更新的接合离合器控制压力，单位为 bar；PT_{flare_adap2} 为涡轮转速 n_T 低于 $n_{T\_flareDn}$，调整转矩阶段滞后时间参数 T_{flare_adap2} 后，更新的接合离合器控制压力，单位为 bar。

目标为涡轮转速差值的最值,而转速信号的波动对监控结果影响较大,因此需要对涡轮转速信号进行滤波处理。为了减小滤波过程中内存的占用率,采用无限长脉冲响应(Infinite Impulse Response,IIR)数字滤波器,可以有效地过滤转速的尖峰信号,同时保证信号不失真。自适应程序入口条件包括自动变速器油温区间、发动机转速变化率、换档类型等限制。为了表征涡轮失速的严重程度,定义Δn_T为目标涡轮转速与当前转速的最大差值,即:

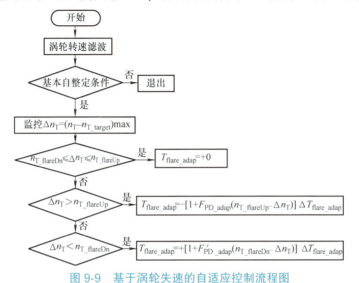

图 9-9　基于涡轮失速的自适应控制流程图

注:n_T为当前涡轮转速,单位为 r/min;Δn_T为目标涡轮转速与当前涡轮转速的最大差值,单位为 r/min;$n_{T\_flareUp}$为软件认为涡轮转速正常的上限值,单位为 r/min;Δn_T大于该值将使接合离合器提前进入转矩阶段;$n_{T\_flareDn}$为软件认为涡轮转速正常的下限值,单位为 r/min;Δn_T小于该值将使接合离合器滞后进入转矩阶段;F_{PD_adap}为基于涡轮转速失速的严重程度而设定的学习系数;F'_{D_adap}为基于涡轮转速掉坑严重程度而设定的学习系数;ΔT_{flare_adap}为参数自适应的基础调整步长,单位为 s。

$$\Delta n_T=(n_T-n_{T\_target})\max \quad (9-16)$$

式中,n_T为当前涡轮转速,单位为 r/min;n_{T_target}为目标涡轮转速,单位为 r/min。目标涡轮转速可由式(9-17)计算得到:

$$n_{T\_target}=n_{os}i_{target}+\Delta n_{slip} \quad (9-17)$$

式中,n_{os}为自动变速器输出轴转速,单位为 r/min;i_{target}为目标档位传动比;Δn_{slip}为转矩阶段容许的离合器滑差值,单位为 r/min。通常,提高Δn_{slip}值能一定程度上减小换档冲击,但摩擦片产生的热能也将随之增加。因此,开发阶段需要标定不同组Δn_{slip}并充分试验验证,从而确定合理的目标涡轮转速。

当Δn_T的值介于标定上下限$n_{T\_flareUp}$和$n_{T\_flareDn}$之间时,说明涡轮失速并不严重,程序将不进行参数自适应。当Δn_t大于$n_{T\_flareUp}$时判定为失速,将减小T_{flare_adap},使接合离合器提前进入转矩阶段,开始传递转矩,避免发动机飞车,使发动机转速稳定在目标档位的理想发动机转速水平。当Δn_t小于$n_{T\_flareDn}$时说明接合离合器当前处于负滑差状态,即离合器主动端转速小于从动端转速。此状态下,因为离合器处在正滑差与负滑差切换过程,转矩的方向会随之发生改变,接合离合器较小的压力波动或者压力的快速增加都非常容易引发换档冲击。因此，需要延后接合离合器进入转矩阶段的时机，使其压力上升延迟一段时间，进而使得发动机负载减小，涡轮转速处于小幅正滑差附近，以期提高换档品质。同时，软件将根据涡轮转速偏离理想值的严重程度不同，设计快慢不同的学习逻辑，通过 F_{PD_adap} 和 F'_{PD_adap} 来定义不同的失速程度（飞车或掉坑）学习系数，进而确定不同的转矩阶段提前或滞后时间。

如图9-10所示为有动力8档降6档过程中，基于涡轮失速的自适应测试结果。在第1次换档时，接合离合器进入转矩阶段以后，涡轮转速出现了失速现象。造成失速的原因，可能是充油不足导致的压力响应迟滞，或者TCU接收到的发动机转矩信号较实际转矩值偏小，也可能是离合器压力对电流（pressure to current，P2C）特性参数曲线偏差较大等。涡轮失速导致实际转速与目标转速的差值较大，虽然基于离合器滑差的PI控制器控制分离离合器B1的压力在转矩阶段增加，试图抑制住失速，但是压力响应存在一定的滞后，仍然无法在毫秒级的时间内达到滑差的控制目标。因此，需要通过自适应参数的调整提前"预防"，而不是PI闭环控制事后"补救"来完全消除涡轮失速造成的换档冲击。

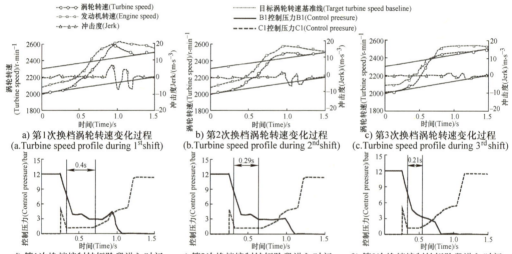

图9-10 基于涡轮失速自适应试验结果

注：此时换档离合器B1为分离离合器，换档离合器C1为接合离合器。T_{flare_adap1} 为涡轮失速时调整转矩阶段提前时间参数。

在第1次换档时，快速充油结束后压力保持时间为0.4s。出现失速后，自适应逻辑得以触发，并计算得到接合离合器转矩阶段提前时间 T_{flare_adap1} 为0.11s。因此，在第2次换档过程中，接合离合器提前进入转矩阶段，同时，分离离合器泄油压力由于迟滞特性也相对滞后，这样两者共同作用，使得发动机负载增加以减小涡轮失速。但是，此时涡轮转速差值的最值，仍然在软件设置的最小失速条件范围内，仍然会继续触发自适应学习。在第3次换档时，T_{flare_adap1} 继续减小了0.08s，失速程度随之减小并低于最小失速条件，进而停止学习。第3次换档时的冲击度水平已经小于 $5m/s^3$，说明采用的学习策略能够明显地减小直至消除涡轮失速现象，提高了换档品质。

9.3 自适应控制软件设计与测试

9.3.1 自适应控制软件实现原理

自适应控制的软件开发存在两个技术难点。第一是监控换档状态，即能够实时根据信号的变化识别出换档品质，这是保证自适应向着正确方向学习的前提条件。如果将好的换档品质误判为不好的换档品质，将导致自适应参数向错误方向学习，不仅起不到改善换档品质的作用，反而会恶化换档品质，对变速器硬件造成损害。第二是自适应参数的调整，换档品质受多方面的影响，不同的影响因素，调整的参数不同，调整的幅度也不同。所以 TCU 控制软件必须具备功能独立、灵活的自适应参数调整接口，并且要求自适应参数调整仅对当前换档类型、档位下的控制有效，不影响其他换档控制。例如有动力 5 档升 6 档中对某个离合器的自适应参数调整不能影响 1 档升 2 档换档中同样适用该离合器的控制。

图 9-11 所示为自适应控制软件架构，按照功能由四部分组成。第 1 部分是换档类型定义，以确定换档品质的监控类型。例如静态换档中进 R 和进 D 位主要监控换档接合提前和滞后的时间。对有动力升降档主要监控换档时间和涡轮转速失速情况。对无动力滑行降档主要监控离合器的转矩容量、涡轮转速超调和掉坑现象。第 2 部分是对换档状态的监控。在试验中发现，如果涡轮转速非常平稳地跟随控制目标，换档品质将控制得非常好。因此，可以依据涡轮转速、换档时间等变化来评估换档品质。换档状态监控的门限值设计是非常重要的，过于敏感可能导致自适应学习不稳定而来回变换，过于迟钝可能导致自适应覆盖不了较小的换档品质问题。此外，换档状态监控得到的数据是自适应参数调整幅度的直接参考来源。第 3 部分是自适应参数的调整，它根据不同的换档状态及其幅值对 TCU 的控制参数进行调整，使其换档状态得到改善。例如换档时间问题可以通过调整 PI 控制参数解决；涡轮转速失速可以通过调整转矩交换的提前或者滞后的时间解决；涡轮转速的超调和掉坑现象可以通过转矩对压力（Torque to Pressure，T2P）特征曲线和充油参数调整解决。第 4 部分是自适应数据的更新和存储，主要涉及 TCU 底层的数据管理功能。TCU 中自适应学习得到的参数都实时存放在随机读写存储器（Random Access Memory，RAM）中，正常而言，这些参数会在 TCU 断电之后丢失。为了保证这些参数能够在 TCU 每次通电和断电过程都能够存在并具有延续性，需要将其自动存储在 TCU 一个固定的电可擦可编程只读存储器（Electrically Erasable Programmable Read Only

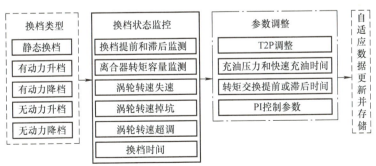

图 9-11　换档控制参数自适应策略软件架构

Memory,EEPROM)区域。在 TCU 正常断电之后,这些数据能够自动存储;在 TCU 通电之后,这些数据能够从 EEPROM 中自动镜像到 RAM 中,供 TCU 使用。

在四种动态换档和 PRND 静态换档中,可以根据监测算法类别和换档类型,将自适应策略应用到换档时序中。量产软件的自适应策略,包括过充油自适应、转矩交换时间自适应和输入轴飞车自适应。根据换档特点,其应用见表 9-1。

表 9-1 自适应策略应用分类

换档类型/自适应类型	离合器过充油	转矩交换时间	输入轴转速飞车
N—D1/N—D2/N—R	√	√	×
有动力升档	√	√	√
无动力升档	√	√	×
有动力降档	×	√	×
无动力降档	√	√	√

有动力降档过程中,加速踏板突然踩下时,Fill Pulse 会受转矩波动影响而产生误学习,同时由于转矩转速的波动较大,无法非常准确地学到 Tq/Spd(转矩/转速)点。因此,有动力降档未实施离合器过充油自适应。同时,有动力降档对 On-Coming 的响应要求不高,通过标定来规避了过充油,能够保障有动力降档的稳定性。静态换档进档前,输入轴转速始终较为平稳地跟随发动机转速,较难产生飞车动作,无动力升档理论上也不会产生飞车,因此,不实施输入轴转速飞车自适应。

针对不同的换档类型和自适应算法,监测换档过程品质,待自适应参数更新后,将累加至非易失性随机访问存储器(Non-Volatile Random Access Memory, NVRAM)中对应区域的自适应变量,见表 9-2。

表 9-2 自适应内容

自适应内容	离合器过充油	转矩交换时间	输入轴转速飞车
Oncoming Tq/Spd Map	N	Y	Y
Offgoing Tq/Spd Map	Y	Y	N
Fill Pulse	Y	N	N

自适应软件状态机及迁移条件如图 9-12 所示。

C1:开始换档,Shift in Progress 标志位为真,开始监测换档质量,满足自适应温度要求以及输入轴最高最低转速限制条件。

C2:Fill 及 TP 阶段转矩变化值或节气门开度变化值大于标定上限或 Fill 及 TP 阶段存在 Power State 变化(即影响换档类型判断)或换档中断。

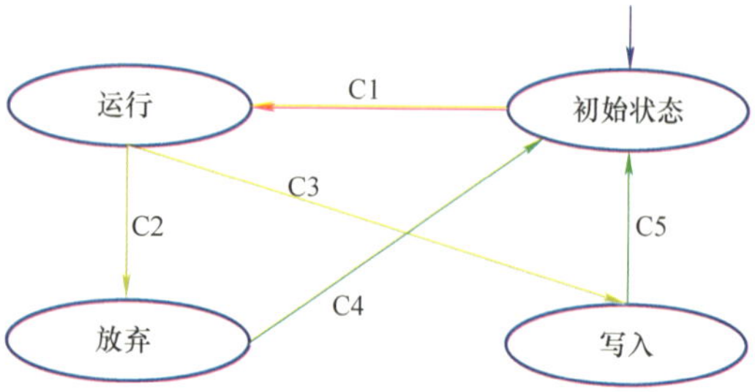

图 9-12 自适应软件状态机

C3:进入 SPON 阶段,同时非 C2 条件。

C4:SPON 结束。

C5:写入完成,同时 SPON 结束。

9.3.2 离合器过充油自适应

如图 9-13 所示,离合器过充油自适应原理是:变速器 TCU 监测输入轴转速变化率,在满足 C1、C3 条件的前提下,如果输入轴转速变化率超过自适应标定值,则根据计算得到的输入轴转速变化率大小从标定表中查得相应的自适应补偿值(自适应学习步长)经 C5 写入 NVRAM 中,该补偿值直接作用于快速充油高度,下次执行相同换档工况时会在原始标定的基础上减去该补偿值,以达到减小离合器过充油的目的。

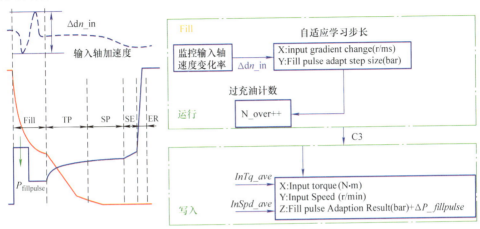

图 9-13 离合器过充油自适应原理

Fill 阶段为填充阶段,离合器填充的好坏将影响到后面 KP(Kiss Point,即离合器接合点)阶段油压是否稳定,这也是 Fill 阶段需要自适应调整的原因。为了能够精确地识别换档中的过充油现象,通常将 Fill 阶段按时间分为三个区域,通过三个区域的转速变化率差值(通过倍数比较)进行是否过充油的自适应判断,判断完成后根据输入轴转速变化率大小来调整 FP 的高度达到 Fill 阶段的良好填充。

如图 9-14 所示,充油曲线图中,P1、P2、P3 为整个 Fill 阶段的三个区域,其中 P1、P3 为相对稳定的区域,通过标定使得过充油的冲击发生在 P2 区域,比较 P2 区域的转速变化率平均值与 P1 区域的转速变化率平均值,当 $P2>kP1$(k 为标定系数)时,证明 P2 区域的转速变化率较大,存在过充油现象。蓝色箭头表示自适应后的补偿量位置,通过 P1、P3 区域的输入轴转速变化率计算求得到 P2 区域转速变化率查表值,该值用于从自适应标定表中查找自适应步长。

如图 9-15 所示,在有动力升档过程中,离合器的过充油现象通过自适应学习功能可以消除,快速充油高度由 3.80bar 降至 3.30bar,输入轴转速的变化趋于平稳。但是从全节气门开度和全档位的有动力升档过充油来看,随着节气门开度和输入轴转速的升高,离合器的过充油现象越来越难被识别,所以标定系数 k 的确定需要经过细致标定。

如图 9-16 所示,在无动力升档过程中,离合器的过充油现象通过自适应学习功能可以消除,快速充油高度由 3.6bar 降至 3.23bar,输入轴转速的变化趋于平稳。无动力升档中的过冲油现象很容易从换档品质中表现出来,所以基础标定和自适应的标定都需要全 Map 细致标定。

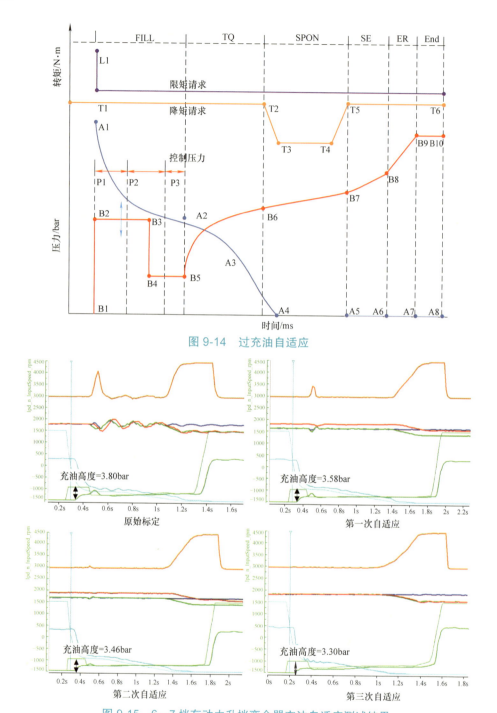

图 9-14 过充油自适应

图 9-15 6—7 档有动力升档离合器充油自适应测试结果

如图 9-17 所示,在无动力降档过程中,离合器的过充油现象通过自适应学习功能可以消除,快速充油高度由 3.38bar 降至 2.55bar,输入轴转速的变化趋于平稳。无动力升档的基础标定和自适应标定同样都需要全 MAP 细致标定。

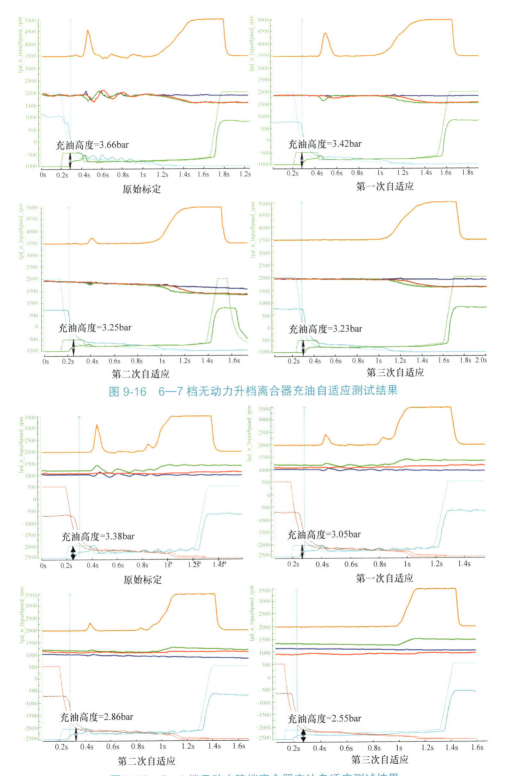

图 9-16　6—7 档无动力升档离合器充油自适应测试结果

图 9-17　5—4 档无动力降档离合器充油自适应测试结果

综上，原始标定在矩形快速充油阶段结束后，实际油压有一个"鼓包"，输入轴转速存在连续波动，导致 Tie Up，这是明显的过充油现象，根据输入轴转速变化率的大小确定自适应步长的大小，输入轴转速变化率越大，自适应步长越大。一般情况下，随着自适应的进行，自适应的学习值应该逐渐减小，以避免自适应的过学习。以有动力 6 档升 7 档为例，第一次自适应的学习值为 0.22bar，第二次自适应的学习值为 0.12bar，第三次自适应的学习值为 0.16bar，经过自适应过充油现象可以学好。

9.3.3 转矩交换时间自适应

如图 9-18 所示，离合器转矩交换时间自适应原理是：变速器 TCU 监测转速交换时间（TP 时间），在满足 C1、C3 条件的前提下，如果 TP 时间超过自适应标定的不学习时间区间，则根据监测的 TP 时间长短和当前输入轴转矩从标定表中查得相应的自适应补偿值（自适应学习步长）后经 C5 写入 NVRAM 中。若实际 TP 时间过短，则需要降低 Oncoming 离合器在 TP 阶段（转矩交换阶段）末的压力，或提高 Offgoing 离合器在 Fill 阶段末的压力，来延长转矩交换过程，即增加 TP 时间；若 TP 时间过长，则需要提高 Oncoming 离合器在 TP 阶段（转矩交换阶段）末的压力，或降低 Offgoing 离合器在 Fill 阶段末的压力，来缩短转矩交换过程，即减小 TP 时间。Oncoming 离合器和 Offgoing 离合器也可以同时进行自适应，以快速地将 TP 时间学习到位。

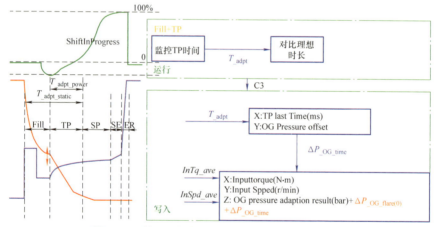

图 9-18　转矩交换时间自适应原理（OG 离合器）

离合器转矩交换时间并不是越长越好，时间过长则会增加换档过程中轻踩加速踏板时抖动的风险，时间过短则会增加换档过程中 Tie-up 冲击的风险，所以需要在保证换档品质的前提下平衡离合器转矩交换时间。

如图 9-19 所示，TP 阶段为转矩交换阶段，此阶段的自适应称之为 TimeBase 自适应，在软件初始标定阶段，会对 TP 整个时间长短做一个限定，通过更改 B6 和 A2 点的油压，控制整个 TP 时间在合适范围内（有动力升档在 400~500ms），当 A2 点油压过高或者 B6 点过低时，整个 TP 时间会变长，此时应降低 A2 点油压或者升高 B6 点的油压。当 A2 点油压过低或者 B6 点过高时，TP 时间会变短，我们根据 TP 时间是否符合标定的范围来判断是否需要更改 A2 和 B6 点的油压。

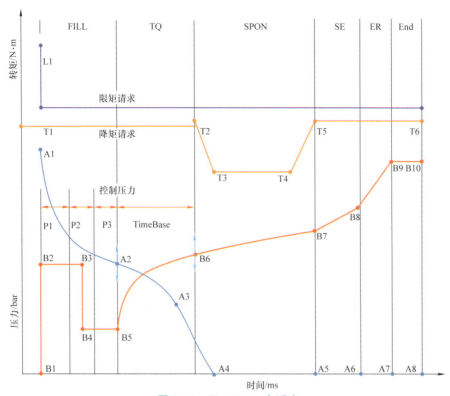

图 9-19 TimeBase 自适应

充油曲线图中，B5—B6 点的时间为整个 TP 的时间，TP 退出条件为 ShiftInProgress>k%，B5 点的标定值 ccm_p_*FillOC1KP_bar，B6 点的标定值 ccm_p_*TPOC1P_bar。自适应完的数据会额外加到这两个数值上后进行运算。

另外，TimeBase 的自适应在 N—D/N—R、有动力降档时（在某些换档类型中，KP 阶段也参与调速），TimeBase 的时间为 Fill+ 整个 TP 的时间。

通常，TimeBase 标定主要依据整个 TP 时间大于或者小于不学习的时间区间（有动力升档在 400~500ms）来调整每次学习步长，细化在不同时间下的每次学习油压大小，以便达到缩短自适应次数和完成离合器转矩转换的目的。

有动力升档过程中，转矩较大，转矩交换所需要的时间也较长，通常控制在 400~500ms，即在这个时间段内不需要进行自适应。如图 9-20 所示，在原始标定下有动力 6 档升 7 档的转矩交换时间为 800ms，超出自适应的不学习区间，通过自适应学习功能可以将转矩交换时间逐步降至 500ms，在自适应的过程中 Oncoming 离合器 B6 点压力逐渐升高，Offgoing 离合器 A2 点压力逐渐减小。

有动力降档过程中，为保证换档品质 Offgoing 离合器 A2 点压力一般都比较高，转矩交换通常只需要调节 Offgoing 离合器 A2 点压力即可，转矩交换时间比较自由，因此标定的要比有动力升档要短（100~200ms）。如图 9-21 所示，在原始标定下，无动力 5 档降 3 档的转矩交换时间为 400ms，超出自适应的不学习区间，通过自适应学习功能可以将转矩交换时间逐步降至 140ms，在自适应的过程中 Offgoing 离合器 A2 点压力逐渐减小。

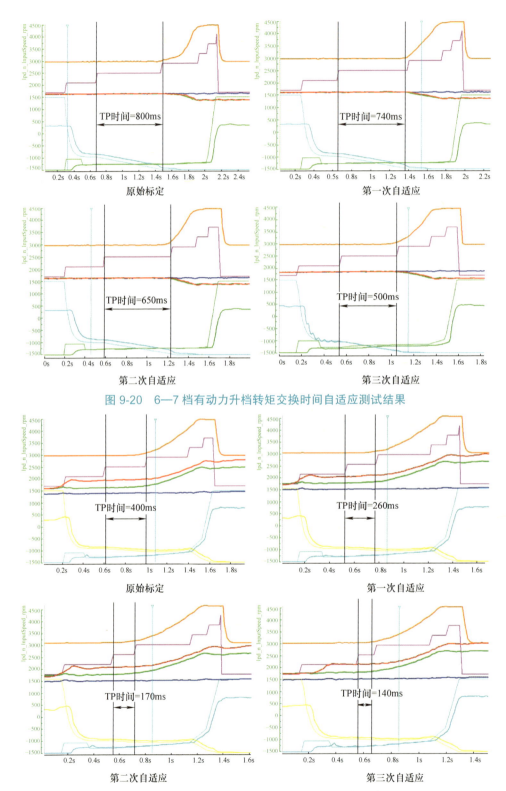

图 9-20 6—7 档有动力升档转矩交换时间自适应测试结果

图 9-21 5—3 档有动力降档转矩交换时间自适应测试结果

无动力升档过程中，转矩较小，转矩交换阶段对换档品质的影响相对也较小，所需要的时间可以灵活标定，通常控制在 300~500ms。如图 9-22 所示，在原始标定下无动力 6 档升 7 档的转矩交换时间为 660ms，超出自适应的不学习区间，通过自适应学习功能可以将转矩交换时间逐步降至 410ms，在自适应的过程中，Oncoming 离合器 B6 点压力逐渐升高，Offgoing 离合器 A2 点压力逐渐减小，并以 Offgoing 离合器的作用为主。

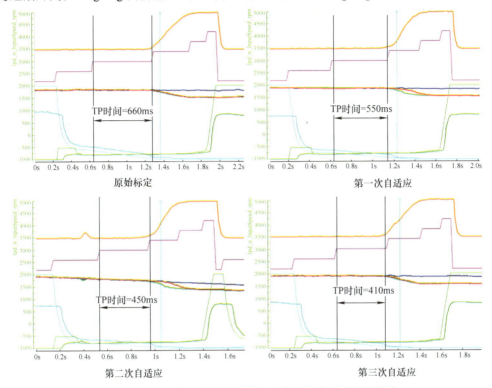

图 9-22　6—7 档无动力升档转矩交换时间自适应测试结果

无动力降档过程中，转矩较小，转矩交换时间受制动踏板深度影响较大，转矩交换阶段对换档品质的影响相对也较小，转矩交换时间通常要标定得比无动力升档长一些，控制在 200~400ms。如图 9-23 所示，在原始标定下，无动力 5 档降 4 档的转矩交换时间为 610ms，超出自适应的不学习区间，通过自适应学习功能可以将转矩交换时间逐步降至 360ms，在自适应的过程中，Oncoming 离合器 B6 点压力逐渐升高，Offgoing 离合器 A2 点压力逐渐减小，并以 Offgoing 离合器作用为主。

综上，换档类型不同，转矩交换需要的时间也不同，需要根据不同的换档类型标定合适的转矩交换时间，在保证换档平顺的前提下尽量缩短转矩交换时间。自适应过程中 Oncoming 离合器和 Offgoing 离合器所起的作用也需要根据换档类型合理标定自适应步长。

9.3.4　输入轴转速飞车自适应

如图 9-24 所示，输入轴转速飞车（Flare）自适应原理是：变速器 TCU 监测输入轴转速进程百分比 ShiftInProgress（表征在变速过程中输入轴转速同步到目标输入轴转速的进程百分比），如果在转矩交换阶段 Offgoing 离合器过早脱开，而 Oncoming 离合器还没有建立起足够的油压，此时输入轴转速就会脱离离合器的"束缚"而迅速升高，ShiftInProgress 进程为负值，超过标定值就会判断为 Flare。在满足 C1、C3 条件的前提下，如果 ShiftInProgress 的大小超过自适应标定值的不学习区间，则根据 ShiftInProgress 的大小和当前输入轴转矩从标定的表中查得相应的自适应补偿值（自适应学习步长）后经 C5 写入 NVRAM 中。

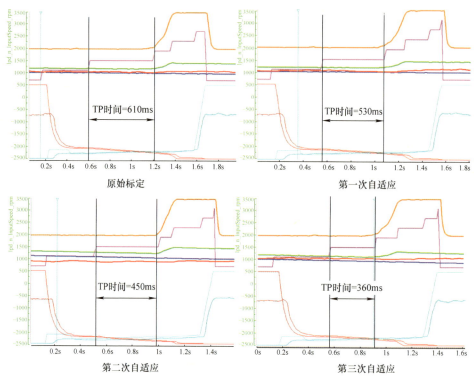

图 9-23　5—4 无动力降档转矩交换时间自适应测试结果

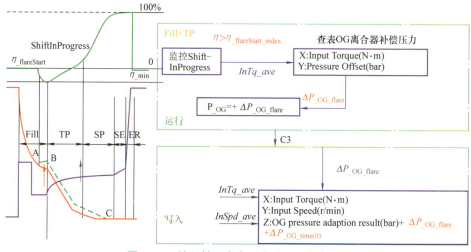

图 9-24　输入轴飞车自适应（OG 离合器）

如图 9-25 所示，Flare 程度不同，所用到的自适应离合器就有所不同，如果 Flare（ShiftInProgress 小于 5%），则只需要提高 Oncoming 离合器 B6 点压力；如果 Flare 较大（ShiftInProgress 大于 5%），则需要同时提高 Oncoming 离合器 B6 点压力和 Offgoing 离合器 A2 点压力。

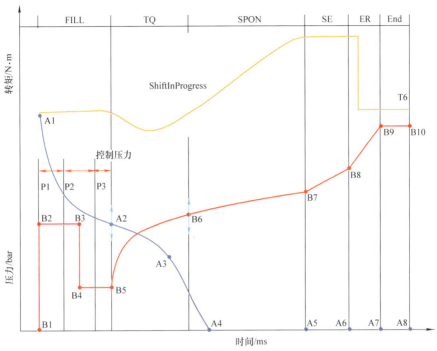

图 9-25　Flare 自适应

充油曲线图中，A2 点和 B6 点油压是控制 Flare 的主要因素，通常只有在 PowerOnDown Shift 和 PowerOnUp Shift 中用到 Flare 的自适应。

如图 9-26 所示，调整参数后的有动力 6 档升 7 档过程中，Offgoing 离合器过早脱开，而 Oncoming 离合器还没有建立起足够的油压，出现较大 Flare，通过自适应学习功能可以将 ShiftInProgress 的偏差由 218% 降至 0.6%，完全消除了 Flare 现象。在自适应的过程中 Oncoming 离合器 B6 点压力和 Offgoing 离合器 A2 点压力都逐渐升高。

9.3.5　静态换档自适应

静态换档过充油自适应的原理与 PowerShift 充油自适应的原理相同。静态换档转矩交换时间自适应与 PowerShift 转矩交换时间自适应的差别，在于静态换档转矩交换时间为 Fill 阶段时间与 TP 阶段时间之和。

目前的静态换档问题主要集中在油压的平稳性，当 Fill 阶段完成矩形快速充油后，KP 值直接取 B6 点压力值，直到 ShiftInProgress 达到目标值 n%，设定好 n 值后，监测达到目标 n% 时从 B1 到 B6 的时间 $\Delta T1$，目标时间 Target Time 设定为 $\Delta T2$（450~600ms），比较 $\Delta T1$ 与 $\Delta T2$ 的差值，然后根据差值大小设定自适应步长，以保证整个过程的缓慢调速和较好的换档品质，如图 9-27 所示。

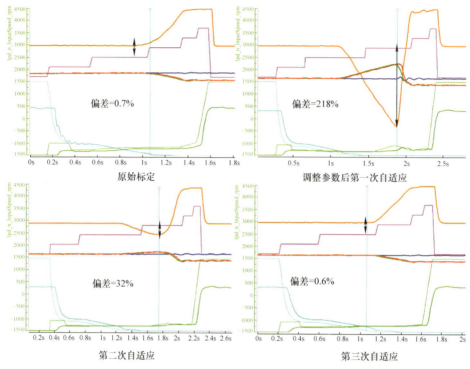

图 9-26　6—7 档有动力升档输入轴转速飞车自适应测试结果

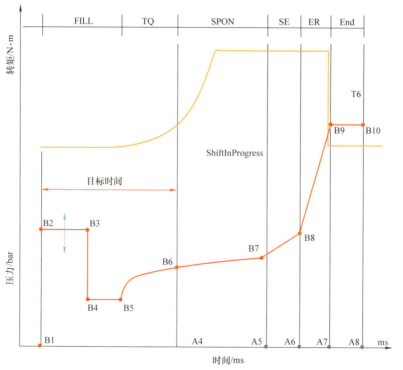

图 9-27　静态换档自适应

如图 9-28 所示，在静态 N 位到 D 位过程中，离合器的过充油现象通过自适应学习功能予以消除，快速充油高度由 3.60bar 降至 3.16bar，输入轴转速的变化趋于平稳，随着自适应的进行，自适应的学习值逐渐减小。

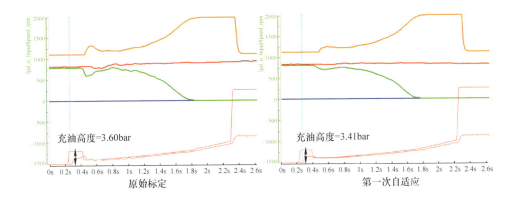

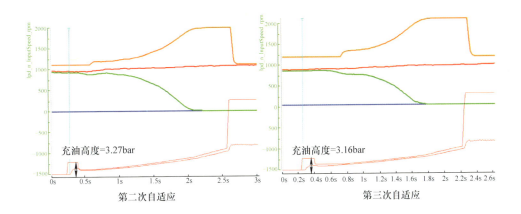

图 9-28　静态换档充油自适应测试结果

在静态 N 位到 D 位过程中，由于输入轴转速较低，并且只有 Oncoming 离合器进行调速，所以自适应对油压的实际响应非常敏感，静态换档自适应的标定需要同时考虑离合器实际油压响应随行驶里程数的衰减，Fill+TP 时间通常控制在 450~600ms。如图 9-29 所示，在原始标定下静态 N 位到 D 位的 Fill+TP 时间为 680ms，超出自适应的不学习区间，通过自适应学习功能可以将转矩交换时间逐步降至 450ms，在自适应的过程中，Oncoming 离合器 B6 点压力逐渐升高。

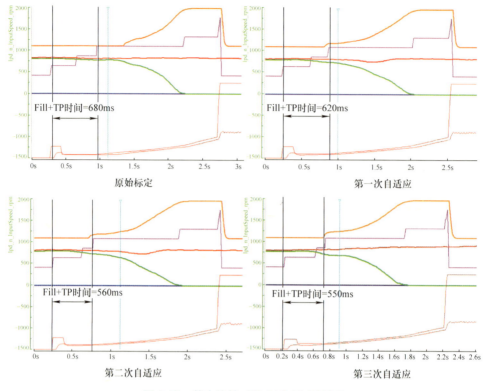

图 9-29 静态换档时间自适应测试结果

9.4 本章小结

本章根据李雅普诺夫稳定性原理，总结了自适应系统控制目标、控制参数和控制方法。分别提出了基于换档时间的有动力升档和基于涡轮失速问题的有动力降档自适应策略和面向量产车辆的自适应软件设计开发方法。在实车测试过程中，通过软件的自适应参数调整，学习后的换档时间能够逐步逼近设定的目标值，同时发动机飞车、涡轮失速现象能够逐步消减，换档品质得到明显提升。系统介绍了自适应控制软件的实现原理和离合器过充油、转矩交换时间、输入轴转速飞车自适应策略设计并应用到整车，保证了不同整车、不同发动机、不同变速器集成之后的换档品质一致性，以及整车在产品生命周期内的驾驶性能一致性。

第 10 章 自动变速器应用软件终端下线标定

由于量产变速器的零部件尺寸差异和装配过程的不一致性，下线变速器的特性都会存在一定程度的差异，甚至出现不合格。为了满足变速器装车后的换档质量及寿命要求，对每一台变速器和重要部件如阀板进行下线测试是非常重要的，也是为自动变速器应用软件控制提供良好的硬件平台。

自动变速器终端下线测试（EOL）任务由两部分组成：用于判断自动变速器是否合格的整机性能指标测试和用于满足自动变速器 TCU 软件控制需求的关键控制特性参数测试。

用于判断自动变速器是否合格的整机性能指标测试是根据变速器的机械、液压和电控设计要求，设计不同的测试方法来识别变速器的各项性能。通过测试得到的性能指标与设计或者要求的性能指标对比来判断变速器是否合格。测试的内容包括以下方面。

1）机械系统主要包括各档位传动比、各档位 NVH、拖曳转矩、驻车机构功能、换档力、PRND 变速杆位置等。

2）液压系统主要包括各转速下的主油路压力、润滑压力、PRND 各档位下对应离合器压力、安全回家档开启和关闭功能等。

3）电控系统主要包括变速器的电气元件性能及连接状态是否合格，如温度、压力、速度、位置传感器是否能够正确地识别变速器状态，电磁阀电流是否可以被正常控制，变速器性能参数存储芯片 SUBROM 是否可以正常通信，穿缸连接器是否正常连接。

4）整机的性能主要包括变速器液压系统的电流—压力曲线关系，离合器系统的压力—转矩曲线关系，反映离合器动态特性的充油时间特性以及液力变矩器的闭锁特性。

满足自动变速器 TCU 软件控制需求的关键控制特性参数测试将在 EOL 下线时存储在 SUBROM 芯片中。该测试的主要目的是通过测试来弥补不同变速器因零部件差异、整机装配差异而带来的变速器特性差异。TCU通过调用变速器的特性参数能够提高变速器的换档质量,从而满足量产控制要求。其测试的SUBROM存储内容包括各离合器的电流压力特性曲线(P2C曲线)和压力转矩特性曲线(T2P曲线)、各离合器的结合点压力(Kisspoint压力)、充油时间(Fill Time)、液力变矩器闭锁离合器的接合点(Switch Point)电流,这些都是AT变速器所特有的特性参数。

10.1 EOL台架的软硬件构架

对于一个面向终端客户且关系到整车安全和舒适性的批量产品,进行EOL测试的主要目的是保证生产装车后自动变速器的电气、机械、液压系统均合格,特性数据满足TCU软件的控制要求。对于不同类型的自动变速器,其硬件设计要求也存在差异,因此EOL测试台架的硬件结构也不同。针对前置前驱8档自动变速器,本研究提出了如下EOL台架的软硬件构架设计方案。这种设计方案具备生产效率高、稳定性和测试精度高、成本低的特点,并可以方便拓展为其他不同档位的前置前驱类型的自动变速器的EOL柔性测试台架。

10.1.1 机械设备构架

图10-1所示为自动变速器终端下线测试试验台的结构组成。所有的硬件设计均是为了实现变速器从上线到进行测试以及最后下线均全自动完成。图10-1中采用三台电动机与变速器连接,其中一台输入电动机、两台加载电动机。输入和输出电动机均可以独立地进行转速转矩控制。电动机的推动油缸是为了实现电动机与变速器的自动对接,变速器滑轨能够将变速器从测试线自动运输到目标位置,变速器的壳体夹紧工装负责对变速器进行固定,测压口快速对接台保证设备与变速器的测压口快速精准的对接,抽注油系统保证在测试前注入的ATF在设定的液位上和测试后能够将变速器油从变速器中抽出。图10-1中所有的设备均通过PLC(可编程逻辑控制器)系统进行管理和控制。

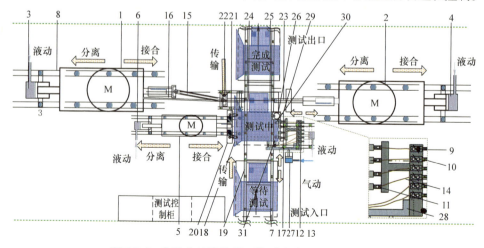

图10-1 自动变速器终端下线测试试验台结构组成

10.1.2 电器设备构架

图 10-2 是自动变速器下线测试控制系统的结构组成，它的控制系统结构设计适用于大部分变速器的测试要求。为了满足变速器的加载试验需求，测试系统中采用了三台电动机，一台作为输入电动机通过转矩法兰与变速器的输入轴相连，两台作为加载电动机通过转矩法兰与变速器的左右输出半轴相连。每一个电动机都有独立的变频柜，各电动机的控制都可以独立进行，控制模式包括转矩模式和转速模式两种。变频柜根据运转情况会自动实施如下电动机保护功能：过流保护、过热保护、过压保护、欠压保护、超速保护、转矩超限保护、断电保护、电缆接地短路保护等故障保护，急停后电动机完全不带电。三个电动机的协同控制是通过 PLC 来实现的，PLC 与各电动机的变频柜之间采用 PROFIBUS-DP 的通信方式。台架对变速器的变速杆控制通过 PROFIBUS-DP 总线对步进电动机进行控制。

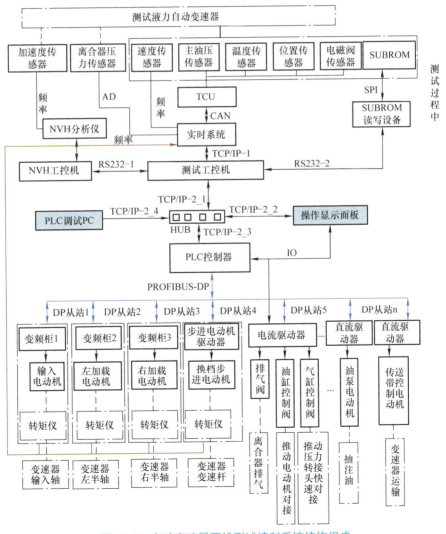

图 10-2　自动变速器下线测试控制系统结构组成

10.1.3 测试软件构架

图10-3所示为下线测试过程中的软件构架，下线测试工控机软件负责根据用户定义的测试流程和控制参数去控制变速器电磁阀和电动机等，然后根据采集的信号计算变速器的特性参数和性能指标，并判断变速器的每一项测试结果是否合格。软件平台为美国NI公司的LabVIEW系统，它是基于图形化的建模方式，集成了各种硬件通信的驱动模块。根据电气硬件系统的通信接口形式，LabVIEW软件通过串口和TCP/IP的方式与电气硬件进行通信。NI-LabVIEW的FPGA模块将LabVIEW图形化开发平台扩展到基于NI可重配置I/O（CRIO）架构的硬件平台上的现场可编程门阵列（FPGA）。在软件运行前，需要将硬件的配置程序更新到实时系统NI-CRIO硬件平台中，它可以保证信号高速、实时运行，并通过TCP/IP网络以报文的方式和PC之间打包发送数据。测试系统的软件构架由11个功能模块组成，包括软件驱动及对象控制模块、数据采集模块、数据处理模块、数据库管理模块、测试过程控制模块、测试流程控制模块、故障处理模块、信号分析模块、数据存储回放模块、测试报表管理模块、变速器合格判定模块。

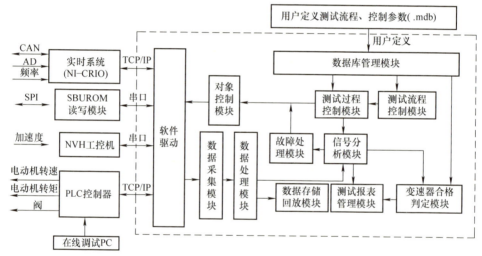

图 10-3　下线测试过程中的软件构架

10.2 变速器测试规范定义

自动变速器硬件系统由机械、液压、电控三部分组成，变速器的终端下线（EOL）测试的主要目标是确认变速器性能和功能的各项指标都在设计要求范围内。为了满足变速器的控制要求，还需要进行变速器特性参数测试，如果变速器的某些特性参数超出了软件控制的范围，可能无法保证其在整车上的换档质量，也需要定义其为不合格。变速器的测试规范定义需要从变速器的结构设计、变速器的试验台架测试方法、软件控制策略、EOL测试台架功能、变速器产量对EOL测试节拍的要求等多个方面来考虑。定义EOL测试方法的过程中不能漏掉存在不合格隐患的项次而造成不合格变速器流入市场，也不能过度测试或进行难以实现的测试项次造成测试节拍过长而影响变速器产量。EOL

测试台架与实验室台架的功能和测试要求存在明显的差异，EOL 测试台架是全自动测试，包括变速器和电动机的控制、测试数据分析及计算、数据报表生成和合格判定，它不存在人为干预，对测试时间有较高要求，而且测试方法必须容易实现。而实验台架允许存在人为干预控制，对测试时长相对不敏感。EOL 测试方法需要以变速器实验室测试方法为基础，结合变速器的硬件设计要求和软件控制要求，采用简单快速的测试方法获得变速器的关键性能指标，从而判定变速器是否合格。

为了判定生产制造的变速器是否合格，变速器各项测试内容如图 10-4 所示。测试内容包括机械、液压、电气和变速器特性四个方面，并针对各项测试内容提出了具体的测试方法和评判标准。为了节省测试时间，优化测试节拍，将各项测试内容进行组合测试，通过一个控制流程，完成多项测试内容。

10.2.1 机械部分测试

液力自动变速器由三百多个零部件组成，变速器的 EOL 测试虽然无法对每一个部件和零件进行单独测试，但是对变速器的机械总成的某些指标进行测试，也能间接反应变速器的零部件质量和装配质量。变速器的机械测试部分主要包括功能测试和性能测试，测试的内容包括传动比、换档力、拖曳转矩、驻车机构、NVH 噪声。

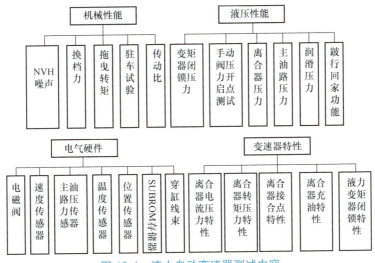

图 10-4 液力自动变速器测试内容

10.2.2 液压部分测试

液压系统测试主要是验证液压系统在不同输入电动机转速、不同档位下液压系统的工作性能。主要测试主油路压力、离合器压力、润滑压力、Limphome 功能、手动阀压力开启和液力变矩器闭锁压力。

10.2.3 电控部分测试

针对变速器的电气硬件进行的测试包括主油路压力传感器、速度传感器、位置传感器、电磁阀、温度传感器、SUBROM 存储器和穿缸线束。在变速器的机械和液压部分的测试过程中，也需要用到部分传感器和控制电磁阀，因此电控系统的测试基本都是伴随着机械和液压系统的测试同时进行的，如测试换档力时进行 PRND 换档的同时便可以测试位置传感器，在测试主油路压力的同时便可以测试主油路压力传感器。

10.2.4 变速器特性参数测试

变速器的特性参数与变速器的控制策略紧密相关，它反映了整个变速器的机械、液压、电气性能。测试不仅是为 TCU 的控制服务，还是衡量变速器性能的另一个重要指标。由于变速器的零部件质量和装配的差异，这些差异的累积将导致变速器性能的差异。单一版本的应用软件去控制不同性能的变速器，可能难以完全覆盖，如果在已知变速器特性参数的基础上进行控制，可以弥补变速器的差异性。因此根据变速器硬件的差异性来源和变速器软件的控制需求，可以测试的特性参数包括离合器的电流压力特性参数、离合器压力转矩特性参数、离合器压力接合点特性参数、离合器充油时间特性参数等。

10.3 变速器特性参数测试方法及优化

图 10-5 所示为变速器特性参数在 TCU 软件中的应用过程。在变速器的离合器控制过程中，从发动机输入转矩到计算离合器转矩，再到根据离合器的转矩压力特性参数（T2P）、压力电流特性参数（P2C）、充油特性参数（Fill）得到电磁阀的目标电流去控制电磁阀。因此变速器的特性参数

图 10-5 变速器特性参数在 TCU 软件中的应用过程

测试能够反映被测试的自动变速器特性，供 TCU 软件使用并提高控制精度。

EOL 测试方法和 EOL 数据的计算方法必须满足整车的控制要求。在 EOL 台架上进行的是稳态测试，电动机和电磁阀电流的控制都只能够在稳态条件下进行，而整车上发动机转速和电磁阀电流控制均是动态的，这些特性参数的测试方法和 TCU 软件的应用过程是存在差异的。对于 EOL 测试数据与变速器在整车上的应用软件进行匹配是 EOL 下线测试的核心技术。数据匹配的流程如图 10-6 所示，首先需要定义 TCU 软件的设计要求和 EOL 测试台架的功能，给予变速器的结构特性定义 EOL 测试方法。然后从 EOL 测试台架获得电动机转矩、离合器压力、电磁阀电流等信号，并从这些信号中计算出变

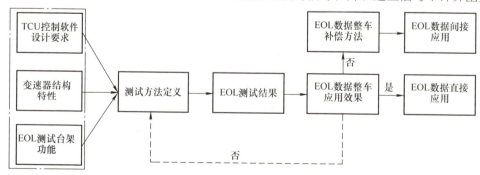

图 10-6 EOL 测试数据与整车控制软件的匹配流程

速器的特性参数即 EOL 数据。再将 EOL 数据应用到 TCU 控制软件中在整车上进行测试，如果 EOL 数据能够直接满足控制要求，则直接应用。如果控制效果不好，则需要定义 EOL 测试方法或者是基于 EOL 数据在 TCU 软件中做相应的补偿以便间接应用。

10.3.1 离合器电流压力特性测试试验优化

在 EOL 上测试离合器 P2C 特性参数不但是因为软件控制的需要，而且也因为 P2C 测试过程的动态特性也可以直接反应液压系统的性能和机械部分的质量问题。如 P2C 测试过程中通过测量压力是否存在油振及油振的频率来判断液压系统是否适应于电磁阀的颤振电流，以及因机械故障造成的压力泄漏及平衡活塞同轴度等问题。对于 P2C 的测试存在两种方法，一种是基于 STEP 的电流方式，另外一种是基于 RAMP（斜坡指令的意思）的斜坡电流方式。它们的测试结果都可以反映各离合器的 P2C 特性，但是测试结果又都具有各自的特性，需要通过试验结果进行对比分析。

1. 基于 RAMP 和 STEP 的 P2C 试验结果对比分析

基于 STEP 电流方式的 P2C 测试是在一个固定的电流下获得一个稳定的压力值，该测试方法比较固定，通常只能获得一组 P2C 结果。而基于 RAMP 电流方式的 P2C 测试是在一个稳态变化的电流下获得的动态压力，该测试方法可以通过调整电流 RAMP 的斜率，即 RAMP 变化的时间 T，来获得不同的 P2C 结果。表 10-1 为 STEP 和不同 RAMP 斜率下的 P2C 测试结果，P2C 采用的是平均值。在计算 P2C 时，固定了压力检索值来计算不同的电流值。从结果来看，STEP 的 P2C 值与不同的 RAMP 斜率的 P2C 值是存在差异的，但是某一 RAMP 斜率下的 P2C 值与 STEP 的 P2C 值在 0~12bar 压力范围内基本相同。

表 10-1 依据 RAMP 和 STEP 的平均 P2C 试验结果对比

	T/s	P2C									
P2C_P/bar		0.0	0.5	0.7	1.3	...	10	12	14	16	18
STEP_P2C_C/mA RAMP_P2C_C/mA		0	323	330	350	...	640	712	791	882	
	5	0	327	334	355	...	651	719	787	855	923
	10	0	325	332	352	...	647	715	782	850	918
	15	0	331	337	357	...	649	716	783	850	917
	...	...	...	...	...	...	...	...	...	...	...
	60	0	331	337	357	...	648	714	781	848	914
	65	0	324	331	351	...	644	711	779	846	913
	70	0	324	331	351	...	644	711	779	846	913

为了分析不同 RAMP 斜率下的 P2C 与 STEP 的 P2C 结果的差异，通过图 10-7 所示的上升 P2C 值、下降 P2C 值、平均 P2C 值分别与 STEP 的 P2C 值进行求差（ΔP2C_C）分析。通过结果可知，在 12bar 以后，RAMP 的 P2C 比 STEP 的 P2C 值要明显偏小。原因是在大电流时，弹簧的阻尼系数将会增加，而 RAMP 产生的电磁力是逐步缓慢增加的，STEP 产生的电磁阀力是瞬间增加的，其克服阻尼力的效果存在差异。上升和下降的任何 RAMP 斜率的 ΔP2C_C 与 0 都存在一定的距离，而平均的 ΔP2C_C 在某个 RAMP 斜率下总存在近似等于 0 的曲线。这说明两种测试方法虽然在上升和下降过程中 P2C 的值存在差异，但是通过对定义不同的 RAMP 斜率，两种测试方法的平均值在一定压力范围内能够保持一致。

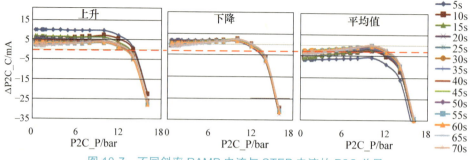

图 10-7 不同斜率 RAMP 电流与 STEP 电流的 P2C 差异

2. 基于 RAMP 和 STEP 的 P2C 结果精度验证

通过 RAMP 和 STEP 两种方式均可得到稳定的 P2C 结果，但是两者还是存在一定的差异。为了确认一种最利于 TCU 软件控制的测试方法，需要对不同测试方法的 P2C 结果进行验证。P2C 结果的评价方法是目标压力与实际压力的差值最小。因此采用图 10-8 所示的验证方法，控制 RAMP 的目标压力，然后

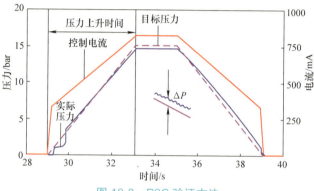

图 10-8 P2C 验证方法

根据测试 P2C 结果进行插值计算控制电流，通过评估目标压力和实际压力的差值来进行验证和确认。图 10-9 为目标压力与实际压力在 6~8bar 范围内的压力差值，从实验结果来看，可以得出用上升的 P2C 值进行上升压力控制的误差最小，用下降的 P2C 值进行下降压力控制的误差最小，而用平均 P2C 进行压力控制，误差处于中间状态。另外不同 RAMP 斜率和 STEP 测试得到的 P2C 值在进行压力控制误差的验证时，其结果也是存在差异的。从总体结果来看，45s 以上的 RAMP 和 STEP 的 P2C 值在进行压力验证时误差最小。通过对多台变速器进行验证，相同的 RAMP 斜率的 P2C 值进行压力验证时，其控制误差也会存在差异，而 STEP 的 P2C 值则比较稳定。因此采用 STEP 的 P2C 测试方法为最佳方案，然后在平均 P2C 的基础上分别对上升控制和下降控制进行压力补偿以达到精确控制效果。

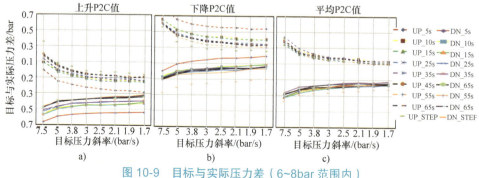

图 10-9 目标与实际压力差（6~8bar 范围内）

3. EOL 的 P2C 测试优化

基于 STEP 电流下的 P2C 测试方法如图 10-10 所示。图中的 I_L_LIMIT（300mA）和 I_H_LIMIT（1000mA）表示 P2C 测试的电流最小值和最大值，也是 TCU 软件的电流控制范围。I_KP_LIM（400mA）表示离合器结合点最大压力值对

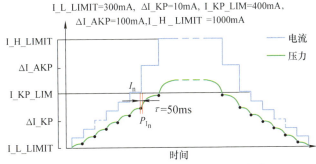

图 10-10　离合器压力电流特性测试方法

应的电流值，I_KP_LIM 值的设定必须确保所有变速器该电流值对应的离合器压力都能够大于离合器的结合点压力。ΔI_KP（10mA）表示在电流在 I_KP_LIM 之前采用的电流 STEP 步长，ΔI_AKP（100mA）表示在 I_KP_LIM 和 I_H_LIMIT 之间采用的电流 STEP 步长。因为电磁阀的 P2C 值存在滞环效应，即相同电磁阀电流下，电流上升和下降过程中对应的压力值存在差异，因此在离合器 P2C 测试的过程中既要测试上升过程的 P2C，也需要测试下降过程的 P2C。

P2C 的具体测试和计算过程如下。

STEP1：控制输入电动机至 2000r/min，并保持恒定转速。

STEP2：按照图 10-11 所示的电流控制方式，控制待测离合器的电磁阀电流值，并按照 1kHz 的采样频率采集目标电流值和离合器的压力值。

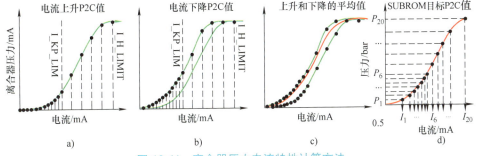

图 10-11　离合器压力电流特性计算方法

STEP3：计算每一个 STEP 电流 I_n 下最后 50ms 对应的离合器压力值的平均值 P_{I_n} 为该电流的稳态压力值。

STEP4：根据 I_n 和 P_{I_n} 的值，按照图 10-12 中 a 和 b 的方法，分别得到电流上升和下降过程中的 P2C 特性曲线。

STEP5：根据上升和下降过程的 P2C 特性曲线，取其平均值可以得到图 10-11c 中的离合器的 P2C 特性曲线中间值。

STEP6：为了节省 SUBROM 的存储空间，可以固定 P2C 中的压力值数组（P_1，…，P_6，…，P_{20}），用这固定的压力数组从 P2C 的中间值特性曲线进行线性插值，得到 P2C 的目标电流数组（I_1，…，I_6，…，I_{20}），然后每个离合器的目标电流数组值存储至 SUBROM 指定的地址上。

在 EOL 测试中进行 P2C 测试的一个重要原因是受零部件差异和装配差异的影响，其 P2C 特性也存在较大差异。图 10-12 所示为根据 100 台变速器的 P2C 测试结果统计得到的上下限范围和结果公差。这 100 台变速器的相同压力（主要工作区间 0~12bar）下对应的电流差异最大可以达到 50mA，50mA 相当于 1.4bar 左右的压力误差。该误差对变速器控制的影响是非常大的。如果 TCU 软件对所有的变速器均使用相同 P2C 进行控制，然后通过软件的自适应功能去补偿不同变速器的差异性，这不仅需要增加自适应学习的带宽（至少 1.4bar），还增加了自适应学习超差和错向的风险；而且由于自适应是一个渐变的过程，在变速器装车前期，换档质量也很难保证。因此在 EOL 测试中进行 P2C 测试是非常有必要的。

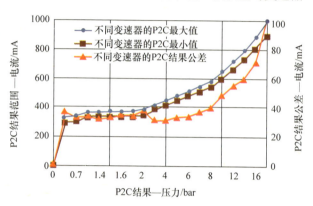

图 10-12　100 台变速器 B1 的 P2C 测试结果公差分析

10.3.2　离合器转矩压力特性测试试验优化

离合器的转矩压力特性也是 TCU 软件中的一个重要控制参数，它反映了离合器传递一定转矩所需要的离合器压力。如果离合器传递的转矩超出了离合器的压力，则会发生离合器打滑的现象。依此原理可以设计两种不同的测试方法，一种是基于滑差检测的闭环测试，一种是基于固定滑差的开环测试。

1. 基于滑差检测的闭环测试方法

图 10-13 为基于滑差检测的 T2P 闭环测试方法。它的测试原理是在某个档位下，通过不同离合器电磁阀电流的控制获得不同的离合器压力，通过增加输入电动机的转矩同时检测变速器的当前档位滑差来判断在离合器压力 P_{Cn} 下传递的最大转矩 T_{clutch}。

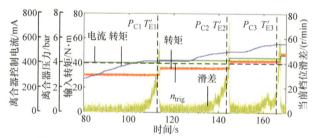

图 10-13　基于滑差检测的 T2P 闭环测试方法

T2P 的具体测试和计算过程如下。

STEP1：确认待测离合器的测试档位，闭合离合器控制 1000mA 电流，待测离合器 400mA 电流，液力变矩器闭锁。

STEP2：电动机选择转矩—速度控制模式，控制输入电动机转矩为 20N·m，通过输出电动机的转速控制使输入电动机的转速达到 2000r/min。

STEP3：以 20mA 为步长增加一个电流步长，待压力稳定后记录压力值为 P_{C1}。

STEP4：以 2N·m 为步长增加输入电动机的转矩，直到变速器的当前档位滑差 n_{trig} 大于 40r/min，然后记录此时输入电动机转矩 T'_{E1}。

STEP5：重复 STEP3 和 STEP4 的测试，记录 P_{Cn} 和 T'_{En}，当 $n=10$ 时停止。

STEP6：根据式（10-4）计算离合器传递的转矩 T'_C，采用最小二乘法一次拟合离合器压力 P_C 和转矩 T'_C，即可得到 T2P 曲线 $P_C = k'_{T2P} T'_C + T_{kp}$。

$$T'_C = k'_{T2P}(T'_E - T_{drag}) \qquad (10\text{-}4)$$

式中，k'_{T2P} 为离合器测试档位下的相对输入轴的静态转矩系数；T_{drag} 为变速器的拖曳转矩。

2. 基于固定滑差的开环测试方法

采用基于固定滑差的开环 T2P 测试方法是基于控制离合器保持固定滑差 40r/min，通过增加离合器控制电流，记录输入电动机端的转矩和离合器压力并计算离合器的 T2P 特性参数。测试和计算方法如图 10-14、图 10-15 所示。

T2P 的具体测试和计算过程如下。

STEP1：首先控制某个档位下闭合离合器的电磁阀电流值和液力变矩器闭锁电磁阀的电流值至最大控制电流 1000mA，待测离合器的电磁阀电流为 0mA。然后控制输入电动机的转速至 2000r/min，控制输出电动机的转速至 $(2000\lambda_i - 40)/\lambda_o$ r/min，来保持待测离合器处于 40r/min 的滑差。λ_i 和 λ_o 分别为从变速器的输入轴和输出轴转速等效到待测离合器两端转速的等效传动比。

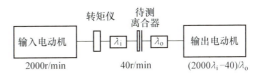

图 10-14 离合器的转矩压力 T2P 特性测试方法

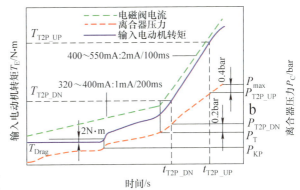

图 10-15 基于固定滑差的 T2P 开环测试方法

STEP2：控制待测离合器的电磁阀电流按照图 10-15，在 320~400mA 区间用 1mA/200ms 的变化率增加，在 400~550mA 区间用 2mA/100ms 的变化率增加。同时记录输入电动机转矩仪的转矩 T_E 和离合器的转矩 P_C。

STEP3：离合器电磁阀电流在 320~400mA 之间时，随着电流的增加，离合器的压力逐渐增加，但是在初始阶段输入电动机的转矩 T_{Drag} 保持不变。T_{Drag} 为变速器油泵转矩损失、机械摩擦转矩损失、流体转矩损失之和，也叫变速器的拖曳转矩。随着离合器压力的继续增加，因为待测摩擦片开始消除间隙并传递转矩，输入电动机的转矩开始增加。定义第一个输入电动机增加 2N·m 对应时刻的离合器压力为该离合器系统的接合压力 P_{KP}。

STEP4：电磁阀电流在 400~550mA 范围内，随着离合器的压力线性增加，输入电动机的转矩也线性地增加，记录这段电流范围内离合器的最大压力为 P_{max}，离合器在 400mA 时离合器的压力值记为 P_T。为了提高 T2P 的计算精度，在拟合离合器的 T2P 时仅用到了压力最线性的区域（P_{T2P_DN}，P_{T2P_UP}），其中 $P_{T2P\_UP} = P_{max} - 0.4$，$P_{T2P\_DN} = P_T + 0.2$。该压力区域对应的输入电动机转矩为（$T_{T2P\_DN}$，$T_{T2P\_UP}$）。

STEP5：根据自动变速器每个档位下的离合器转矩系数 f_C（从变速器输入轴转矩转换到离合器转矩的转换系数）和变速器的拖曳转矩 T_{Drag} 计算离合器传递的净转矩 T_C。计算方法见式（10-1）。

$$T_C = f_C(T_E - T_{Drag}) \qquad (10\text{-}1)$$

STEP6：将图 10-15 中时间（t_{T2P_DN}，t_{T2P_UP}）内对应的离合器转矩和压力用最小二乘法线性拟合得到 T2P 的直线见式（10-2）。其中 P_{C_10Nm} 为离合器传递 10N·m 所对应的离合器压力，k_{T2P} 为离合器 T2P 的斜率。

$$P_{C\_10Nm} = k_{T2P}(T_C - 10) \qquad (10\text{-}2)$$

STEP7：将表示离合器的接合压力 P_{KP}、描述 T2P 特性的 k_{T2P} 和 P_{C_10Nm} 存储在 SUBROM 中。其中 k_{T2P} 和 P_{C_10Nm} 可以用来计算离合器传递 10N·m 以上区域的 T2P 特性参数，P_{KP} 用来表示正好传递 0N·m 时离合器对应的压力，该参数在离合器的压力控制过程中非常重要。

3. 两种测试方法对比

由于 T2P 的测试方法不同，其测试结果也会存在差异，如图 10-16 所示。开环测试的 T2P 的斜率比闭环测试 T2P 要小，T2P 的斜率直接反映了摩擦片的摩擦系数。从测试原理角度分析，开环测试是保持离合器一直处于 40r/min 的滑差，此时测试的 T2P 斜率反映了摩擦片的动摩擦系数。而闭环测试是保持离合器处于无滑差状态，然后增加输入转矩使其打滑，测试的 T2P 斜率反映了摩擦片的静摩擦系数。因此两种测试方法均在一定程度上反映了变速器的转矩压力特性，至于哪种方法更加适用于 EOL 测试，需要从测试方法的可行性和与整车控制的匹配效果两方面综合考虑。闭环的测试方法存在测试时间长（单个离合器大于 300s）而且控制复杂的特性，难以满足 EOL 下线测试的时间要求，但是其在整车上的使用效果更好。开环的测试方法具有测试时间短（单个离合器小于 30s）而且控制简单的特性，比较适合 EOL 下线测试要求，但是其在整车上使用效果略差。这两种方法各有优缺点，因此通过反复的台架试验—整车试验—EOL 试验的循环测试，可以总结得出基于开环测试结果到整车上 TCU 使用的 T2P 数据的转换，如图 10-17 所示。

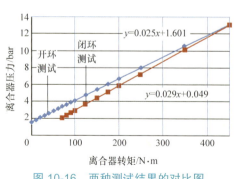

图 10-16　两种测试结果的对比图

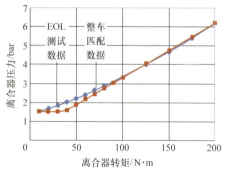

图 10-17　EOL 测试结果与整车 T2P 的匹配

4. T2P 测试结果一致性分析

EOL 的测试需要保证大部分变速器的测试结果都比较集中，即测试的一致性好，否则说明该测试的方法导致的误差较大。图 10-18 为 1000 台批量变速器的 T2P 的测试结果汇总。从结果来看基本服从正态分布，离合器接合压力 P_{KP} 测试结果的范围在 1.3~1.7bar 之间，它表示这 1000 台变速器由装配、尺寸等因素引起的离合器接合压力差异为 0.4bar。0.4bar 的差异可能会导致初始换档质量出现 0.5~1 分的差异（10 分制）。P_{C_10Nm} 和 k_{T2P} 共同决定了 T2P 的结果，由于它是由几千个压力、转矩点拟合得到的直线，并不能够反映每一个压力所对应的转矩。P_{C_10Nm} 测试结果的范围在 1.4~1.9bar 之间，k_{T2P} 的测试结果范围在 0.022~0.28 之间。EOL 数据的范围需要在整车上进行验证才能够定义，对于超出数据范围的变速器，TCU 软件存在无法覆盖的风险，需要定义为不合格。通过整车匹配，T2P 数据满足整车的控制要求，而且数据的一致性和重复性较好，因此此测试方法满足测试和控制要求。

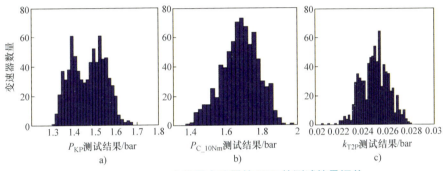

图 10-18　1000 台批量变速器的 T2P 的测试结果汇总

10.3.3　离合器充油时间特性测试试验优化

离合器的充油特性不仅反映了离合器液压系统的动态特性，而且反映了离合器的机械系统的动态特性。TCU 软件的充油控制过程与图 10-19 中的充油阶段相同，采用的是三角充油方式。图 10-19 为通过增加充油时间 T_{FT} 获得充油不足、充油正好、过度充油三种充油效果。通过充油阶段之后的压力斜坡上升（RAMP）来判断充油的效果，通过充油时间 T_{FT} 的调整来获得充油正好的充油效果。充油效果通过充油后的压力 RAMP 的延迟面积 S_F 来衡量。图 10-19 中 P_{cmd} 表示目标控制压力，它的形状由控制参数离合器接合压力 P_{KP}、快速充油时间 T_{FT}、快速充油压力高度 P_{FP}、接合压力保持时间 T_{KPK}、RAMP 压力的斜率 k_{RAMP}、RAMP 压力时间 T_{RAMP} 组成。其中离合器的接合压力 P_{KP} 是从

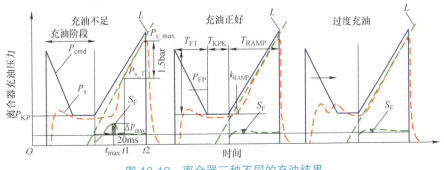

图 10-19　离合器三种不同的充油结果

T2P 的测试中获得的，快速充油时间 T_{FT} 是测试过程中需要优化调整的值，其他的控制参数都是通过试验测试优化后，在 EOL 测试过程中固定的。TCU 将目标控制压力 P_{cmd} 通过 P2C 转换以后得到电磁阀的目标控制电流，在该控制电流下从压力传感器可以得到离合器的实际压力 P_s。

充油的具体测试流程如图 10-20 所示，过程描述如下。

STEP1：将测试的 P2C 特性参数和离合器的接合压力 P_{KP} 通过 CAN 总线的通信方式发送至 MASTER TCU，作为 TCU 充油控制的控制参数。

STEP2：控制输入电动机的转速上升至 2000r/min。

STEP3：通过 CAN 总线发送初始充油时间 T_{FT} 至 TCU，并等待 200ms。

STEP4：通过 CAN 总线发送充油触发信号至 TCU，触发 TCU 开始进行充油控制。

STEP5：TCU 软件固定充油控制参数和 CAN 发送充油控制参数，计算目标控制压力，并根据 CAN 发送的 P2C 特性参数，进行电磁阀电流的控制。

STEP6：计算充油延迟面积 S_F。

① 在压力 RAMP 的开始时刻之后，找到实际压力 P_s 的最大值 P_{s_max} 及其对应的时间 $t2$。

② 以 P_{s_max} 为基准，找到比 P_{s_max} 小 1.5bar 的第一个压力值 P_{s_T} 及其对应的时间 $t1$。

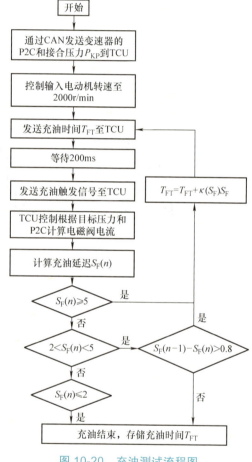

图 10-20　充油测试流程图

③ 将时间 $t1 \sim t2$ 内的实际压力 P_s 用最小二乘法进行直线拟合得到直线 L，直线 L 表示 P_s 的理想实际压力，它表示在压力 RAMP 阶段不存在压力的延迟。

④ 通过理想实际压力 L 与实际压力 P_s 的差值计算实际压力 P_s 的延迟大小，并得到最大差值 ΔP_{max} 对应的时间 t_{max}。

⑤ 对时间区间（$t_{max}-10$，$t_{max}+10$）内的压力差值 $L-P_s$ 进行积分计算得到压力延迟面积 S_F，计算公式为

$$S_F = \int_{t_{max}-10}^{t_{max}+10} [L(t) - P_s(t)] dt \qquad (10\text{-}3)$$

STEP7：如果 $S_F(n) \geq 5$，则说明充油不足，根据 $T_{FT}=T_{FT}+\kappa(S_F)S_F$ 重新调整充油时间 T_{FT}，其中 $\kappa(S_F)$ 为根据 S_F 确定的充油时间调整系数。重复STEP3，重新发送充油时间 T_{FT} 进行充油控制。

STEP8：如果 $2 < S_F(n) < 5$ 且 $S_F(n-1) - S_F(n) > 0.8$，则说明充油效果已经接近目标值，但是仍然存在提高的空间。根据 $T_{FT}=T_{FT}+\kappa(S_F)S_F$ 重新调整充油时间 T_{FT}，重复STEP3，重新发送充油时间 T_{FT} 进行充油控制。

STEP9：如果不满足STEP7和STEP8中的条件，则说明充油效果已经满足充油目标，充油时间 T_{FT} 即为要求的充油结果。

STEP10：充油结束，存储充油时间 T_{FT} 至SUBROM。

对于充油时间测试的结果是在输入转速为2000r/min条件下的测试结果，但是在整车上应用时发动机转速是实时变化的，因此EOL测试结果只能是一个基准值，在整车换档过程中，需要基于该值进行不同换档类型、不同温度、不同输入转速下的补偿才能够得到更好的应用效果。

10.3.4 液力变矩器闭锁离合器的接合点测试

液力变矩器的闭锁离合器和换档离合器一样也是存在接合压力概念的。不同之处是闭锁离合器传递的转矩与输入电动机的转矩是相同的，而离合器在闭锁离合器闭锁时与输入电动机的转矩之间由于行星齿轮的原因存在系数关系。从原理上看，闭锁离合器的接合点和离合器的接合点可以采用相同的测试方法，但是考虑到与其他测试内容同步测试的问题，采用如图10-21所示的测试方法。测试过程如下。

STEP1：保持变速器在固定的7档，控制输出电动机为速度模式，输入电动机为转矩模式。

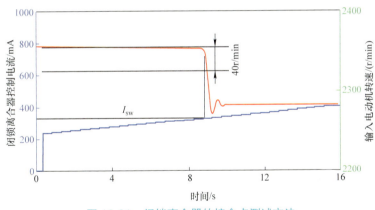

图10-21 闭锁离合器的接合点测试方法

STEP2：控制输出电动机转速为450r/min，使得输入电动机的转速在2300r/min附近，控制输入电动机转矩为40N·m，使得变矩器的泵轮和涡轮存在一定的转速差。

STEP3：闭锁离合器的控制电磁阀电流从压力最小值对应的电流300mA逐步增加到400mA。

STEP4：以300mA电流对应的输入电动机的转速为参考转速，记录输入电动机转速下降40r/min时刻所对应的电磁阀电流为闭锁离合器的接合电流 I_{SW}。在此电流下产生的闭锁压力，可以让闭锁离合器开始传递转矩，让输入电动机的转速开始减小。

液力变矩器的闭锁点测试能够提高闭锁离合器闭锁控制的精度，因为闭锁离合器消除间隙的过程为开环控制,而不同液力变矩器的闭锁点存在差异,而且电磁阀的 P2C 之间本身就存在较大的差异,所以闭锁点的控制等效到电流上以后还是存在较大差异。准确的闭锁点能够有效地避免在闭锁开环控制过程中产生闭锁冲击。

10.4 整车充油时间自动标定测试方法

10.4.1 自动标定测试系统的硬件结构

自动变速器的整车标定是标定工程师根据变速器控制单元 TCU 的控制目标,依靠数据采集设备获得的数据,结合整车换档表现,对 TCU 软件中的控制参数进行在线调整的过程。随着电子设备的软硬件功能越来越强大,对 TCU 的部分控制参数进行自动标定测试成为可能。TCU 的自动标定测试系统的硬件结构如图 10-22 所示,该测试系统与整车的 CAN 网络通过总线的方式连接。自动变速器控制单元 TCU 通过整车 CAN(VCAN)与发动机控制单元(EMS)、ABS 系统、车身电子稳定系统控制单元(ESP)相连。TCU 可以采集变速器的温度、压力、速度、位置等信号,并控制电磁阀电流。OBD 诊断设备可以通过 OBD 服务端口,利用 UDS-CAN 通信协议对整车 CAN 网络的各个控制单元进行在线故障诊断。自动标定测试系统通过标定 CAN 协议(CCP)与变速器控制单元 TCU 进行通信,对整车 CAN 网络上的其他控制单元节点不造成任何影响,但是会增加 CAN 总线上的负载率。自动标定测试系统的核心硬件设备为 CANape,CANape 的一个 CAN 通信通道通过 CCP 通信协议与 TCU 控制单元连接,不仅可以实时地采集 TCU 内存中的数据,还可以控制 TCU 软件中的标定参数,因此能够实现 TCU 软件的标定。CANape 的另外一个 CAN 通信通道通过 CAN 2.0B 协议与车载数据采集系统连接,可以实时地采集变速器上用于测试的各离合器压力传感器信号。在 PC 电脑上运行着 CANape 标定设备对应的软件系统,通过该软件系统可以获得 CANape 的两个 CAN 通信通道上的所有信号,并可以定义数据的采样周期。通过该软件平台上自动测试程序的运行,可以重新获得部分 TCU 软件控制参数,并通过 CANape 软件的数据更新指令将得到的 TCU 软件控制参数

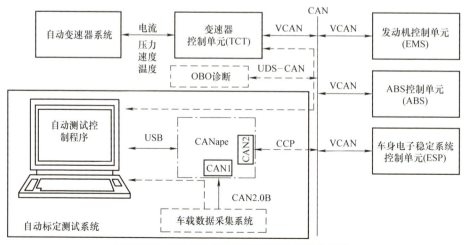

图 10-22　TCU 的自动标定测试系统硬件结构

利用 CCP 通信协议更新到 TCU 的软件中去，然后对变速器进行控制。

10.4.2 车载数据采集系统的硬件结构

自动标定测试的车载数据采集系统的硬件结构如图 10-23 所示。根据自动标定测试功能的要求，对车载数据采集系统提出了特殊的要求。首先需要能够高速、准确地采集 AD 和频率信号，并且需要抗噪和抗干扰；其次需要能够高速稳定地发送多帧 CAN 信号。车载数据采集系统为了满足功能要求，由数字采集模块、CAN 通信模块、频率采集模块、AD 采集模块、电源模块及主芯片的最小系统模块组成。

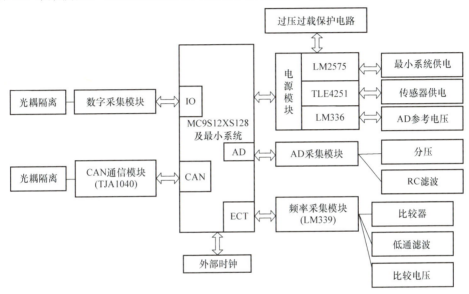

图 10-23　车载数据采集系统硬件结构

10.4.3 整车自动标定测试系统的软件结构

图 10-24 所示为整车自动标定测试系统的软件结构，硬件上 CANape 与 TCU 和车载数据采集系统相连接，USB 与 PC 电脑相连接。在 CANape 软件平台上，为了实现 CCP 通信，需要与 TCU 控制单元软件相对应的 A2l 文件，A2l 文件中定义了 TCU 运行软件的变量和参数的名称、地址、数据类型、数据定标时的 factor 和 offset。CANape 软件可以通过 A2l 文件中定义的变量和参数的名称及其在 TCU 内存储的地址及其数据类型，根据 CCP 协议去直接访问 TCU 的内存，可以获得变量和参数的数据。通过 A2l 文件中定义的定标 factor 和 offset，将通过 CCP 得到的数据转化为真实具有物理意义的数值。为了实现通过 CAN2.0B 获得已知 CAN 协议的总线上的变量，需要定义一个 CAN 协议的描述文件 .dbc。在 dbc 文件中需要定义变量的名称、所属的 CAN ID、数据的起始位、数据的长度、数据的类型、定标的 factor 和 offset。然后 CANape 软件就可以通过 dbc 文件定义的内容自动计算 CAN 信号上所有变量的物理值。在进行自动测试算法编程或者对来自 CCP 和 CAN 的信号进行转化时，需要用到全局变量和参数，这个可以在 CANape 软件中定义。

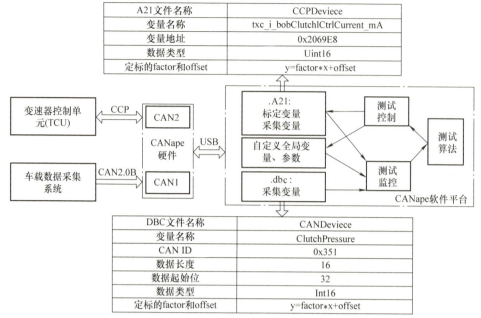

图 10-24 整车自动标定测试系统软件结构

自动标定测试系统功能由三部分组成，第一个是测试监控，即采集测试算法所需的变量（来自于 TCU 和车载数据采集系统）；第二个是测试控制，即将测试算法计算得到的控制值写入到 TCU 的标定参数中去；第三个是测试算法，即根据测试规范和 TCU 软件控制策略，计算得到 TCU 软件中的标定参数值。测试算法可以是开环控制的，例如通过对 TCU 标定参数 CCPPAR_1 的修改，触发 TCU 的部分软件功能去控制电磁阀电流，同时通过 CAN 和 CCP 采集来自整车数据采集系统和 TCU 的信号，并根据采集的信号（CAN_VAR_1，CCP_VAR_1…）计算出满足变速器控制要求的标定参数 CCPPAR_2，并更新到 TCU 中去。测试算法也可以是闭环控制的，例如在自定义参数中定义测试的目标值 SelfDefPAR_1，根据来自整车采集系统和 TCU 的信号（CAN_VAR_1，CCP_VAR_1…）计算出当前测试的实际值 GLOBLEVAR_1，通过目标值 SelfDefPAR_1 和实际值 GLOBLEVAR_1 之间的差值进行 PI 控制，计算得到 TCU 软件标定参数 CCPPAR_3 去进行控制。多次对标定参数 CCPPAR_3 的调整和控制，可以使得目标值 SelfDefPAR_1 和实际值 GLOBLEVAR_1 保持一致，这样就可以得到最佳标定参数 CCPPAR_3。

10.4.4 变速器充油时间自动测试方法

TCU 软件中充油时间标定参数的自动测试方法，是一种闭环的自动测试过程，其测试方法和流程如图 10-25 和图 10-26 所示。具体测试过程如下。

STEP1：TCU 和车载数据采集系统通电，并且 CCP 通信、发动机点火等都能够正常工作。

STEP2：保持发动机处于怠速、变速器变速杆处于 D 档位，这是为了保证液压系统的主油路压力处于正常范围及各离合器的压力可以被电磁阀电流控制。

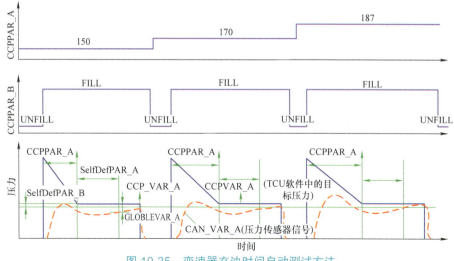

图 10-25 变速器充油时间自动测试方法

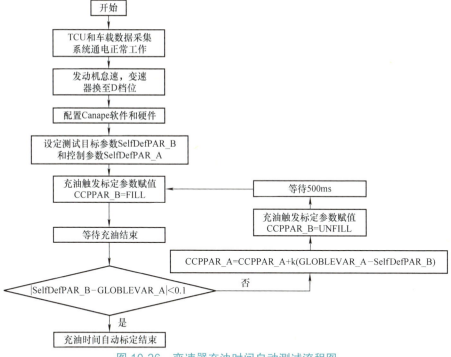

图 10-26 变速器充油时间自动测试流程图

STEP3：对 CANape 的软件和硬件进行配置，软件的配置是设置 CAN 通信的速率、a2l 和 dbc 文件的导入、定义 TCU 采集变量的采样周期、定义车载采集系统的采样周期。硬件配置是设置硬件驱动和调整 CANape 的 2 路 CAN 的连接顺序。

STEP4：需要设置自动测试目标参数 SelfDefPAR_B 和控制参数 SelfDefPAR_A，SelfDefPAR_A 表示快速充油结束后进行数据分析的时间长度；SelfDefPAR_B 表示在快速充油结束后的 SelfDefPAR_A 时刻，TCU 软件中的目标压力 CCPVAR_A 与压力传感器信号 CAN_VAR_B 之间的差值。

STEP5：需要根据 TCU 软件的控制策略，通过 CANape 软件控制标定变量的值去触发 TCU 软件中的某些功能。本发明在 CANape 软件平台下控制 TCU 中的标定参数 CCPPAR_B 等于 FILL（FILL 为表示离合器控制状态的常数），从而触发图 10-15 所示目标压力曲线控制。

STEP6：等待充油结束。

STEP7：计算快速充油结束后 SelfDefPAR_A 时刻的来自压力传感器的压力 CAN_VAR_A 和来自 TCU 的目标压力 CCP_VAR_A。计算全局变量 GLOBLEVAR_A=CCP_VAR_A-CAN_VAR_A，GLOBLEVAR_A 表示目标压力与传感器压力的差值。判定目标测试参数与实际测试参数之间的差值绝对值是 |SelfDefPAR_B-GLOBLEVAR_A|。

STEP8：如果 |SelfDefPAR_B-GLOBLEVAR_A| 的绝对值大于或等于 0.1bar，则说明充油时间 CCPPAR_A 不满足控制要求。按照如下步骤进行。

① 根据公式 CCPPAR_A=CCPPAR_A+k(GLOBLEVAR_A-SelfDefPAR_B) 重新计算 CCPPAR_A，并写入 TCU 软件中。

② 在 Canape 软件平台下控制 TCU 中的标定参数 CCPPAR_B 等于 UNFILL（UNFILL 为表示离合器控制状态的常数），表示关闭充油控制。

③ 等待 500ms，确认 CCPPAR_B 的值更新。

④ 跳至 STEP5。

STEP9：如果 |SelfDefPAR_B-GLOBLEVAR_A| 的绝对值小于 0.1bar，则说明充油时间 CCPPAR_A 满足控制要求，CCPPAR_A 即为最终的测试结果。

STEP10：充油时间自动标定结束。

10.5 本章小结

1）本章系统地介绍了自动变速器下线自动测试台架的机械、电气、软件的构架组成。根据台架的结构和变速器的边界条件定义了测试台架测试的流程。为了实现台架测试过程中的全自动化，对各主要的执行器的控制功能目标进行了定义。为了能够自动地对变速器、台架等进行控制，对压力、转速等信号进行采集，自动计算出变速器的各项测试指标并判定是否合格，设计了测试台架的软件构件和功能。

2）本章从变速器的机械、液压、电控三个方面的设计角度，定义了所有的测试项次和测试方法，按照定义的测试规范进行测试后便可以确认变速器的硬件合格，合格的变速器是所有控制策略的前提保证。

3）为了提高变速器初始的换档质量，消除变速器之间的差异性，本章结合变速器的特性、软件的控制要求、测试台架的功能定义了变速器的电流压力特性参数、转矩压力特性参数、充油时间特性参数、闭锁结合点特性参数的测试方法，并对测试方法进行了优化。

4）为了提高整车标定的效率和精度，本章提出了整车的自动标定测试方法，利用标定工具和信号采集设备，基于 CCP 协议在整车上测试变速器的性能参数，提高整车的换档品质。

第 11 章 自动变速器应用软件测试与量产发布

在自动变速器应用软件的开发过程中，一个重要的步骤是应用软件的调试、验证，其中在环仿真调试系统是企业和研究机构最常用的方法。在环仿真调试系统包括模型在环仿真（MiL）、软件在环仿真（SiL）和硬件在环仿真（HiL）三种。

11.1 软件在环仿真 SiL

11.1.1 软件在环仿真系统原理

以 MathWorks 的 Matlab\Simulink 工具及 dSPACE\TargetLink 工具为主体搭建软件在环仿真环境，Matlab\Simulink 工具在软件在环仿真中的功能主要表现为支持 PC 上验证生成的软件组件源代码。Matlab\Simulink 软件在环仿真的原理是通过搭建软件在环模块并用 S-Function 包裹生成的源代码，该 S-Function 通过调用对应的 API 发送或接受相应的仿真消息实现软件在环仿真功能，而软件组件源代码则利用 dSPACE\TargetLink 子工具生成。软件在环仿真系统原理图如图 11-1 所示。

图 11-1 软件在环仿真系统原理图

11.1.2 软件在环仿真系统测试

基于 Matlab\Simulink 及 dSPACE\TargetLink 工具的软件在环仿真系统的搭建分为三部分，首先搭建软件控制模型及设置 Matlab\Simulink 仿真变量，其次是设置模型输入参数模拟真实汽车运行工况，第三是进行在环仿真测试。图 11-2 所示是在环仿真系统流程图。

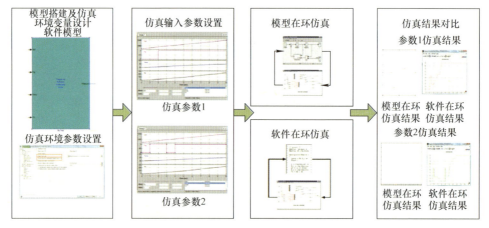

图 11-2 在环仿真系统流程图

1. 模型搭建及 Matlab\Simulink 仿真变量的设置

控制模型是根据软件需求为了实现某一功能而编写的逻辑代码,基于 Matlab\Simulink 仿真工具的图形化编程、书写简单且其提供软件仿真功能等优点,自动变速器应用软件基于 Matlab\Simulink 及 dSPACE\TargetLink 工具搭建。

在软件开发过程中,为了提高软件的正确性,降低软件集成的风险,通常通过模型在环仿真和软件在环仿真对单一功能模块进行仿真测试,如图 11-3 所示。Matlab\Simulink 仿真参数的设置对仿真结果的影响很大,所以正确的环境变量设置是仿真测试成功的保证,如设置仿真步长,包括变步长模式和固定步长模式。变步长模式可以在仿真的过程中改变步长,提供误差控制和过零检测。固定步长模式在仿真过程中提供固定的步长,不提供误差控制和过零检测。

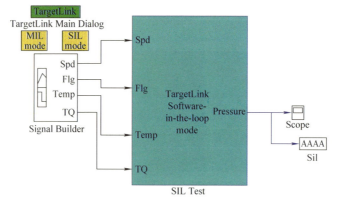

图 11-3 软件仿真系统模型

2. 设置软件输入参数模拟真实汽车运行工况

如图 11-4 所示,Spd 信号表示汽车发动机转速,Flg 表示模块所需标志位,由其他功能模块获取,Temp 表示油液温度,TQ 则表示发动机的转矩。输入参数是以汽车真实运行工况为基础设置的。如果设置不合理,则仿真的结果无法体现出程序逻辑是否正确，如图 11-4b 为同一软件模型不同的输入参数设置。

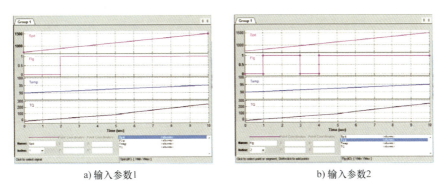

a) 输入参数1　　　　　　　　　　　　b) 输入参数2

图 11-4　模型输入参数设置

3. 模型在环仿真及软件在环仿真测试

（1）模型在环仿真测试　利用 Matlab/Simulink、TargetLink 工具的模型在环仿真主要对模块功能定义、策略模型化等进行算法验证。通过模型在环仿真可以保证逻辑算法实现的可靠性和准确性，提高建模的开发效率和开发质量。图 11-5 所示为模型在环仿真原理图。

（2）软件在环仿真测试　利用 Matlab/Simulink、TargetLink 工具完成模型在环仿真 MIL(Module in Loop) 测试后，进行软件在环仿真 SIL（Software in Loop）测试，软件在环仿真测试是通过 dSPACE \TargetLink 工具将 Simulink 模型转化为 TargetLink 模型，同时对模型数据统一管理、模型变量进行定标、自动生成源代码、自动生成 a2l 文件等。软件在环仿真主要是对源代码的逻辑算法及模型变量的定标是否合理进行验证。这与实际控制器中的控制算法具有很大的相似性，所以软件在环仿真的测试等同于对控制器中控制算法进行测试。通过软件在环仿真，可以进一步提高软件开发的准确性和开发效率。图 11-6 为软件在环仿真原理图。

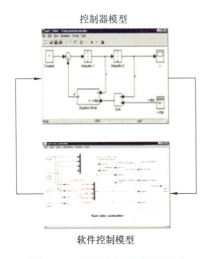

图 11-5　模型在环仿真原理图　　　图 11-6　软件在环仿真原理图

软件在环仿真通过 dSPACE\TargetLink 子工具进行设置，TargetLink 工具的设置步骤如下。

STEP1：在 TargetLink 库中添加所需要的子模块。所需添加子模块包括 TargetLink Dialog、MIL Mode 及 SIL Mode。

STEP2：设置配置页面。

STEP3：生成 C 代码。

图 11-7 所示为软件在环仿真流程图。

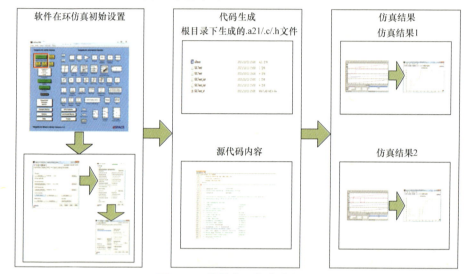

图 11-7 软件在环仿真流程图

通过仿真结果可以看出，软件在环仿真结果和模型在环仿真相同，如图 11-8 和图 11-9 所示。由于软件在环仿真是能实现目标控制器算法的离线仿真，即能进行基于目标控制器的控制参数的设计和优化，且生成的 C 代码逻辑关系、模型变量的定标及 a2l 等文件与实际控制器中运行的文件有很大的相似性，可以为整个模型的集成降低风险，提高建模的效率和准确性。

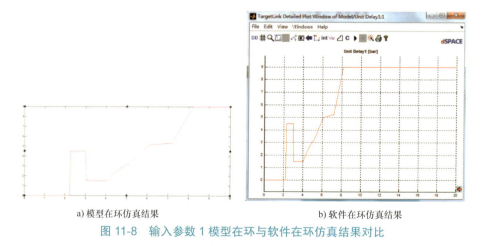

图 11-8 输入参数 1 模型在环与软件在环仿真结果对比

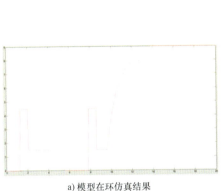
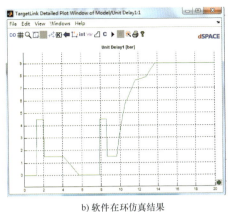

a) 模型在环仿真结果　　　　　　　　　　b) 软件在环仿真结果

图 11-9　输入参数 2 模型在环与软件在环仿真结果对比

11.2 硬件在环仿真 HiL

11.2.1 单闭环硬件在环仿真平台设计

以 dSPACE HiL 系统为主体搭建的快速控制原型（Rapid Control Prototype）和硬件在环仿真（Hardware in the Loop Simulation）环境，可以为电子控制单元（ECU）硬件及应用软件的开发，提供有效的测试平台。它以高速计算机系统上实时运行的仿真模型来代替控制器、被控对象或者模拟控制环境，通过仿真实验对电子控制单元进行功能测试和验证[79]。

1）在应用软件开发初期，dSPACE HiL 系统作为控制算法及逻辑代码的运行环境，搭建原型控制算法和控制对象间的桥梁，生成快速控制器原型。通过在线调整控制参数，验证算法的可行性，并对各种 I/O 接口和真实硬件进行联调和测试。

2）在产品型控制器完成后，dSPACE HiL 系统仿真控制对象或外环境，将实际的控制器、执行器件以及用来代替真实设备或环境的仿真模型集成起来。硬件在环仿真区别于快速控制原型的显著特征是真实的 TCU 控制器参与测试实验。通过搭建故障注入、信号反馈采集模块进行硬件接口测试，并对控制算法和控制器进行全面测试。硬件在环仿真可以在更短的时间内进行更大范围和极限条件下的系统级测试，有效地减少了在开发电子控制单元时，原型车的投入数量和驾驶测试的里程，大大节省了开发资金和时间。

本章搭建的 dSPACE HiL 系统主要满足对控制算法、控制器硬件以及 I/O 接口的测试。其系统组成及组件功能如图 11-10 和表 11-1 所示。主要包括硬件在环系统、主机、CANape、ControlDesk、TCU、电磁阀、断线器及模拟驾驶系统等。

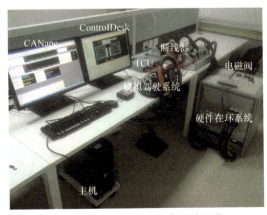

图 11-10　硬件在环仿真系统组成

表 11-1 硬件在环系统组件功能

系统组成	部件名称	功能
硬件在环系统	dSPACE MidSize Simulator	模拟变速器及整车模型
主机	Lenovo	作为上位机和监测软件运行的平台
TCU	rCube	作为变速器软件运行的平台
标定工具	Vector CANape	对应用软件变量进行采集和标定
模拟驾驶系统	Logitech	模拟转向盘、加速踏板及制动踏板
监测软件	ControlDesk	对整车模型进行参数采集和控制
电磁阀	Bosch VFS Solenoid	作为负载模拟系统迟滞特性
断线器	Break out Box	作为 I/O 及故障诊断测试的辅助设备

系统能够实现对自动变速器应用软件逻辑和功能、TCU 硬件及输入输出接口、电磁阀等执行器件进行测试。同时，配合失效注入单元（Failure Inset Unit, FIU）和模拟驾驶系统，实现故障注入试验和模拟驾驶及极限工况的测试。

其中，ControlDesk 操作及监控界面如图 11-11 和图 11-12 所示。硬件在环仿真系统原理及流程如图 11-13 所示[80,81]。

（1）外界系统驱动　在进行 I/O 及故障诊断测试时，由监测软件 ControlDesk 通过监测界面控制设定虚拟传感器参数信号，驱动传感器模型产生相应的虚拟信号；在进行模拟驾驶的系统级测试时，由模拟驾驶系统控制整车模型，模拟实车驾驶情况。

（2）整车模型运行　整车模型在接收到 ControlDesk 或者模拟驾驶系统的驱动信号之后，开始在虚拟环境下运行，并产生相应的车速、离合器压力、变速器油温等虚拟传感器、开关信号及发动机转速、转矩等的 CAN 信号。

（3）传感器信号采集　传感器模型对整车模型运行中的虚拟传感器信号进行采集，并将转速（r/min）、压力（bar）、温度（℃）等物理信号转换为频率（Hz）、占空比（%）、电压（V）等电信号，并通过系统输出板卡输出到真实的 TCU。

图 11-11　ControlDesk 模拟仪表板

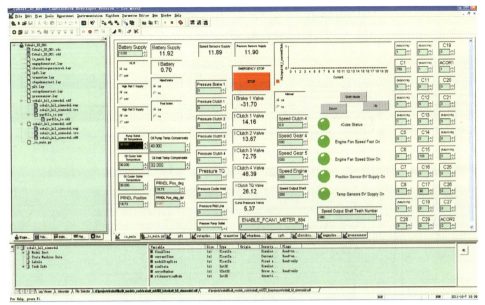

图 11-12　ControlDesk 数据监测及参数更改界面

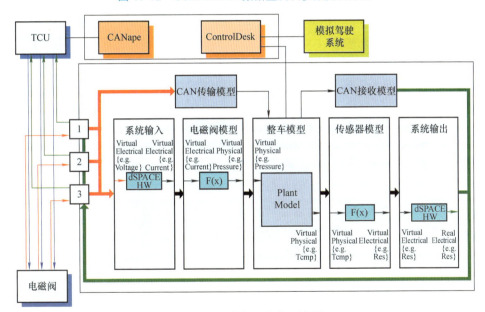

图 11-13　硬件在环仿真系统原理

（4）TCU 控制　TCU 在接收到硬件在环系统发出的传感器、开关及 CAN 信号后，根据当前的驾驶人主观意图、车辆状态参数和环境工况条件，实时决定自动变速器控制策略和整车运行档位，并发送相应的控制电流驱动真实的电磁阀动作。

（5）电磁阀模型控制　硬件在环系统输入板卡通过采集真实电磁阀的反馈电流，将电流信号施加在虚拟的电磁阀模型上，产生相应的电磁阀先导压力信号，驱动虚拟液压阀动作，从而控制整车模型执行换档操作。

图 11-14 为 dSPACE MidSize Simulator 的内部结构框图（硬件在环系统板卡配置）。

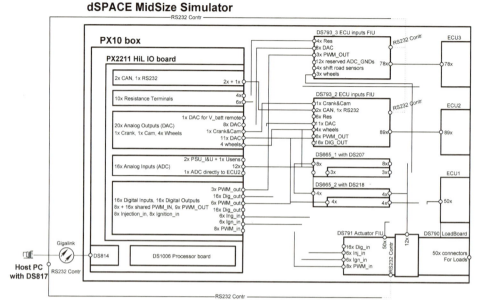

图 11-14　硬件在环系统板卡配置

内部所有的板卡安放在 PX10 盒中，其中 DS1006 为核心处理器，基于 Matlab/Simulink 平台的所有模型程序都可以下载到 DS1006 内部以其 Real Time System 运行，它与上位机之间的通信通过专用的 DS814 和 DS817 板卡进行，两者通过光纤连接。DS1006 在软件上通过 Real Time Interface 模块库与 DS2211 外设对接，硬件上都插在同一个主板上。DS2211 配置了丰富的通道资源，包括 Dig_out、PWM_out、Ign_in、Ing_in、ADC、DAC、Vbat、Ground。DS665 是一块专用板卡，具有电流测量、数字信号调理的作用，它可以将电流信号转化为电压信号与 DS2211 的输入通道连接，也可以改变 DS2211 输出通道的电压值。DS2211 的 I/O 通道都通过失效注入单元（FIU）接到三个 ECU 外部接口上，ECU 接口可以通过 Hyp Cable 与控制器相连接。

整个系统在运行时，DS1006 运行变速器的动力学模型，各种模拟的信号通过 DS2211 外设转化为真正的电信号输出给 TCU，同样，TCU 的控制信号也通过 DS2211 的输入通道进入 DS1006，控制动力学模型的行为，实现硬件在环系统的运行过程[82]。

11.2.2　硬件在环仿真测试

1. 输入输出接口测试

图 11-15 所示为输入输出接口测试原理。

红色箭头线为电磁阀等执行器件的接口测试流程，即通过上位机标定工具修改电磁阀控制电流，并由硬件在环 DS665 电流采集板采集反馈电流，由 ControlDesk 监测工具记录电磁阀模型的电流数据，与 CANape 信号进行比较。绿色箭头线为传感器接口测试流程，即通过监测工具修改传感器信号值，并由硬件在环 DS2211 输入输出接口板卡输出至 TCU，由上位机 CANape 通过标定 CAN 读取传感器信号数据，与 ControlDesk 信号进行比较。

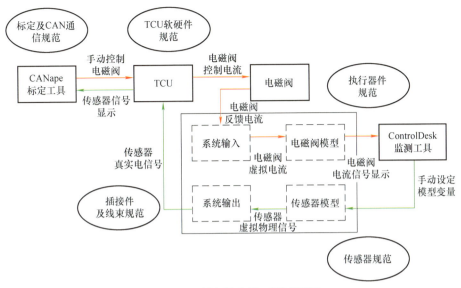

图 11-15 输入输出接口测试原理

如图 11-16~图 11-20 所示，除了硬件在环系统信号处理毛刺和上位机采集变量延迟导致的信号微小差异外，电磁阀及传感器信号一致。由此可知，传感器及执行器件电气特性与 TCU 硬件接口完全匹配，线束及插接器定义正确，TCU 底层软件对信号的调理与应用层软件对信号的转换处理完全匹配，验证了 TCU 硬件系统以及 TCU 应用层软件与底层软件交互层功能设计的正确性。

2. 故障注入试验

dSPACE 本身配置了故障注入单元（Failure Inset Unit，FIU）DS791 和 DS790，如图 11-21 所示，在每一个 FIU 中都安置了继电器和半导体开关，可以把 TCU 的 Pin 脚切换到相应的仿真故障中。DS790 主要针对执行器件（如电磁阀）的失效仿真，它安装在 DS685 中间底板（Midplane）上。

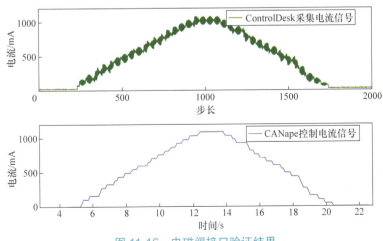

图 11-16 电磁阀接口验证结果

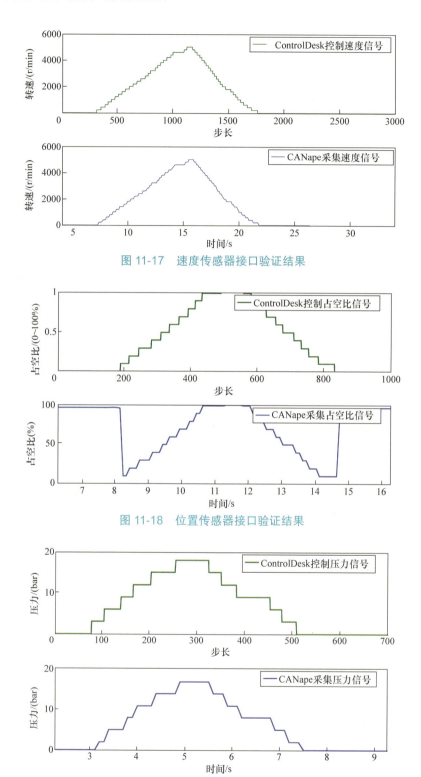

图 11-17 速度传感器接口验证结果

图 11-18 位置传感器接口验证结果

图 11-19 压力传感器接口验证结果

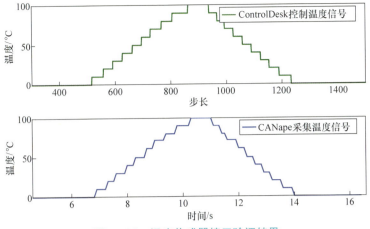

图 11-20 温度传感器接口验证结果

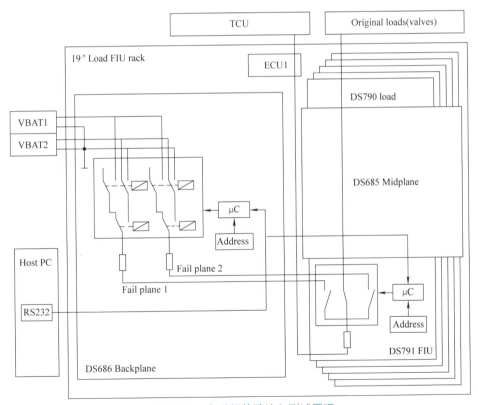

图 11-21 电磁阀故障注入测试原理

如图 11-22 所示，DS791 主要针对 DS2211 与 TCU 通信的各类信号端子，包括数/模转换器（Digital to Analog Converter, DAC）、模/数转换器（Analog to Digital Converter, ADC）、PWM，以此来仿真 TCU 在运行时的各种传感器和控制信号的失效，它安装在 DS686 背面底板（Backplane）上。

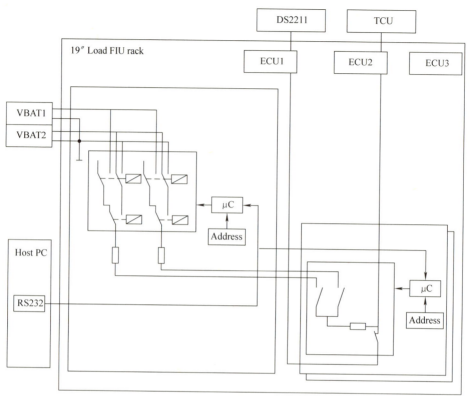

图 11-22　传感器故障注入测试原理

故障模式包括信号开路（Open Circuit）、对电源短路（Short to Battery）、对地短路（Short to Ground）、端子间短路（Short to Pin）。两块底板通过 RS232 接口与上位机通信，以改变地址的方式控制每个端子的故障注入，再以代码表示故障方式，当 FIU 接收到相应的地址和故障码时，就执行相应的切换行为，以此来进行故障注入。

需要特别注意的是，在进行 FIU 仿真之前，需要对控制器的每个端子的失效模式允许与否进行充分的论证，主要指控制器的硬件和底层软件是否配置了相应的保护行为，防止损坏控制器[83]。

如图 11-23 所示，在进行电磁阀故障注入试验时，通过标定工具修改 C1 电磁阀电阻，模拟电磁阀故障。在系统接收到电磁阀故障信息之后，电磁阀电流显示为故障值并保持不变，自动激活跛行回家档位模式，车辆以 5 档前进档运行，无论节气门开度及车速如何变化，均不再进行换档操作。

如图 11-24 所示，在进行输出轴转速传感器故障注入试验时，通过 ControlDesk 控制 DS791 故障注入板卡，设定输出轴转速传感器开路，模拟输出轴转速传感器故障。在系统接收到输出轴转速为 0 的信号之后，不再计算目标档位的预计发动机转速，使车辆维持在当前档位（此时为 1 档）安全运行，避免由于缺少输出轴转速信号，进行档位切换带来的离合器换档冲击和滑摩损坏。在后续开发中，还需要通过联合标定的方法，请求 ECU 限制此时的发动机转速，避免因未升档而导致发动机转速持续升高。

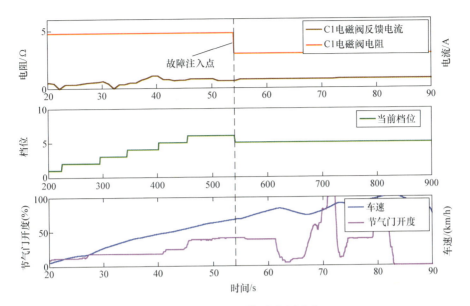

图 11-23 电磁阀故障注入测试

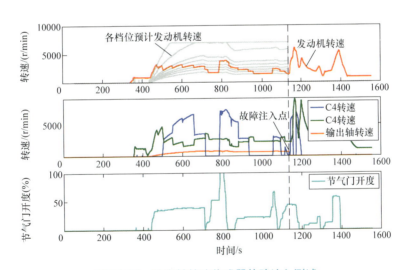

图 11-24 输出轴转速传感器故障注入测试

3. 模拟驾驶试验

如图 11-25~图 11-28 所示,除了硬件在环仿真系统在电流信号控制上固有的抖动以及上位机 CANape 相对于 ControlDesk 监测工具在启动通信时有所延迟以外,CANape 与 ControlDesk 采集数据完全一致。模拟驾驶试验显示整车模型正确,闭环控制系统的各项数据正常,很好地模拟了真实的整车运行和各个子系统如离合器的控制情况。通过各种驾驶工况的反复验证,该版应用软件已经具备应用到实车环境进行测试的条件[84-86]。

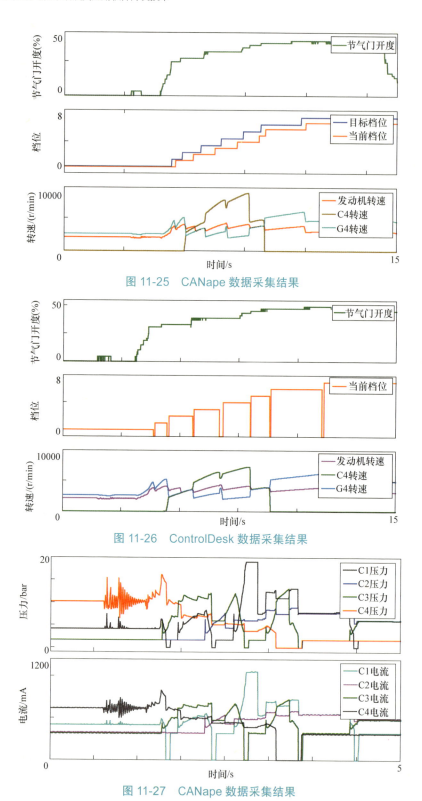

图 11-25 CANape 数据采集结果

图 11-26 ControlDesk 数据采集结果

图 11-27 CANape 数据采集结果

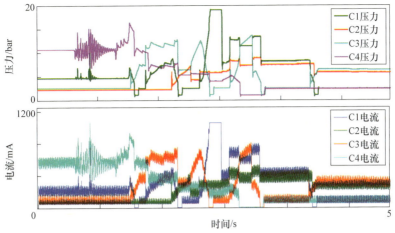

图 11-28 ControlDesk 数据采集结果

11.3 软件评估

11.3.1 软件功能及匹配性能主观评估

整车厂及自动变速器供应商通常借助试乘试驾活动,采用主观评价的方法对软件功能及搭载样车匹配性能进行评估和验收。图 11-29 所示是整车企业和变速器企业常用的主观评价记分标准。主观评价采用 10 分制进行记分,按照行业惯例,自动变速器各个测评项目的主观评价得分应该不低于 7 分才可以量产上市。表 11-2 是自动变速器主观评价的软件功能及匹配性能项目,自动变速器主观评价需要对表中的各个评价项目都进行评价。

11.3.2 软件功能及匹配性能客观评价

1. 对标车型 CAN 解析

在自动变速器匹配整车的开发早期,往往会确定一款对标车型,以便合理地设定目标车型的动力性、经济性、舒适性和安全性指标,并以对标和客观评价的方式,在项目验收时,综合判定 TCU 应用软件开发程度和匹配水准,避免主观评估的差异性和争议。

分值	1	2	3	4	5	6	7	8	9	10
整车评价描述	差			不满意	一般	可以接受	好	非常好	优异	杰出
能够感受到换档冲击的人员类型	所有的客户	普通的客户			苛刻的客户			受过训练的专业人士		无法察觉
整车标定水平	失败	技术水平糟糕			较大的缺陷	较小的缺陷		令人信服		令人惊叹

图 11-29 主观评价记分标准

表 11-2 软件功能及匹配性能主观评价报告

测试车辆		变速器	驾驶人：×××		开始里程	结束里程	天气
JMH E31		盛瑞 8AT-300	日期：2012年8月12日		4387km	4406km	晴
驾乘人数		5人	时间：14:50		环境温度	23℃	

测试路线：英国汽车工业研究协会（MIRA）试车场

档位切换性能 0%节气门开度		评价（平顺性/换档时间/换档冲击/是否达到驾驶人预期/多次换档品质是否一致）					分值
车辆静止状态下的PRND换档切换	P—R	换档平顺，无冲击、顿挫感					7
	P—D	换档平顺，无冲击、顿挫感					7
	N—R	R—N档位有轻微振颤					6.5
	N—D	D—N档位有轻微振颤					6.5
车辆蠕行状态下的R—D档位切换（无转向）		换档平顺，无冲击、顿挫感					7
起步/起动		评价（平顺性/换档时间/换档冲击/是否达到驾驶人预期/多次换档品质是否一致）					分值
液力变矩器闭锁		液力变矩器闭锁时无明显冲击、顿挫感					

驾驶模式下的换档品质

			分值			分值			分值
有节气门开度升档	节气门开度（<25%）	1—2	6.5	节气门开度（25%~50%）	1—2	6.5	节气门开度（100%）	1—2	6
		2—3	6.5		2—3	6.5		2—3	6.5
		3—4	7		3—4	7		3—4	7
		4—5	7		4—5	7		4—5	场地条件限制无法测试
		5—6	7		5—6	7		5—6	
		6—7	7		6—7	7		6—7	
		7—8	7		7—8	7		7—8	
	评价	低档区域的升档有略微的响应延迟和轻微振颤，其他档位感觉良好							

		车速/(km/h)	分值		车速/(km/h)	分值		车速/(km/h)	分值
有节气门开度降档	相邻档位（~25%Tip in）	8—7	80	7.5	间隔档位（>50%）	8—6	80	7.5	全节气门开度（100%）	8—		
									7—		
									6—		
		6—5	60	7		6—4	60	7	4—2	35~40	7
									3—		
		4—3	40	6.5		4—3	40	6.5	2—		
评价		低节气门开度、低档区域的降档有略微冲击感，其他档位感觉良好								

		评价			分值
无节气门开度升档	在不同档位和节气门开度下，松开加速踏板，车辆加速并逐渐升档	滑行升档测试中，几乎察觉不到换档过程，换档平顺性非常好			8
无节气门开度降档	松开加速踏板，车辆减速并逐渐降档	8—7、7—6、6—5、5—4的降档过程中，换档无冲击、顿挫感，换档平顺性非常好 4—3、3—2、2—1的降档过程中，有略微的振颤和冲击感			7.5
制动/起动		评价（平顺性/换档时间/换档冲击/是否达到驾驶人预期/多次换档品质是否一致）			分值
液力变矩器解锁		液力变矩器解锁时无冲击、顿挫感			8
停车及再次起动		车辆停车、起动过程无明显冲击感			7

由于量产车型对 TCU 控制器相关 I/O 进行了封装保护，因此，只能通过 OBD 诊断接口追踪整车 CAN 原始信号，并基于工程经验和 CAN 分析手段，解析整车 CAN 通信协议文件，以获取整车 CAN 传输的相关特征信号，为对标分析和客观评价创造条件。

作者团队针对整车信号繁杂和不同车型整车 CAN 信号排布之间存在的差异性问题，开发了一种方便高效的 CAN 信号解析工具，以方便技术人员对追踪的 CAN 信号进行定位及解析（确认信号所处信号帧位置、位长度、编码方式，如因数 factor 及补偿值 offset 等）。CAN 信号解析工具通过 USB-CAN 适配器与整车 CAN 的 CAN 接口连接，利用 LabVIEW 软件编程实现通信，用于解析整车 CAN 信号，能够方便直观地解析出整车 CAN 信号中的所有数据帧的标识符（ID），并能解析出整车 CAN 信号中定义的每一测量参数所在的位置，使 CAN 信号解析工作更加方便高效。获取 CAN 解析信号制成相应的数据管理器（Data base Commander，DBC）文件后，能够通过 CAN 解析工具方便地读取 CAN 网络传输的相关信号（如发动机转速、转矩、加速踏板位置、自动变速器换档进程等），有利于整车对标分析。

如图 11-30 所示，CAN 信号解析的工具通过 USB-CAN 适配器与整车 CAN 的 CAN 接口连接，利用 LabVIEW 软件编程实现通信。USB-CAN 适配器用于将 CAN 信号从 CAN 总线传送至 PC 机；PC 机装载 CAN 解析工具，用于获取所有 CAN 信号帧的 ID，接收并显示 CAN 信号，保存测量数据；DBC 文件中定义每个 CAN 信号帧的名称、类型、ID 等，以及 CAN 信号的名称、起止位、编码格式、定标等，CAN 解析工具借助 DBC 文件来接收、显示并实时处理 CAN 信号，实现按位任意组合信号，为每个信号定标等；测量数据用于离线 CAN 解析。

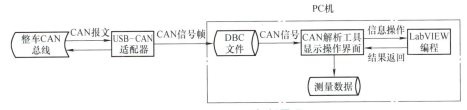

图 11-30　CAN 解析原理

具体操作流程如下。

通过 USB-CAN 适配器连接好 PC 和整车 CAN 接口后，运行 CAN 信号解析工具的程序。首先利用 USB-CAN 适配器自带的 LabVIEW 应用程序成功启动 USB-CAN 适配器，初始化 USB-CAN 适配器，包括其使用通道、波特率等，开启 USB-CAN 适配器，这三步成功完成后，USB-CAN 适配器启动成功。为了方便使用者了解是否成功启动 USB-CAN 适配器，如图 11-31 所示，在 CAN 信号解析界面设置了 CAN 打开失败（0）或 CAN 打开成功显示框图。当启动 USB-CAN 适配器失败后，可以及时发现并查找原因。当成功启动 USB-CAN 适配器后，利用 USB-CAN 适配器自带的 LabVIEW 应用程序不断读取整车 CAN 上的信号，并将所有读取到的数据帧的地址显示在 CAN 信号解析界面的所有 ID（1）框中。

在 CAN 信号解析界面 ID（2）框中任意输入所有 ID（1）中某一地址，CAN 信号解析的工具利用条件结构提取出该数据帧的数据，为了更加直观形象地观察数据帧的信息，CAN 信号解析的工具将 ID（2）框中输入地址对应数据帧的数据转换成布尔量，用指示灯的形式显示在接受 CAN 信号 (4) 中，数据帧的每一位对应一个指示灯，从而可以实时地观察到数据帧每一位的变化情况。由于整车 CAN 信号中变量的定义一般都是某连续的几位，因此，CAN 信号解析的工具设计了与接收 CAN 信号 (4) 一一对应的 64 位指示灯，如图 11-31 中 1 输入位定义（3）框图，在输入位定义（3）框图中选择某连续几位，相应数据帧中对应的这几位的数值会实时显示在输入位对应数值（5）曲线图中。另外，整车 CAN 信号中测量参数的数值一般都定义有其相应的因数（factor）和补偿值（offset），因此，CAN 信号解析的工具设计了 factor（6）和 offset（7）设置框图，其中 factor（6）和 offset（7）的默认值分别为 1 和 0，在 CAN 解析的过程中可以根据实际情况进行设置，并将处理后的数据实时显示在输入位对应数值（5）曲线图中。如果需要同时分析多帧，只需将分析一帧所设计的程序复制即可。另外，CAN 解析的工具还可以设置 CAN 信号采集的频率，在 CAN 解析界面的 time（8）框图中输入数值，time（8）的默认值为 0，采集的频率最高。数值越大，采集的频率越低。

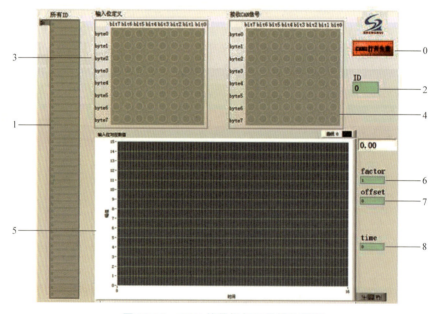

图 11-31　CAN 信号解析工具操作界面

　　使用时，每辆 CAN 解析车辆配备一套 CAN 信号解析的工具，操作简单，高效方便。CAN 解析的工具可以读取整车 CAN 上所有数据帧的地址，并能单独分析整车 CAN 上所有数据帧中的某一帧或某几帧，同时还可以利用指示灯实时显示数据帧中每一位的变化情况，另外，可以指定数据帧中的某连续几位，并将其数值实时显示在曲线中，还可以设置 factor 和 offset 值，并将数据帧中指定的某连续几位对应数值乘以 factor 再加上 offset 后的值实时显示在曲线中。

2. 客观评价

　　软件客观平均可以通过专业测试设备，测量表征换档品质和软件功能的关键技术参数，如汽车纵向加速度、换挡时间、换挡过程中转矩波动等，然后按照一定的评价方法，对软件的功能和换挡品质进行定量的评价和分析，类似的工具如 AVL driver 等。

11.3.3 软件运行效率评估

通过底层软件的任务计时功能对 CPU 的使用率进行计算。CPU 的使用率定义为背景任务被享有更高优先级的软件任务和测量到的中断任务占用的总时长与样本周期时长的百分比，即

$$\text{CPU load} = \frac{\text{runtime of higher priority tasks}}{100\text{ms}} 100\% \quad (11\text{-}1)$$

如图 11-32 所示，CPU 的负荷基于最长周期的软件任务进行计算[97]。

$$\text{CPU load} = \frac{(t2-t1)+(t4-t3)+(t6-t5)+(t8-t7)+(t12-t9)}{100\text{ms}} 100\% \quad (11\text{-}2)$$

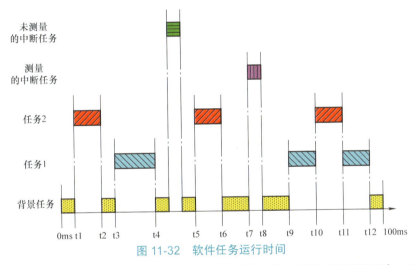

图 11-32 软件任务运行时间

如图 11-33 所示，对集成应用软件的 TCU 进行各种工况的长时间测试。CPU 负荷稳定在 71% 左右，显示应用软件及底层软件代码运行效率较高，符合需求规范的要求。

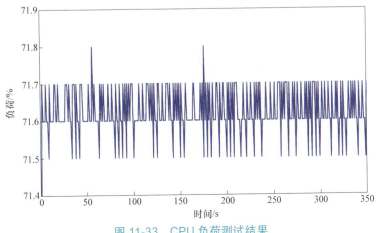

图 11-33 CPU 负荷测试结果

11.3.4 软件可靠性评估

1. 产品可靠率及故障率定义

对 $i = 1, 2, 3, \cdots, N$ 个控制器及其应用软件进行测试，其中第 i 个控制器发生故障的时间 T_i 定义如图 11-34 所示[97]。

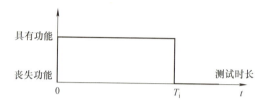

图 11-34　控制器发生故障时间的定义

累计故障频率 $\hat{F}(t)$ 可由下式计算得到：

$$\hat{F}(t) = \frac{n(t)}{N_0} \tag{11-3}$$

式中，$n(t)$ 为测试总时长内发生故障的控制器数量；N_0 为以 $t = 0$ 时刻为起测时间的控制器总数量。累计故障频率 $\hat{F}(t)$ 又称为故障率函数，与之相对应的称为可靠性函数 $\hat{R}(t)$，可由下式计算得到：

$$\hat{R}(t) = \frac{N_0 - n(t)}{N_0} = 1 - \hat{F}(t) \tag{11-4}$$

基于大数定律，当 $N_0 \to \infty$ 时，累计故障频率 $\hat{F}(t)$ 可以转化为故障率 $F(t)$，相应地，控制器可靠率 $R(t)$ 可以表示为

$$R(t) = 1 - F(t) \tag{11-5}$$

$R(t)$ 表示了控制器从 0 到 t 的时间间隔内的可靠率[87]。在工程领域，故障率 $\lambda(t)$ 通常代替可靠率作为工程判定元器件故障率和安全性的重要技术指标。$\hat{\lambda}(t)$ 表示了时间间隔 $(t, t + \delta t)$ 内，故障控制器的数量与在 t 时刻具有功能的控制器总数量的比值，即

$$\hat{\lambda} = \frac{n(t + \delta t) - n(t)}{N_0 - n(t)} \tag{11-6}$$

当 $N_0 \to \infty$ 且 $\delta t \to 0$ 时，$\hat{\lambda}(t)$ 可以转换为 $\lambda(t)$，由此可得：

$$\lambda(t) = -\frac{1}{R(t)} \frac{\mathrm{d}R(t)}{\mathrm{d}t} \tag{11-7}$$

如果 $\lambda(t) = \lambda$，则

$$R(t) = e^{-\lambda t} \tag{11-8}$$

同时，元器件可靠率与故障率在产品生命周期的曲线特征如图 11-35 所示。

2. 软件可靠性测试及评估

由于应用软件的控制功能和接口都是针对并基于硬件平台及底层软件进行开发的，因此软件的可靠性测试和评估借助对 TCU 控制器在整车平台的测试来实施。对装配有 TCU 控制器和 8 档自动变速器的 1000 辆陆风 E31 项目汽车分别进行 1000h 普通路试结果显示，出现因应用软件错误导致的控制器故障共有 10 例。

即 $N_0=1000$，$n(1000h)=10$，根据式（11-4）计算可得：

$$\hat{R}(1000h) = \frac{N_0 - n(1000h)}{N_0} = \frac{990}{1000} = 0.99 \quad (11\text{-}9)$$

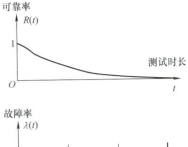

图 11-35　元器件可靠率与故障率特性曲线

则故障率为

$$\lambda \approx 1 \times 10^{-5} \frac{\text{failures}}{h} = 10 \times 10^{-6} \frac{\text{failures}}{h} = 10\text{ppm} \frac{\text{failures}}{h} \quad (11\text{-}10)$$

即百万单元故障数（Part Per Million, ppm）仅为 10，达到 PPAP（Production Part Approval Process，生产件批准程序）质量控制要求。

11.4　软件批量刷新

软件批量刷新是自动变速器应用软件产业化的必经程序。从刷写效率、可靠性和安全性的角度，开发阶段通过工程工具单台刷写的方式已完全无法适应量产需求。在自动变速器软件集成之后，通常按照制订的管理流程进行量产软件批量刷新和正式发布，如图 11-36 所示。

软件批量刷新有不同的设备，如图 11-37 所示，以辉景电子科技有限公司研发的"TCU 自动刷新管理系统"设备为例简要说明。此设备基于 ISO14229 诊断命令序列实现对 Hex 格式 TCU 数据的刷写。最多可同时对 6 个 TCU 进行刷写，总刷写时间小于 10min，大大提高了刷写速度。并且此设备还包含 TCU 条码扫描枪和条码打印机，能够在刷写前通过扫描 TCU 硬件条码，记录待刷写 TCU 的零部件号，在刷写完软件后，能够按照设定的标签内容打印标签，便于进行 TCU 的追溯。

11.4.1　刷新准备过程

STEP1：在计算机上选择需要刷新的 Hex 格式软件。

STEP2：设置该项目所对应的 TCU 零部件号。

STEP3：设置一维码条形码格式，需要设置其零部件号码、供应商代码、刷写日期、流水号、批次号、批次数量等。

STEP4：将 6 个 TCU 分别装入 TCU 夹具。

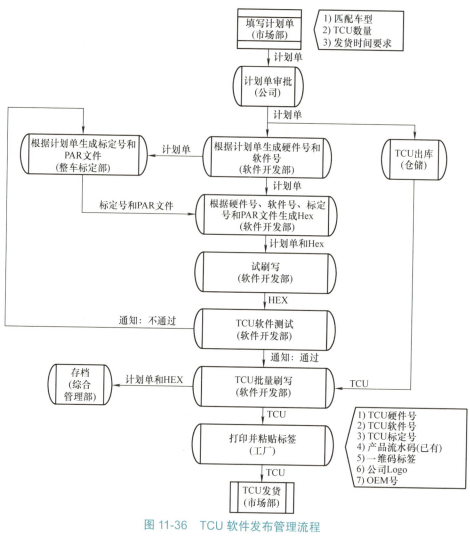

图 11-36 TCU 软件发布管理流程

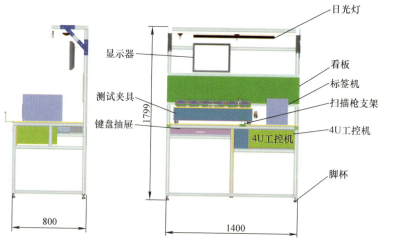

图 11-37 TCU 批量刷新操作台

STEP5：用扫描枪分别扫入 6 个 TCU 原标签上所对应的一维码，如图 11-38 所示，每个 TCU 标签上的一维码将会被记录在计算机，同时 TCU 也被推入夹具。

STEP6：点击"开始"，启动刷新流程。

11.4.2 刷新过程

STEP1：启动在线编程模式。TCU 通电或执行复位后即进入 Boot 初始化阶段，运行 Boot 代码，实现基本初始化；同时监测是否有外部刷新请求，如果有外部请求，则切换到编程模式，执行引导程序。

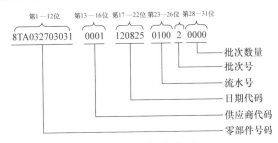

图 11-38 一维码标签

STEP2：解除安全限制。允许执行在线编程的安全算法，通过"发送种子，得到种子；发送秘钥，秘钥正确，TCU 解锁"，开启安全访问功能，使得 TCU 可以执行后续特定的规定函数控制。

STEP3：记录指纹。每次刷新前，需要擦除原有的应用程序/标定数据等，并记录刷新指纹。刷新指纹包括刷新日期、里程数等，使刷新行为可追溯。

STEP4：擦除例程。在下载新的应用程序/标定数据之前，需要执行例程控制来擦除 TCU 当前应用程序。

STEP5：下载数据。通过请求下载、传输数据、退出传输三个服务功能，将一段连续的数据模块传输到 TCU 存储器中。

STEP6：校验数据。当所有的数据模块都传输完毕后，TCU 会通过例程控制服务对软件的真实性和一致性进行校验。TCU 会通过 CRC 算法检查下载的数据的真实性，并且会校验下载的应用程序与 TCU 内部的引导程序的一致性，保证应用程序与引导程序一致。

STEP7：TCU 复位。TCU 执行复位，进入应用程序运行状态。

刷新流程如图 11-39 所示。

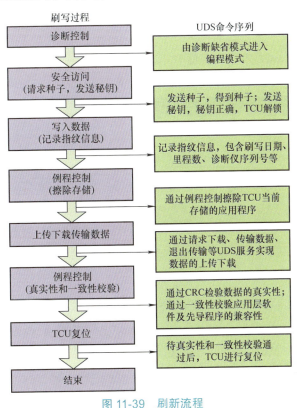

图 11-39 刷新流程

11.4.3 刷新后处理

点击计算机显示器上的"退出"按钮，TCU 将退出夹具，同时标签打印机也将会打印 TCU 所对应的标签纸。如图 11-40 所示，TCU 标签纸上包含企业 Logo、零部件号、TCU 硬件号、一维码标签等。在刷新完成后，TCU 将打包封装，随车批量发往主机厂，待装配上线。

图 11-40 TCU 标签纸格式

11.5 本章小结

1）本章详细介绍了软件在环、硬件在环仿真系统原理，建立了完整的整车及自动变速器闭环仿真测试系统。对应用软件及其控制器、执行器，进行了输入输出接口、故障注入和模拟驾驶的分级分系统测试，验证了电控系统软硬件的正确性。

2）本章介绍了项目开发的 CAN 解析工具，该工具能够通过追踪整车 CAN 原始信号，基于工程经验和 CAN 分析手段，解析整车 CAN 通信协议文件，以获取整车 CAN 传输的相关特征信号，对目标车辆及开发车辆进行对标分析和客观评价。

3）本章介绍了按照工程验收和量产软件发布标准流程，对应用软件功能及匹配性能主客观评价、软件效率和可靠性进行了评估验收。应用软件具备商业发布和批量应用条件。

参 考 文 献

[1] 徐向阳，等. 自动变速器技术 [M]. 北京：人民交通出版社，2011.
[2] 黄安华. 现代汽车自动变速器技术及应用 [J]. 汽车维修，2009（9）：3-5.
[3] ALAIN B.. Fuel Economy Transmission Lubricants Opportunities and Difficulties[J]. 7th International CTI Symposium 2008 Innovative Automotive Transmissions, 2008(1): 703-723.
[4] AKIRA I.. Fuel Economy in the Real World[J]. 7th International CTI Symposium 2008 Innovative Automotive Transmissions, 2008(1): 59-81.
[5] JEFF L.. Industrialization of Automated Shift Quality Calibration Methodology[J]. 7th International CTI Symposium 2008 Innovative Automotive Transmissions, 2008(1): 667-679.
[6] BERTHOLD MARTIN, CHARLES J.REDINGER, HUSSEIN DOURRA. CHRYSLER 45RFE: A New Generation Real-time Electronic Control RWD Automatic Transmission[J]. Electronic Transmission Controls of SAE, 1999: 3-23.
[7] THOMPSON P, MARANO J, SCHWEITZER J, et al. General Motors 4T65-E Electronic Four-Speed Automatic Transaxle[C]//International Congress & Exposition, 1998.
[8] KATOU N, TANIGUCHI T, TSUKAMOTO K, et al. AISIN AW New Six-Speed Automatic Transmission for FWD Vehicles[C]//SAE 2004 World Congress & Exhibition, 1995.
[9] TATSUYUKI KONO, SYOUJI ITOH, HIROSHI MORIYA. Honda's 4 Speed All Clutch To Clutch Automatic Transmission[J]. Society of Automotive Engineers, 1998: 45-53.
[10] MIYATA H, HOJO Y, TABATA A, et al. Toyota New Compact Five-Speed Automatic Transmission for RWD Passenger Cars[C]//International Congress & Exposition, 1998.
[11] SCHERER H, GIERER G.ZF 5-Speed Transmissions for Passenger Cars[C]//SAE International Congress and Exposition, 1997.
[12] KUSAMOTO D, YASUDA Y, WATANABE K, et al. Toyota's New Six-Speed Automatic Transaxle U660E for FWD Vehicles[C]// SAE 2006 World Congress & Exhibition, 2006.
[13] 阴晓峰，谭晶星. 基于神经网络发动机模型的动态三参数换档规律 [J]. 机械工程学报，2005，41(11): 174-178.
[14] BANSTIANA, TANOS, OYAMAL, et al. System Overview and Special Features of FATE: Fuzzy Logic Automatic Transmission Expert System[C]// Proceedings of the 1995 IEEE International Conference Oil Fuzzy Systems, March 20-24 1995, Yokohama, Japan. Piscataway, NJ, USA: IEEE, 1995: 1063-1070.
[15] WEIL H G, PROBST G, GRAF F. Fuzzy Expert System for Automatic Transmission Control[C]// First IEEE Conference on Control Applications, Sept 13-16, 1992, Dayton, OH, USA. New York, NY, USA: IEEE, 1992: 716-721.
[16] KAORU K, HITOSHI G. Adaptive Shift Scheduling Strategy Introducing Neural Network in Automatic Transmission[J]. JSAE Review, 1995 (16): 411-414.
[17] HAYASHI K, SHIMIZU Y, DOTE Y, et al. Neuro fuzzy Transmission Control for Automobile with Variable Loads[J]. IEEE Transactions on Control Systems Technology, 1995, 3(1): 49-52.
[18] SAKAI I., ARAI Y., HASEGAWA Y., et al. Shift Scheduling Method of Automatic Transmission Vehicles with Application of Fuzzy Logic[J]. Proceedings Society of Automotive Engineers, 1990: 343-347.
[19] RALF WÖRNER. New Type of 7-Speed-Automatic-Transmission in the High Performance Car Segment[J]. 7th International CTI Symposium 2008 Innovative Automotive Transmissions, 2008(2): 117-142.
[20] KATSUTOSHI USUKI. Development of New 7-Speed Automatic Transmission for Medium and Large RWD Vehicle[J]. 7th International CTI Symposium 2008 Innovative Automotive Transmissions, 2008(2): 226-252.

[21] 葛安林. 车辆自动变速理论与设计 [M]. 北京：机械工业出版社，1993.
[22] GE ANLIN, JIANG JIAJI, WU WENZHI, et al. Research on Dynamic 3-Parameter Shift Schedule of Automatic Transmission[C]. Seoul: Proceedings of the 6th International Pacific Conference on Automotive Engineering, 1991: 303-312.
[23] 葛安林，谭晶星. 基于神经网络发动机模型的动态三参数换档规律 [J]. 机械工程学报，2005, 41(11): 174-178.
[24] 闫磊，黄海东，赵丁选，等. 工程车辆四参数自动换档策略研究 [J]. 农业机械学报，2005, 36(4).
[25] 张俊智. 自动变速器换档规律的研究 [D]. 北京：清华大学，2006.
[26] 秦贵和. 机械式自动变速器控制技术的研究与系统开发 [D]. 长春：吉林工业大学，1997.
[27] SUN YIZE, XIONG WEI, YAO YUFENG. Methods for the gear-position decision in AMT[J]. Journal of Beijing Institute of Technology, 2003, 12(2): 220-224.
[28] QIN GUIHE, ZHANG HONGKUN, LEI YULONG, et al. Gear Position Decision Method of Automated Mechanical Transmission Based on Fuzzy Inference[J]. Chinese Journal of Mechanical Engineering, 1999, 12(1): 76-80.
[29] 葛安林，金辉，张洪坤. 一种智能换档体系的研究 [J]. 中国机械工程，2000, 12(5): 585-588.
[30] 马超，项昌乐. 液力变矩器闭锁点的优化设计 [J]. 科研设计，2004(5): 8-13.
[31] 盛瑞传动股份有限公司. 8AT 软件设计说明书——液力变矩器控制模块 [R]. 潍坊：盛瑞传动股份有限公司，2011.
[32] 徐安，乔向明，刘圣田. 汽车自动变速器锁止离合器控制策略 [J]. 汽车工程，2004(3): 283-286.
[33] JAUCH F. Model-Based Application of a Slip-Controlled Converter Lock-Up Clutch in Automatic Car Transmissions[C]// International Congress & Exposition, 1999.
[34] KUGIMIYA T, YOSHIMURA N, KURIBAYASHI T, et al. Next Generation High Performance ATF for Slip-Controlled Automatic Transmission[C]// International Fuels & Lubricants Meeting & Exposition, 1997.
[35] KONO K, ITOH H, NAKAMURA S, et al. Torque Converter Clutch Slip Control System[C]// International Congress & Exposition, 1995.
[36] GUAN J J, WILLERMET P A, CARTER R O, et al. Interaction between ATFs and Friction Material for Modulated Torque Converter Clutches[C]// International Congress & Exposition, 1998.
[37] 胡建军，秦大同. 液力变矩器锁止离合器性能及滑差控制 [J]. 重庆大学学报，2004(27):2.
[38] 过学迅，郑慕桥，项昌乐. 车辆闭锁式液力变矩器闭锁过程动态性能研究 [J]. 北京理工大学学报，1994, 14(3): 273-279.
[39] 孙旭光，项昌乐. 新型牵引 - 制动型液力变矩器减速器闭锁过程动态性能 [J]. 机械工程学报，2006, 5(42).
[40] 吴艳，王丽芳. 车载 CAN 总线数据采集和 ECU 标定系统 [J]. 仪表技术与传感器，2010(2): 57-59.
[41] SCHOEGGL P, KRIEGLER W, BOGNER E. Virtual Optimization of Vehicle and Powertrain Parameters with Consideration of Human Factors[C]//SAE 2005 World Congress & Exhibition, 2005.
[42] 钟军，冯静. 车用控制器 ECU 标定系统通信模块的设计 [J]. 内燃机工程，2003(1): 55-58.
[43] 李雅博，张俊智，甘海云，等. 基于 CCP 协议的 HEV 用 ECU 标定系统设计 [J]. 汽车工程，2004, 26(4): 375-378.
[44] 秦贵和，梅近仁，窦乔. 基于 CCP 的机械自动变速器控制单元标定系统 [J]. 计算机工程与应用，2006, 42 (8): 100-102.
[45] 张彧，冯辉宗，岑明，等. 基于 CCP 协议汽车电控单元标定系统的设计 [J]. 车用发动机，2007(3): 59-63.
[46] 朱经昌，等. 车辆液力传动 [M]. 北京：国防工业出版社，1983.

[47] 张泰，葛安林. 越野汽车液力变矩器和机械自动变速器换档规律研究 [J]. 汽车工程，2007(3): 226-229.
[48] 徐进军. 汽车自动变速传动匹配研究 [D]. 广州：华南理工大学, 2002.
[49] 陈永东. 电控机械式自动变速器换档规律的研究 [D]. 武汉：武汉理工大学, 2007.
[50] 刘耀武. 汽车无级变速器 TCU 硬件电路故障 [D]. 哈尔滨：哈尔滨理工大学, 2007.
[51] 尹华兵，范晶晶. 车辆系统集成化建模与换档规律特性仿真 [J]. 计算机辅助工程，2006(15): 284-286.
[52] 余荣辉，孙东野. 机械自动变速系统动力性换档控制规律 [J]. 农业机械学报，2006, 37(4): 1-4.
[53] 潘良明，吴光强. 装有液力变矩器的自动变速汽车的最佳动力性换档规律 [J]. 山东理工大学学报，2005, 19(3): 32-35.
[54] LU X, XU X, LIU Y. Simulation of Gear-shift Algorithm for Automatic Transmission Based on MATLAB[C]// Wri World Congress on Software Engineering, 2009:476-480.
[55] 周末. 自动变速器换档规律的研究 [D]. 武汉：武汉理工大学，2006.
[56] 张国胜，牛秦玉. 最佳燃油经济性换档规律及其应用研究 [J]. 中国机械工程，2005 (5): 46-49.
[57] 何仁. 汽车动力学燃油经济性计算方法及应用 [M]. 北京：机械工业出版社，2011.
[58] H. A. ESCHENAUER, J. KOSKI, A. OSYCZKA. Multicriteria Optimization, Fundamentals and Motivation, Multicriteria Design Optimization[M]. Berlin: Springer, 1999.
[59] ZHANG Y, JIANG H, TOBLER W. Dynamic Modeling and Simulation of a Dual-Clutch Automated Lay-Shaft Transmission[J]. Transactions of the ASME, 2005(127): 302-307.
[60] WANG SHUHAN, XU XIANGYANG, LIU YANFANG, et al. Design and Dynamic Simulation of Hydraulic System for a New Automatic Transmission[J]. Journal of Central South University of Technology, 2009, 16(4): 670-701.
[61] SONG X, LIU J, SMEDLEY D. Simulation Study of Dual Clutch Transmission for Medium Duty Truck Applications[C]//SAE Commercial Vehicle Engineering Conference, 2005.
[62] 戴振坤，徐向阳，刘艳芳，等. 液力自动变速器离合器的闭环滑差控制 [J]. 汽车工程，2012, 34(8): 718-722.
[63] LU XI, WANG ShUHAN, LIU YANFANG, et al. Application of Clutch to Clutch Gear Shift Technology for A New Automatic Transmission [J]. Journal of Central South University, 2012, 19(10): 2788-2796.
[64] 邓涛. 基于"人—车—路"闭环的无级自动变速系统硬件在环仿真研究 [D]. 重庆：重庆大学，2010.
[65] 罗通云. 电控机械式自动变速器硬件在环仿真系统研究 [D]. 重庆：重庆大学，2009.
[66] 潘良明. 自动变速器 ECU 硬件在环仿真试验台研究与开发 [D]. 上海：同济大学，2005.
[67] 徐佳曙. 基于硬件在环控制的液力机械自动变速传动系统参数匹配与实验研究 [D]. 重庆：重庆大学，2005.
[68] SAMANUHUT P, DOGAN A. Dynamics Equations of Planetary Gear Sets for Shift Quality by Lagrange Method[C]//ASME 2008 Dynamic Systems and Control Conference, 2009: 353-360.
[69] Samanuhut P. Modeling and Control of Automatic Transmission with Planetary Gears for Shift Quality[D]. Arlington : University of Texas, 2011.
[70] KAHRAMAN A.. Free Torsional Vibration Characteristics of Compound Planetary Gear Sets[J]. Mechanism and Machine Theory, 2001,36(8):953-971.
[71] 谢传峰. 动力学 [M]. 北京：高等教育出版社，2004.
[72] 谢传峰. 静力学 [M]. 北京：高等教育出版社，2004.
[73] J-O HAHN, J-W HUR, G-W CHOI, et al. Self-Learning Approach to Automatic Transmission Shift Control in a Commercial Construction Vehicle during the Inertia Phase[J]. Journal of Automobile Engineering, 2002(616): 909-919.
[74] JUNG G. H., CHO B. H., Lee K. I.. Dynamic Analysis and Closed-Loop Shifting Control of EF-Automatic Transmission with Proportional Control Solenoid Valves[C]. Seoul: FISITA World

Automotive Congress, 2000.
- [75] ZHENG Q., SRINIVASAN K., RIZZONI G.. Transmission Shift Controller Design Based on a Dynamic Model of Transmission Response[J]. Control Engng Pract., 1999, 7(8): 1007-1014.
- [76] SHIN B. K. Analysis of Shifting Characteristics and Design of an Intelligent Controller for Automatic Transmissions[D]. Seoul: Seoul National University, 2000.
- [77] CHOI G. W. Learning Control Algorithm Design for Automatic Transmission of Construction Vehicles[D]. Seoul: Seoul National University, 2001.
- [78] CHO B. H., LEE H.W., OH J. S.,et al. A Study on Full Electronic Control of Automatic Transmission: Direct Active Shift Control[C]. Seoul: FISITA World Automotive Congress, 2000.
- [79] YAN K, TRUSH C J. Transmission Control Design Approach Using Simulation, Rapid Prototyping, and Auto Code Generation[C]// SAE World Congress & Exhibition, 2008.
- [80] SHEN S, YAN G, ZHANG J, et al.An Intelligent Controller for the Vehicle Standing Starts Based on the Rules and Knowledges[C]// International Truck & Bus Meeting & Exposition, 1997.
- [81] QUANZHONG YAN, FRANK C.THOMPSON. Hardware in the Loop for Dynamic Chassis Control Algorithms[J]. SAE, 2004(01): 2059.
- [82] SURAJ RAMALINGAM, AARON GREEN. Integrated Hardware in the Loop Simulation of a Complex Turbine Engine and Power System[J]. SAE, 2006(1):3035.
- [83] MIKAEL ADENMARK, MATTHIAS DETER, THOMAS SCHULTE. Testing Networked ECUs in a HIL Based Integration Lab[J]. SAE, 2006(1): 3495.
- [84] TIM CARDANHA. Validating Powertrain Controller Systems with the VPACS-HIL Powertrain Simulator[J]. SAE, 2005(1): 1663.
- [85] SERGEY G. SEMENOV. Automation of Hardware in the Loop and in the Vehicle Testing and Validation for Hybrid Elctric Vehicles at Ford[J]. SAE, 2006(01):1448.
- [86] CHRISTIAN DUFOUR, JEAN BLANGER, SIMON ABOURIDA. Using Real-Time Simulation in Hybrid Electric Drive and Power Elctronics Development: Process, Problems and Solutions[J]. SAE, 2006(01): 114.
- [87] JORG SCHAUFFELE, THOMAS ZURAWKA. Automotive Software Engineering: Principles, Processes, Methods[J]. SAE International, 2005.